Zu diesem Buch

Dies ist das dritte Buch von Mary Summer Rain, die in «Spirit Song» und «Der Phönix erwacht» die Begegnung mit der indianischen Seherin No-Eyes und ihre Erlebnisse auf dem Indianischen Pfad schildert.

Hier nun führt No-Eyes ihre Schülerin weiter auf dem Weg, und sie lernt Brian Many Heart kennen, der ihr die Macht der Weltenwanderer, der Dreamwalker, zeigt. Summer Rain erfährt andere Wirklichkeiten, schmerzliche Erinnerungen und leidvolle Erlebnisse, die Vergangenheit des indianischen Volkes. Sie lernt, tiefer und tiefer in sich hineinzuschauen, ihren inneren Kern zu entdecken und zu akzeptieren, die spirituellen Aufgaben auf sich zu nehmen, die der Indianische Pfad mit sich bringt.

Frieden und Annehmenkönnen, Magie und intuitives Erkennen zeigen die Macht des Dreamwalker. Die unvergleichliche Persönlichkeit von No-Eyes, die Weisheit des Dreamwalker Many Heart und die poetische Beschreibung der Colorado Mountains bilden Rahmen und Hintergrund dieses eindrucksvollen Bandes.

MARY SUMMER RAIN lebt mit ihrem Ehemann und den drei Töchtern in den Bergen von Colorado. 1982 begegnete sie der Schamanin No-Eyes und war über zwei Jahre lang ihre Schülerin. Sie gründete das spirituelle Zentrum «Brotherhood of Mountain».

In der Reihe rororo transformation sind bereits erschienen: «Spirit Song» (Nr. 8537) und «Der Phönix erwacht» (Nr. 8558).

Mary Summer Rain

Weltenwanderer

Der Pfad der heiligen Kraft

Aus dem Amerikanischen von
Elisabeth Sauter-Frey

transformation

rororo transformation
Herausgegeben von Bernd Jost
und Jutta Schwarz

Umschlaggestaltung Peter Keller
Umschlagillustration Stefan Kiefer

9.–11. Tausend März 1993

Deutsche Erstausgabe
Veröffentlicht im Rowohlt Taschenbuch Verlag GmbH,
Reinbek bei Hamburg, März 1990
Die Originalausgabe erschien bei The Donning Company /
Publishers, Norfolk, Virginia, unter dem Titel
«Dreamwalker – The Path of Sacred Power»
Copyright © 1988 by Mary Summer Rain
Alle Rechte vorbehalten
Satz Trump Mediaeval (Linotronic 500)
Gesamtherstellung Clausen & Bosse, Leck
Printed in Germany
1490-ISBN 3 499 18722 1

Inhalt

Vorwort der Autorin   9

August – Zeit des Kupfermondes und des Durstes

Die Nacht des weinenden Mondes   13

Die schlummernde Wache   39

Ein dürstender Geist   65

Durch Schatten von Jade   89

September – Zeit des roten Mondes und der schmalen Wege

Vom Berg herunter   115

Die ewige Große Mutter   139

Die Vergessenen   164

Eine Handvoll Magie   190

Oktober – Zeit des Silbermondes und des Weltenwanderers

Schatten der Gespenster   213

Fernes Echo   234

Durch den Rauch hindurch   257

Nacht des Weltenwanderers   271

Meinem teuren Freund Many Heart –
für seine Unterstützung in der Durstigen Zeit,
für sein behutsames Helfen
über die langen und rauhen Wege
und dafür, daß er mich bei der Hand nahm
und mich weiter führte
auf dem heiligen Pfad des Weltenwanderers.

Man sagt, Träumer seien bloß Narren. Sagt mir aber, nach welch unannehmbaren Kriterien werden die armen Narren von den Weisen beurteilt?

Ich beobachtete einmal die Prozession eines hoch angesehenen Weisen, den ich für einen ziemlichen Narren hielt, aber verborgen in der Zuschauermenge, die sich an der Straße entlang drängte, erspähte ich einen einfachen Menschen, dessen sanfte Augen vor lebhafter Klarheit und tiefer innerer Weisheit sprühten.

Wer ist der Narr?

Wer der Weise?

Der eine spricht mit beredten Worten.

Der andere steht stumm.

Aber du bist klug. Du sagst, du kannst zwischen den beiden unterscheiden. Daher rate ich dir eindringlich, mit deinem Urteil vor das Antlitz der Wahrheit zu treten. Geh und suche den Einen, der klar die aufgemachte, äußere Fassade der Menschen durchschaut.

Mein Freund, geh und frage den Traumwandler, den Weltenwanderer.

Vorwort der Autorin

Der Weg ist hell beschienen vom ewigen Leuchtfeuer, das aus dem Auge des Urgrundes strahlt.

Wir sind nur winzige Staubkörner, scheinbar unbedeutend, ziellos im warmen Lichtstrom schwebend, die dessen stärkende Lebenskraft – sein uraltes Erbe des Geistes – erfahren und in uns aufnehmen. Und während wir im gestirnten Fruchtwasser hierhin und dorthin taumeln, gewinnen wir Erleuchtung und entdecken tastend unseren Weg zurück zum Urquell, bis wir uns endlich wieder innerhalb des sicheren Mutterleibs finden, von dem wir einst kamen.

Der Weg, den das menschliche Leben schließlich nimmt, entbehrt nicht einer gewissen Ironie. Die Ereignisse, die sich letztlich einstellen, sind oft weder sorgfältig geplant noch logischerweise vorausgesehen. Wir hegen Dutzende von Erwartungen für uns selber, manchmal auch große für unsere Zukunft. Wir richten unser Leben sorgfältig auf unsere tatsächlichen Lebensziele aus, und zuweilen hängen wir dabei farbigen Tagträumen nach. Und unsere bewußten Gedanken kreisen immer mehr um die eine, hohe Aufgabe, diese überaus wichtigen Ziele und Träume in greifbare Ergebnisse umzusetzen.

Aber die Natur hat anderes vor mit uns, und wegen der vielen Launen und Windungen, die uns vom geraden Pfad zu unserm Ziel abbringen, bleiben wir natürlich häufig hängen – manchmal weit entfernt vom beabsichtigten Punkt. Dieses Umherirren ist an sich nichts Negatives, wenn man klug genug ist und sich die Zeit nimmt, um seine Absicht zu prüfen; denn die meisten Umwege entpuppen sich als notwendige Erfahrungen, um weiterzukommen auf dem selber ausgesuchten Seitenpfad des Lebens.

Ziele und Träume sind nötig bei unseren tapferen Versuchen, es in unserm Leben zu etwas Erfreulichem zu bringen, aber die unvermeidlichen Nebenwege sind eine nicht zu leugnende Tatsache, die wir mit Verstand und gefaßt hinnehmen müssen. Das Wandern auf unerwarteten Umwegen gewährt uns oft wertvolle Einsicht in Gefahren, denen wir entgangen sind, und Fallen, die wir vermieden haben. Die Umwege erweisen sich häufig als Pfad zu lebenswichtigen Erkenntnissen, die wir benötigen, um auf dem Kurs, den wir im Leben gewählt haben, weiterzuschreiten.

Tag für Tag und Meile um Meile gehen wir so auf den Wegen, die sich vor uns erstrecken. Wir treffen die Wahl, gewinnen so viel, als uns zugänglich ist an lebenswichtigem Wissen und werden im Idealfall ein besserer Mensch durch die körperlichen oder geistigen Anstrengungen, die wir erbringen mußten. Wenn wir dann ans Ende des Umweges gelangt sind und nochmals auf den Pfad schauen, den wir gewählt haben, tun wir einen letzten Blick zurück über den gewundenen Weg und fragen uns: «Wozu war das alles? Was habe ich gelernt? Welch unentbehrliche Weisheit wurde mir zuteil?» Und hoffentlich werden wir imstande sein, auf unserm Pfad weiterzugehen – mit leichtem Herzen, das uns dann zuteil wird, wenn sich uns eine oder mehrere Wahrheiten zu erkennen geben. Hoffentlich werden wir weitergehen mit dem tieferen Verständnis, das uns begleitet, wenn wir die neu entdeckte Weisheit annehmen.

Es gibt nur sehr wenige Menschen, die so zahlreiche Umwege gemacht haben; sie sind tatsächlich auf so weitläufigen, veränderten Routen gereist, daß sie gelernt haben, diese unvorhergesehenen Wege als die Norm in ihrem Leben anzunehmen. Sie haben sich eines persönlichen Ziels entledigt, um sich mit gebührendem Respekt vom Geist leiten zu lassen; dabei wird es ihnen möglich, all die herrlichen Facetten des Wissens, die die Wahrheit vor ihnen ausbreitet, wahrzunehmen, kennenzulernen und in sich aufzunehmen. Und wenn sie diese Wege reinen Herzens und offenen Sinnes akzeptieren, so werfen jene unerschrockenen Reisenden das Joch des Begehrens und der Selbstsucht ab. Sie entledigen sich des Bedürfnisses nach materiellem Gewinn und auch aller negativen Gedanken, damit sie der Wirklichkeit mit klarem Bewußtsein begegnen und in ihren empfindsamen Herzen die Bereitschaft des Hinnehmens wachse.

Vielleicht wirst du eines Tages in einem Augenblick des Ärgers und der Gereiztheit über einen scheinbar unnötigen, hemmenden Seitenweg zufällig einem sanften Menschen begegnen, dessen Auge klar und dessen Stimme weich ist. Vielleicht wirst du auf einem deiner Seitenwege das Glück haben, einem Weltenwanderer zu begegnen.

August

Zeit des Kupfermondes
und des Durstes

Die Nacht des weinenden Mondes

Nur der Narr sagt, die Natur könne nicht weinen.

Es war August. Und als das erste Wochenende dieses Spätsommermonats sich näherte, sah ich mich zum erstenmal seit langer Zeit ohne feste Pläne, da mein routinemäßiger Besuch am Wochenende in No-Eyes' Hütte verschoben worden war.

Bei meinem letzten Treffen mit ihr hatte sie beiläufig erwähnt, daß sie Gäste erwarte, die sie am ersten Wochenende im August besuchen wollten, und daß ich somit frei war, etwas mehr Zeit mit meiner Familie zu verbringen. Und obwohl ich es liebte, über die Berge zu fahren und die Tage mit der weisen Seherin zu verbringen, die meinem Herzen so nahe stand, kam mir diese kurze Unterbrechung, die mir unerwartet gewährt wurde, sehr gelegen.

Ich wußte, daß die Alte einige Freunde hatte, die sie häufig besuchten und fürsorglich ihre wichtigsten Vorräte ergänzten. Sie machten sich gewöhnlich einmal im Monat auf die lange Fahrt von der südlichen Stadt Pueblo zu ihrer entlegenen Hütte hinauf. Sie blieben dann den ganzen Tag und verrichteten verschiedene Hausarbeiten für sie wie zum Beispiel Holz hacken und stapeln neben dem Kamin, das Haus reinigen usw. Aber als sie die Besucher dieses Mal erwähnte, lag ein anderer Ton in ihrer Stimme, und obwohl sie eine kühle Miene unbekümmerten Gleichmuts zur Schau trug, wußte ich, daß der oder die Gäste, die sie erwartete, nicht die üblichen Routinebesucher waren – das hier würden besondere sein. Ich wußte es. Ich fing den plötzlichen Funken der Erregung auf, der in ihren Ebenholzaugen blitzte. Und unterschwellig fragte ich mich, ob diese besonderen Leute wohl etwas mit mir zu tun hatten.

Dieser Sekundenbruchteil schweigenden Nachdenkens blieb nicht unbemerkt. Die Alte senkte ihren Kopf und schüttelte ihr graues Haarbüschel. «Summer nicht die *einzige* Person, mit der sich No-Eyes beschäftigt. Warum glaubst du, du bist der einzige Mensch, mit dem No-Eyes arbeitet?» Sie hob stolz ihren Kopf und trat auf mich zu. Wir standen beinahe Nase an Nase, als sie ihren knochigen Finger hob und ihn mir ins Gesicht streckte. «Tz, tz», gackerte sie, «Summer ist nicht No-Eyes' *einzige* Aufgabe. No-Eyes hat sich noch mit anderen wichtigen zu befassen. No-Eyes trifft sich mit anderen *einflußreichen* Persönlichkeiten.»

Ich entschuldigte mich für mein anscheinend egoistisches Gebaren und aufgeblasenes Zurschaustellen meines Selbstwerts. Auf dem Heimweg an jenem späten Sonntagnachmittag kreisten meine Gedanken um die Frage, wer wohl jene besonderen Gäste sein könnten. Unterrichtete sie wohl noch jemand anderen gleichzeitig mit mir? Erwies sich dieser andere Schüler wohl als ein erfahrener Eingeweihter? Sie hatte gesagt, er sei einflußreich. Meine Gefühle der Unzulänglichkeit schossen voller Kraft an die Oberfläche hoch. Vielleicht waren meine Leistungen ungenügend – nicht ihren hohen Erwartungen gemäß. Vielleicht war ich nur eine mittelmäßige Schülerin. Ich hatte geglaubt, wir hätten eine gute Beziehung zueinander. Ich hatte gemeint, wir zwei hätten eine einzigartige Kameradschaft aufgebaut, einfühlendes Verstehen, ein besonderes Band. Aber jetzt stürmten all meine Zweifel in den Vordergrund; sie demütigten mich so sehr, daß ich glaubte, ich sei tatsächlich nichts anderes als die unbedeutende Schülerin. Aber schließlich, überlegte ich, hatte die Alte mehr als einmal gesagt, daß sie hier sei, um zu lehren – weshalb also sollte ich die einzige Schülerin sein, die ihr Klassenzimmer benutzte? Und was bewog mich, mich für so hoch und mächtig zu halten und kühn zu glauben, ich sei als Klassenerste ausersehen? Ja, ich war nur eine einfache Lernende, eine gewöhnliche Suchende. No-Eyes hatte natürlich sicher Schüler, die weiter waren als ich, und ich spürte wie meine Wangen warm wurden vor Scham, als ich an ihre scharfen Worte dachte, die ihren anklagenden Finger begleiteten – Worte, die dazu dienten, mich auf meine richtige Größe zurückzustutzen.

Es waren genau diese Gedanken, die in meinem Kopf hin und her wogten, als ich am Samstagmorgen wach lag. Das stille Haus war wie ein dunkler Kokon, der die schlafenden Bewohner sicher umhüllte. Das seltsame Gefühl, daheim zu sein, traf mich hart, denn normalerweise war ich um diese Zeit auf und schon auf dem Weg zu meinem Schulhaus.

In der einsamen Stille beobachtete ich, wie das erste graue Licht der frühen Dämmerung durch die hölzernen Stäbchen unserer geflochtenen Schlafzimmerjalousien drang. Ich fühlte mich fehl am Platz, aus dem Takt geraten, hier an einem freien Wochenende ohne konstruktive Pläne. Ich war so daran gewöhnt, mit No-Eyes zusammenzusein, so darauf eingestellt, daß ich körperlich etwas zu tun hatte, daß ich meine geistigen Fähigkeiten bis an ihre Grenzen beanspruchte; ich fragte mich darum, wie ich nur die vielen bevorstehenden leeren Stunden ausfüllen konnte, ohne mich ruhelos zu fühlen. Da wurde ich in meinen ernsthaften Überlegungen unterbrochen. Ich drehte mich zu Bill und sah ihn an. Er beobachtete mich.

«Dir ist wohl etwas seltsam zumute, nicht wahr?» bemerkte er sanft. «Ein komisches Gefühl, hier zu sein – wie etwa der überzählige Spieler.»

Ich lächelte und legte mich in seinen ausgestreckten Arm. Mein Kopf ruhte in seiner Armbeuge, und ich legte meine Hand auf seine Brust. «Ja, das stimmt. Ich dachte tatsächlich gerade darüber nach, wie ich dieses Wochenende ausfüllen könnte.»

Er runzelte die Stirn und zog sich verletzt und bestürzt zurück. «Du willst sagen, daß drei Kinder, ein Hund und ein Ehemann nicht genügen, um dich zu beschäftigen?»

Ich klopfte spielerisch auf seine Brust. «Das habe ich nicht gemeint, und du weißt das genau. Das habe ich überhaupt nicht so gemeint.»

Er umarmte mich und grinste. «Ich weiß, ich weiß», besänftigte er mich nachsichtig.

Schweigen erfüllte den Raum, während der Tagesanbruch sein Dasein kündete und seine Strahlen immer heller durch die engen Spalten der Jalousien fluteten.

Bills Stimme brach leise die Stille. «Ich weiß, was wir tun könnten an diesem Wochenende», sagte er aufgeregt. «Wir könnten die Garage ausmisten!»

Ich warf ihm einen ungläubigen Blick zu. «Du machst einen Scherz, nicht wahr?»

Und mit gekonnt ernster Miene fuhr er fort: «Eigentlich ... nein. Wir reden nun schon seit Wochen davon, daß wir das tun sollten. Das wäre *die* Gelegenheit, es zu erledigen.»

Ich stützte mich auf meinen Ellbogen und schaute ihm fest in die Augen.

Sein äußerer Schein blätterte ab. «Nun», lachte er, «das war nur so ein Gedanke.»

Ich grinste und kuschelte mich wieder an ihn unter die warme Decke. «Noch mehr solche verstiegenen Gedanken – die behältst du dann besser für dich.»

In dem Augenblick barst die Schlafzimmertür auf, und drei Kinder und ein Hund stürzten sich mit einem Satz auf unser Bett. Die Mädchen überschäumten vor lebhafter Aufregung, und Rainbow befeuchtete die beiden belagerten Bettinsassen mit nassen Küssen.

«Kommt endlich, ihr beiden! Macht, daß ihr heraus kommt, es wird spät!» schrien sie uns an.

Mißtrauisch schaute ich von einem Kind zum andern. Und als ich sah, daß ihre weit offenen Augen glänzten wegen eines gemeinsamen Geheimnisses, glitt mein Blick hinüber zu ihren Verbündeten bei ihrer Tat. Irgendeine schwerwiegende Verschwörung war hinter meinem Rücken ausgeheckt worden, und ich war entschlossen, der Sache auf den Grund zu gehen. Ich warf dem erwachsenen Komplizen einen schrägen Blick zu. «Spät für was?» fragte ich. «Wohin hinaus?»

Der schuldige Teil zuckte nur die Schultern. Er gab vor, von der ganzen Sache nichts zu wissen.

Rainbow bellte und knurrte aus Spaß, als sie versuchte mit der Schnauze sich einen Weg unter die Decke zu bahnen.

Jenny, unsere älteste Tochter, kicherte beim Versuch, das gewichtige Tier wegzuziehen, und ich drängte Bill, mir mehr Auskunft zu geben.

Er täuschte weiter Unkenntnis vor, während Rainbow, frustriert über ihren Mißerfolg, sich einen Zugang in den Raum zwischen den Erwachsenen zu schaffen, die Decke mit ihren Zähnen packte und sich damit davonmachte.

Das Schlafzimmer war plötzlich mit einem fröhlichen Chaos erfüllt. Kreischende Kinder, ein Hund, der knurrte und zerrte, eine lachende und um Erklärung bittende Mutter, ein Vater, der leug-

nete, irgend etwas zu wissen, und inmitten des ganzen Durchein-
anders eine Türklingel, die wütend schrillte im Hintergrund.
Rainbow sträubte drohend das Fell beim schrillen Läuten und
sprang vom Bett herunter, schlitterte um die Tür und stürzte kopfvoran und laut bellend zur Haustür. Die Mädchen rasten ihr auf
den Fersen folgend hinterher. «Ich komme, ich komme. Sie sind
schon da!» riefen sie aufgeregt.

Das war's also! «Nun gut», knurrte ich meinen Partner an, der
unschuldig und mit großen Augen dasaß, «wer ist da? Was ist eigentlich los?»

Er zuckte die Achseln.

Ich wollte es eben aus ihm herauskitzeln, als eine vertraute
Stimme von der offenen Tür her rief: «He, ihr zwei! Ihr könnt
später wieder zusammen spielen! Aber wir müssen jetzt machen,
daß wir fortkommen!»

Unsere besten Freunde standen plötzlich mitten im Zimmer.
Mit großem Erstaunen schaute ich in ihre grinsenden Gesichter,
darauf drehte ich mich um zu meinem Unschuldsengel. «Ja, natürlich werden wir die Garage säubern. Natürlich weißt du nicht,
was los ist!»

Die Kinder und der Hund waren mit vollem Schwung wieder da
und versuchten uns herauszuziehen. «Julie und Bob haben einen
neuen Campingbus!» schrien sie. «Kommt und seht ihn euch an!»

Nachdem die ganze Aufregung etwas abgeflaut war, erhielt ich
endlich Antwort. Bill hatte mit unseren Freunden ein Komplott
geschmiedet; wir sollten sie auf eine Wochenend-Campingtour
ins Gebirge begleiten. Sie hatten alles heimlich bis ins letzte De-
tail geplant. Sie stellten sich vor, daß ich wohl etwas verloren sein
würde ohne No-Eyes; so hatten sie liebevoll und aufmerksam dafür gesorgt, daß ich beschäftigt sein sollte. Und nun sah es so aus,
als ob wir uns mit Verspätung auf den Weg machten.

Der neue Campingbus stellte sich als der Wunschtraum eines
jeden Campers heraus. Ich war an Zelte gewöhnt, tragbare Koch-
stellen, Matten als Schlafunterlagen, Waschen in Flüssen und
manchmal in Toilettenhäuschen, aber das hier war ein richtiges
Heim auf Rädern. Es war etwas, das weit außerhalb unserer eigenen Möglichkeit lag, es uns je anzuschaffen.

Die Mädchen benahmen sich, als ob sie ihr ganzes Leben lang in
dunklen Wäldern zugebracht hätten in der Art, wie sie da hinein-

guckten und dort herumstöberten, ihre Köpfe neugierig hinein-
und heraussteckten aus Kabäuschen und Kästchen im Bemühen,
all die verblüffenden Wunder des glänzenden, noch so neu rie-
chenden Fahrzeugs zu entdecken. Und ihre unausgesprochenen
Hoffnungen und Träume wurden befriedigt, als Bob ihnen versicherte, daß er und Julie sie wirklich auf ihr nächstes Camping-
abenteuer mitnehmen würden – falls sie brav seien, während
Mama und Paps diesmal auf der Fahrt waren.

Natürlich wußten unsere Freunde, daß diese Forderung nicht
nötig war, da wir uns immer darauf verlassen konnten, daß sich
unsere Mädchen gut benahmen, wenn sie allein gelassen wurden
zur Betreuung des Hauses. Da wir drei verantwortungsbewußte
Töchter hatten, in die wir, wenn allein gelassen – sogar ein ganzes
Wochenende lang –, volles Vertrauen hatten, waren diese Tage ein
wunderbares Erlebnis. Es war ein Segen, den wir nie vergessen
werden. Nachdem also alle versteckten Ritzen und Spalten des
Mobils ausgekundschaftet und bekannt, all die geheimnisvollen
Wunder entschleiert waren, wiederholten wir noch einmal unsere
letzten Anweisungen für die Mädchen, küßten und umarmten sie
und fuhren vom Parkplatz weg.

Unser Ziel war kein sorgfältig gehütetes Geheimnis. Wir fuhren
nach Westen in Richtung Tarryall Reservoir; aber wir hatten vor,
nicht ganz so weit zu fahren, sondern in die Gegend des Happy
Meadows Camp abzuzweigen, wo man gut fischen konnte am
Lauf des rasch fließenden Platte-Flusses. Der Ort war nicht entle-
gen, noch war er andern Campern unbekannt. Und da wir verspä-
tet losgefahren waren, bestand sehr wohl die Möglichkeit, daß die
wenigen Übernachtungsplätze bereits besetzt waren.

Wir würden kaum mehr als vierzig Minuten brauchen, um
Happy Meadows zu erreichen. Während Bill also vorne saß und
mit Bob lustige Geschichten ihrer gemeinsamen alten Tage in der
Armee aufwärmten, saßen Julie und ich am Tisch in der Eßecke.
Sie hatte eben die neueste Ausgabe der Zeitschrift *New Shelter* in
die Hand genommen und wollte mich über ein neues erdgebunde-
nes Design aufklären, als sie meinen Blick erhaschte, der über das
glänzende Wageninnere wanderte. Mit der Zeitschrift verdeckte
sie ihr Gesicht, nur die tiefgrünen Augen spähten über die Seiten
hervor. «Es tut mir leid», flötete sie weich. Ihr unerwarteter Ton-
fall unterbrach meinen Gedankengang, und ich wandte mich ihr

zu. «Was? Was hast du gesagt?» Sie ließ die Zeitschrift sinken und beugte sich auf ihren Ellbogen vor. «Ich sagte, es tue mir leid.»

Ich schnitt eine Grimasse. «Was tut dir leid?»

«Ich fühle mich schuldig vor dir, daß wir dieses Monstrum gekauft haben», gestand sie, während ihr Blick einen Moment lang durch das Interieur schweifte.

«Schuldig? Warum solltest ich dir solche Gefühle verursachen? Ich finde es großartig, daß ihr beide so etwas angeschafft habt. Jetzt könnt ihr doch viele Wochenendausflüge wie wir unternehmen. Das wird viel Spaß machen.»

Ihr Gesichtsausdruck blieb unverändert; sie warf einen zweiten Blick aus dem Fenster, bevor sie mich wieder anschaute. «Ich habe dich dabei ertappt, wie du die Dinge mustertest.»

«So?» verteidigte ich mich. «Ich war noch nie zuvor in so einem Vehikel drin. Ich dachte nur, daß es aussieht wie ein richtiges Heim. Ich dachte daran, wieviel Geld für Motels man sparen könnte, wenn man in einem dieser Gefährte über Land reiste.» Da überfiel mich plötzlich ein Gedanke, und ich war entgeistert. «Du denkst doch nicht etwa, ich sei neidisch! Glaubst du das?»

Sie grinste. «Ich würde dich schlecht kennen, wenn ich das dächte. Natürlich glaube ich nicht, daß du neidisch bist, aber Bob hat diesen Wagen nur zum Vergnügen gekauft, und ich weiß, wie sehr ihr beide wirklich etwas Ähnliches brauchen könntet, wenn ihr über all die Pässe hinauf- und hinunterkutschiert im ganzen Staat bei jedem Wetter, um Menschen zu helfen, die euch um Hilfe bitten.» Sie ließ ihren Kopf leicht hängen. «Ich habe so das Gefühl, daß ihr eigentlich diejenigen seid, die den neuen Camper hätten bekommen sollen.»

Ich winkte ab mit meiner Hand. «Sei nicht einfältig, dies hier ist einfach etwas jenseits unserer Reichweite; außerdem hätten wir, falls wir die Mittel dazu besäßen, schon längst einen neuen Blazer gekauft.»

Ihr Gesicht heiterte sich auf. «Das ist genau, was ich meine. Das ist, was ihr beide braucht für die vielen Fahrten, die ihr unternehmt. No-Eyes läßt dich einen Berg hinauf- und andere wieder hinunterfahren, und meistens kommst du nicht einmal nach Hause ohne irgendeine größere Panne. Ihr beiden solltet wirklich…»

«Julie», unterbrach ich sie, «willst du aufhören damit! So ist es nun einmal. Du und Bob hatten sich schon lange einen schönen Camper gewünscht und nun ihr ihn habt, genießt ihn! Warum du deine Freude mit künstlichen, psychologischen Einwänden kaputtmachen willst, ist mir wirklich schleierhaft.»

«Ja, aber...»

«Kein Aber mehr. Schluß damit.»

«Aber die Art, wie du dir das angeguckt hast, nun, mir wurde schwer ums Herz, weil ich weiß...»

«Wir sind da!» kündigte der Fahrer an und verlangsamte das riesige Fahrzeug, um abzubiegen.

Ich faßte nach Julies Hand und ermahnte sie sanft: «Bitte nichts mehr von diesem dummen Gerede. Genieße die besonderen Freuden, die dir gewährt werden. Genieße dein Glück – ihr beide habt es verdient.»

Meine eigensinnige Freundin wollte noch ein letztes Rückzugsgefecht machen.

Ich hob warnend meinen Finger an die Lippen. «Schau», rief ich aus und beugte mich zum Fenster, «es sind noch einige Plätze frei!» Und damit hatte ich einen Strich unter das ganze lächerliche Thema gezogen, denn wir waren nun unverzüglich damit beschäftigt, unser Wohnmobil abzustellen und zu sichern.

Als wir ausstiegen, begrüßte uns das Rauschen des Platte-Flusses an seinen Ufern. Die Neuankömmlinge schlenderten zum nahen Flußufer. Das klare Wasser war hier seicht, und man konnte hindurchsehen auf den sandigen Grund. Große Findlinge ragten da und dort heraus und boten sich als ideale Sitzflächen für wasserliebende Sonnenanbeter an. Ich war begierig darauf, mit dem Vergnügen zu beginnen.

Die Männer zauderten nicht lange, sich hineinzustürzen. Sie hatten ihr ganzes umfangreiches Angelgerät rasch beisammen und strebten eifrig auf der Naturstraße zurück an den Punkt, wo Bill seinen bevorzugten Platz hatte, um von einem großen Findling aus in einem tiefen, dunklen Loch zu fischen.

Julie und ich schauten ihnen zu, wie sie auf das berüchtigte Gelände zuschlenderten. Ich kicherte über ihren Kommentar: «Sie platzen wahrscheinlich vor phantastischen Vorstellungen über Regenbogenforellen mit Rekordgewicht, die wie wild um ihr Leben kämpfen am Ende der Angelrute.» Dann bemerkte sie meine Heiterkeit. «Was ist daran lustig?»

«Na», klärte ich sie auf, «das letzte Mal, als wir mit den Kindern hier waren an einem Wochenende, war alles, was er an der Leine hatte, ein oder zwei schreckliche Karpfensauger.»

Julies Augen weiteten sich, und sie schnitt eine Grimasse des Abscheus. «Du willst doch nicht sagen, daß ihr sie tatsächlich gegessen habt!»

«Was hättest du getan, wenn Bob als stolzer Vater zum Zelt zurückgekommen wäre, grinsend wie ein Cheshire-Kater seinen tollen Fang vorgeführt hätte und deine Kinder gequietscht hätten vor Freude über ihren geschickten Vater?»

«Buh!»

Ich lächelte resigniert. «Man tut, was man kann.»

Während die schlauen Angler eine komplizierte Strategie entwarfen für den großen Fang, gingen wir zum Camper zurück. Julie hatte einigen Leuten zugesehen, die sich riesig amüsierten, in übergroßen Schläuchen den gewundenen Fluß hinunterzutreiben. Sie fand es an der Zeit, auch ihren Spaß zu haben.

Sie verschwand in das gut eingerichtete Bad, um den Badeanzug anzuziehen. Hinter der Spiegeltür ertönte unaufhörlich ihr Geplapper. «Das wird toll, nicht? Denk nur, ein langes vergnügtes Wochenende an der Sonne. Wir werden frischen Fisch essen – falls es nicht so verdammt scheußliche Karpfensauger sind. Wir bauen ein großes Lagerfeuer auf, und wenn es dunkel ist, werden wir Marshmallows rösten und – oh, ich vergaß, du ißt keine Süßigkeiten wegen der Säure. Nun… wir haben ein paar Flaschen hervorragenden Wein im Kühlschrank. Die werden wir öffnen und den Nachtgeräuschen des Flusses lauschen; wir werden alle rosig, lieb und angeheitert sein. Das klingt gut, nicht wahr Mary?»

Ich saß am Eßtisch und hatte die Beine auf den weichen Polstern ausgestreckt. Ich hatte mich in den Artikel vertieft, von dem sie mir früher schon zu erzählen versucht hatte. Ohne mich ablenken zu lassen antwortete ich: «Das klingt gut, Julie. Ich könnte so eine Aufheiterung gerade jetzt gut brauchen.»

Die verborgene Stimme schwatzte weiter. «He, du kennst doch diese Autoreifen, die wir auf dem Fluß treiben sahen?»

«Huh.»

«Nun», plapperte sie weiter, «ich glaube, Bob hat zwei Schläuche irgendwo hier verstaut. Wir müßten ein bißchen herumstöbern, um sie zu finden. Was meinst du, sollen wir?»

«Sollen was?»

Die Badezimmertür sprang auf, ein zerzauster, blonder Schopf guckte heraus. «He, hörst du eigentlich nicht zu?»

Schuldbewußt blickte ich von der Zeitschrift auf. «Es tut mir leid; ich hab schon zugehört, aber dann hat mich dieser Artikel irgendwie auf eine andere Bahn gebracht.»

Julie seufzte. «Ich habe an die Gummiflöße gedacht. Ich sagte, Bob hat sie irgendwo hier verstaut, und wenn wir sie finden, können wir die Schnellen hinunterfahren.» Sie kam aus dem Badezimmer heraus und schritt die ganze Länge des Campers ab. Mit ausgestreckten Armen stand meine grazile Freundin einem erfahrenen Mannequin in nichts nach. «Nun? Gefällt es dir? Bob ist ganz hingerissen davon.»

Der Grund war nicht zu übersehen. Das kleine Ding überließ nichts der Phantasie. Ich hatte schon größere Taschentücher gewaschen als ihr neuer Bikini. Ich grinste. «Sehr hübsch, eine ziemlich kleine Nummer, die du da gefunden hast.» Ich konnte einer kleinen, freundschaftlichen Stichelei nicht widerstehen. «Wo hast du ihn gefunden, in der Barbie-Puppen-Abteilung?»

Mit den Händen auf den Hüften wischte sie die Bemerkung weg. «Also ehrlich, manchmal bist du so prüde.» Dann wirbelte sie herum. «Sag mir wirklich, gefällt er dir?»

Ich machte die Zeitschrift zu und grinste. «Ja, er gefällt mir. Ich finde, du siehst phantastisch aus darin.»

Ihr stolzes Lächeln verwandelte sich in schelmische Verschmitztheit. «Gut!» kreischte sie, «ich habe nämlich einen ganz ähnlichen für dich!» Und sie griff ins Badezimmer, um noch einen Winzling hervorzuholen «Ta-da!» sang sie und hielt die Teile mit den Schnüren zur Begutachtung vor mir in die Höhe.

Ich starrte auf die schreiende Farbe. «Deine liebenswürdige Aufmerksamkeit überrascht mich immer wieder von neuem, aber ich trage kein Orange und ganz bestimmt kein Schnürchenbikini.»

Sie warf den Barbiepuppenbikini auf den Tisch. «Nun, ich glaube, ich habe schon immer gewußt, daß du das sagen würdest. Weißt du was, ich werde nach den Innenreifen herumsuchen, während du dich umziehst. Dann werden wir...»

«Ich ziehe mich nicht um», sagte ich schnell.

«Du meinst, du hast vergessen, deinen Badeanzug mitzubringen?»

«Ich besitze keinen», antwortete ich nüchtern.

«Warum denn nicht?» fragte sie mich fassungslos.

Ich grinste nur.

Julie lächelte breit. «O ja, ich vergaß, du und die Bergbäche lieben das Natürliche im Evakostüm. Aber das kannst du hier nicht tun. Offensichtlich müssen wir eine Art Badeanzug für dich improvisieren.»

«Nein, das tun wir nicht.»

«Was denn sonst?» fragte sie mich frustriert.

«Du weißt, ich trage keine Badeanzüge. Das Zeug ist für dich in Ordnung, aber ich fühle mich nicht wohl darin.»

Sie ließ ihre makellose Größe-36-Figur mir gegenüber auf den Tisch fallen. Ermahnend hob sie ihren gepflegten Finger. «Du siehst genausogut aus wie ich. Wer heckt *jetzt* irgendwelche psychologischen Ausreden aus, um den Spaß zu verderben? Das ist wirklich die lächerlichste Ausrede, die ich je gehört habe.»

Ich zuckte nur die Schultern. Ich hatte keine Lust in irgendeinem Badeanzug – mit oder ohne Schnüre – herumzustolzieren, und meine Freundin wußte, daß sie mich nie in so etwas hineinkriegen würde.

Ein langer, übertriebener Seufzer entfuhr ihrem offenen Mund. «Nun, ich vermute, du willst auch nicht den Fluß hinuntertreiben.»

Ich schüttelte langsam den Kopf.

«Dachte es mir», antwortete sie niedergeschlagen. Dann kramte sie in ihrer Tasche, zog eine Zigarette heraus, zündete sie an und zog hastig daran; so beruhigte sie sich langsam.

Ich beobachtete sie, wie sie die Landschaft durch das Fenster musterte und dann wieder mich anblickte. Ich schaute zu, wie sie sich langsam beruhigte.

«Hör zu», begann sie sanft. «Ich habe mich wie ein Idiot benommen. Ich glaube, ich war einfach zu eingenommen von der Überraschung, die ich dir machen wollte. Und als dann unsere Männer so aufgeregt über ihre Anglerei waren und die Floßfahrer einen Riesenspaß hatten, ließ ich mich wohl zu sehr mitreißen.»

Und, wie immer bei engen Freunden, verstanden wir unsere gegenseitigen Bedürfnisse. Wir wußten beide, daß «Spaß» nicht unbedingt andere einzuschließen brauchte, um sich voll daran erfreuen zu können. Wir achteten gegenseitig unsere Eigenart, und mit dieser Feststellung begannen wir uns erneut auszumalen, welchen Genüssen wir an diesem herrlichen Tag frönen wollten.

Nachdem wir die vielen Vorratskisten abgesucht hatten, entdeckten wir endlich das geheime Versteck, wo Bob die Schläuche verstaut hatte. Ich half Julie, einen aufzupumpen und ihn dann ans Ufer zu schleppen. Meine Freundin fand eine tiefe Stelle und kletterte an Bord, während ich ihr viel Vergnügen wünschte und auf den sonnenbeschienenen Findling zuging, der wie eine warme Insel inmitten des strömenden, klaren Wassers erschien.

Ich rollte meine Jeans hoch und lächelte über Julies Schreie und wildes Gelächter, die zu mir herüberschallten vom Ort, wo sie stromabwärts getragen wurde. Ein neuer Schwarm von Floßfahrern rauschte an mir vorüber, die Leute lachten und kreischten alle; sie fielen beinahe aus ihrem schlingernden Boot beim Versuch, mir zuzuwinken. Ich lachte und winkte zurück.

Das tat gut, dieser Tag! Es war gute Medizin. All die lachenden Gesichter um mich herum erfreuten mein Herz. Die Menschen waren fröhlich, die Sonne strahlte, der Strom gurgelte, und ich war auch vollkommen zufrieden, als ich zielstrebig durch das rasch fließende Wasser auf den glatten Felsbrocken zuwatete, der auf mich wartete.

Das Sonnenlicht tanzte auf der perlenden Oberfläche. Sprühende Funken wurden von meinen Augen aufgefangen, und ich seufzte im Anblick der tiefen Heiterkeit, die die Natur in ihrer sanften Laune verströmte; ich lehnte mich auf meiner Felseninsel zurück, die sich mir als bescheidener Ruheort anbot. Und ich dankte dem Stein für seine Kühle, die von ihm auszugehen begann unter dem Gewicht meines Schattens.

Die Stimmen der lachenden Floßfahrer verhallten und waren nun kaum mehr zu hören, und als ich in die gebogenen Äste der Wollpappeln hinaufschaute, die sich am Ufer anmutig wiegten, war ein leises Flüstern auf den zarten Flügeln des Windes zu hören – die Natur stupste mich, ihr Atem war so hypnotisch für meine empfänglichen Sinne. Ich schloß meine Augen und schritt leise in die goldenen Gefilde, wo ich auf dem verzauberten, heiligen Grund meines wandernden Geistes ging.

Stimmen, ferne Geräusche, gedämpfte Geräusche widerhallten rund um mich. Die lodernde Kupfersonne verblaßte zu einem matten Zimtmond. Aschfarbene Wolken glitten traurig unter den rotbraunen Strahlen. Eine tiefe Melancholie ergriff die Natur, und in ihrem unerkannten Schmerz ließ sie Tränen auf das Land hinunterregnen.

Eiskalte Tröpfchen der weinenden Natur rannen glitzernd an mir herunter. Eine, zwei Tränen; drei, vier; bis ein ganzer Sturzbach sich über meine warme und zarte Seele ergoß, und ein nicht beherrschbarer Schauer mein ganzes Wesen ergriff.

«Was ist mit ihr los?» fragte eine der weitentfernten Stimmen.

«Nichts außer ein kurzes Tauchen in den kalten Fluß wird ihr helfen», antwortete die zweite.

Meine Augen öffneten sich. Meine drei Wochenendfreunde hatten sich einen großen Spaß gemacht und mich mit Wasser des eiskalten Stroms angespritzt, und im Bruchteil eines Augenblicks erfaßte ich die Lage: der Stand der untergehenden Sonne teilte mir mit, daß ich sehr lange auf meinem geheiligten Grund gewandert war.

Blitzschnell glitt ich vom Felsen und fing an, Wasser zurückzuspritzen. Bald waren wir alle vier regelrecht im Spiel versunken und tauchten einander, jeden den man erwischte, ins Wasser. Nachdem jeder von uns Seitenstechen vor Lachen hatte, schlossen wir Waffenstillstand, schleppten uns tropfnaß aus dem Wasser und fielen auf das grasbewachsene Ufer. Ein verführerischer Duft von der Feuerstelle unseres Nachbars wehte durch die Luft.

«Himmel, riecht das gut», seufzte ich und atmete die herrlichen Düfte ein.

Bill grinste. «Warte nur, bis dir der gute Geruch *unseres* Essens in die Nase steigt.»

«Ja», fügte Bob hinzu, «wärest du nicht so weit davongeschwebt, hättest du gesehen, was wir für die Köche mitgebracht haben.»

Ich setzte mich aufgeregt auf. «Ach nein! Jetzt habe ich den großen Auftritt verpaßt. Was habt ihr gefangen?» fragte ich Bob voll Eifer.

Sein koboldhaftes Lächeln wurde breiter. «Sag du es ihr, Bill», drängte er.

Ich blickte Bill an. Er hielt seine Handfläche hoch. «Nein, nein, du hast den ersten herausgezogen, dir gebührt die Ehre.»

Neugierig schaute ich vom einen zum andern großmütigen Gesicht. Als ich dann Julies Ausdruck voller Abscheu sah, und wie sie übertrieben die Augen rollte, war es mir klar. «O nein! Keine Karpfensauger!»

Julie würgte. «Die scheußlichsten, verdammten Sauger, auf die ich je einen Blick geworfen habe.»

Ich schnitt eine Grimasse. «Hat jemand daran gedacht, Erdnuß-butter- und Marmeladesandwiches mitzubringen?»

«Komm», mahnte Julie, «es wird kalt, und wir müssen aus diesen durchnäßten Klamotten raus. Wir trocknen uns und bereiten diese Sauger so zu, daß sie wenigstens so gut schmecken, daß wir sie hinunterschlucken können.»

Auf dem Rückweg zum Camper trotteten Bill und Bob hinterher. Ihr unterdrücktes Gekicher stachelte meine Neugier an. Ich hatte den Eindruck, daß noch mehr Überraschungen in Sicht waren. Aber Julie hatte recht, daß wir uns umziehen mußten. Die späte Nachmittagssonne hatte sich rasch in eine frühe Abendkühle verwandelt, wie es häufig in den Bergen vorkommt.

Julie hatte sich blitzschnell umgezogen, und als ich in den glänzenden Camper einstieg, hatte sie das Badezimmer bereits freigemacht für mich. «Du hast doch Kleider zum Umziehen mitgebracht, nicht wahr?» fragte sie grinsend.

Ich hielt ein paar Jeans und einen Pullover in die Höhe und verzog mich ins Badezimmer. Jenseits der geschlossenen Tür hörte ich Flüstern und Kichern. Was für Köstlichkeiten sie wohl zusammenbrauten? Nun, ich würde es bald genug wissen.

Julie hatte bereits ihre «Küß den Koch»-Schürze vorgebunden und den Fisch filetiert, als ich mich wieder sehen lassen konnte. Und während die Männer den Umkleideraum benutzten, bereiteten die Frauen geschäftig das Abendessen zu in der praktischen Küche.

Schließlich konnte ich groß verkünden, daß die Sauger bereit waren, aber die wichtige Frage war – waren wir es? All die saftigen Zutaten standen auf dem Tisch verteilt, und ich mußte zugeben, daß einem beim Anblick das Wasser im Mund zusammenlief. Ich vermute, daß einem nach einem Tag in der Sonne und im Wasser alles schmackhaft erscheinen würde. Wir griffen alle hungrig zu.

Nachdem ich ein kleines Stückchen des weißen Fleisches abgeschnitten und verstohlen in den Mund gesteckt hatte, machte ich große Augen. «Was hast du mit diesen häßlichen Dingern gemacht?» fragte ich die grinsende Köchin. «Das ist köstlich!»

Schweigen.

Ich legte meine Gabel ab und blickte vom einen zum andern verzogenen Gesicht. Sie wurden feuerrot im krampfhaften Versuch, ihr Gelächter zu unterdrücken. Ich blickte auf den Rest meines Fisches hinunter. «Ihr elenden Kerle! Das ist gar kein Sauger, das ist Forelle! Ihr habt *Forellen* gefangen!»

Es schien, daß dies mein Tag der Überraschungen war. Und mir wurde richtig warm innerlich, wenn ich in die lächelnden Gesichter meiner drei besten Freunde schaute.

An diesem Abend wurde es so kühl, daß wir die Jacken brauchten. Wir saßen um das Lagerfeuer, der Strom rauschte in unserer Nähe, und der Wein machte die Runde und versetzte uns, wie versprochen, in heitere Stimmung. Unser Gespräch berührte eine Vielzahl von Themen, bis ich meine Reise auf dem Fels anschnitt.

«Alles war so voller Freude und Heiterkeit», erinnerte ich mich, «als ich dann wegglitt, änderte sich die Natur auf drastische Weise.»

«Das passiert meistens», bemerkte Julie.

«Ich weiß, aber dies war nicht nur eine gewöhnliche Veränderung, es war eine vollkommene Verwandlung, ein totaler Stimmungsumschwung.»

Bob sog an seiner Zigarette. Die Spitze glühte einen Augenblick lang hell. «Vielleicht könnten wir die genaue Bedeutung besser ergründen, wenn wir mehr Anhaltspunkte hätten. Hast du irgendwelche anderen Hinweise erhalten?»

Bill fragte mich, was ich gefühlt hatte, als sich die Natur so plötzlich veränderte.

Ich starrte ins prasselnde Feuer, das knisterte und knackte und kleine Funken in die Dunkelheit versprühte. «Tiefe Bedrücktheit», sagte ich leise, «ich fühlte eine unsägliche Traurigkeit.»

«Traurigkeit von innen oder von außen?» wollte Bill genau wissen.

«Von außen», antwortete ich. «Sie war eindeutig von außen, da sie nicht von einem Mittelpunkt ausging – sie war überall, als ob die ganze Natur weinte.»

Meine Freunde schauten einander in stiller Nachdenklichkeit an. Eine Eule rief irgendwo weit oben in den dichtbewaldeten Bergen.

Bob brach das Schweigen. «Glaubst du, daß dies etwas zu tun hat mit dem wiederkehrenden Phönix – seinen Zeichen?» Er spielte auf die bevorstehenden Phönixtage an. Ich schüttelte meinen Kopf. «Nein, es hatte nichts damit zu tun, da bin ich ganz sicher.»

«Wie kannst du so sicher sein?» fragte er respektvoll.

«Nur Gefühl, nur durch die Gefühle, die ich hatte.»

Er ließ sich das durch den Kopf gehen, verlangte aber noch mehr Auskunft. «Nun… inwiefern können deine Gefühle einen Verschiedenen Ursprung unterscheiden? Ich meine, welche Empfindungen sagen dir, was woher kommt?»

Eine kluge Frage.

Ich nahm einen Schluck Wein und antwortete: «Das ist kein großes Geheimnis. Es ist wirklich etwas ganz Grundsätzliches. Eine psychische Wahrnehmung, die aus einem *Vorauswissen*, einer Präkognition kommt, ruft keine besonderen Emotionen hervor; es ist nur die Kenntnis eines zukünftigen Ereignisses. Kannst du mir folgen?»

Bob nickte.

«Aber eine psychische Empfindung, die aus einer bösen *Vorahnung* stammt, ruft ganz deutliche emotionale Reaktionen hervor wie zum Beispiel das Gefühl äußerster zeitlicher Dringlichkeit oder große Angst.»

Julie warf ein: «Und da du keine unmittelbare emotionale Reaktion wie Angst zeigtest, schließt du daraus, daß die traurige Stimmung nichts zu tun hatte mit den zerstörerischen Phönixtagen.»

«Richtig.»

Sie fuhr fort: «Was ist dann wohl ihre Bedeutung? Womit hat das zu tun?»

Ich runzelte die Stirn und zuckte die Achseln.

«Du willst sagen, du weißt es nicht? Wozu sind dann diese Gefühle gut, wenn du im Dunkeln bleibst über ihre Bedeutung?»

Bill schenkte eine weitere Runde ein von dem importierten Wein. «Dann dienen sie als Wegzeichen. Sie sagen uns, wir sollen achtsam sein und Ausschau halten nach Dingen, die auf uns zukommen. Und wenn die Warnzeichen stärker werden, zur Realität werden, dann bekommen wir ein klareres Bild ihrer Bedeutung.»

Sie nickte, daß sie verstanden habe. «Eine Art Straßenschilder, die den Fahrer frühzeitig vor Kurven und steilem Gefälle warnen.»

«Ja, ungefähr so ist es», bestätigte er.

Aber obwohl sie behauptete, es verstanden zu haben, fragte sie: «Aber was kündigt denn diese veränderte Stimmung in der Natur an?»

Ich versuchte nochmals. «Julie, nur weil die Natur weint, heißt das noch nicht, daß dies eine Naturkatastrophe bedeutet.»

Sie hörte mir konzentriert zu. Sie war sehr aufmerksam, als ich es besser zu erklären versuchte.

«Es ist sehr wohl möglich, daß die Dinge, die sich auf meiner Reise zeigten, rein symbolischer Art waren und überhaupt nichts mit der Natur zu tun haben. Sie könnten irgendeinen Kummer andeuten, der mir auf meinem Weg begegnen wird. Oder sie könnten bedeuten, daß ich von der Traurigkeit, die vom Kummer eines Freundes kommt, angerührt werde. Es hängt einfach von der Zeit ab – die Zeit wird den Grund der Vorwarnung gelegentlich ans Licht bringen.»

«Das ist richtiggehend gruselig», seufzte sie.

«Nein, das stimmt nicht. Das ist nur Wirklichkeit – wie die Dinge funktionieren.»

Sie trank ihr Glas aus. «Trotzdem, es scheint mir eine ziemlich lausige Art des Funktionierens zu sein. Man sollte doch wenigstens mehr direkte Hinweise erhalten.»

Ich lachte über ihren persönlichen Wunsch nach Abkürzungen. «Es funktioniert tadellos, Julie, es hält dich auf Draht, es hält dich achtsam – immer achtsam.»

Langsam erlosch das Feuer, und der sanfte Wind wurde stärker. Wir warfen mehrere Handvoll Erde auf die Glut und verzogen uns in den Wohnwagen, wo wir einige Runden Karten spielten. Die frische Bergluft hatte uns erwischt und begann ihre Wirkung zu tun. Nach einigem unterdrückten Gähnen und Nicken gaben wir auf und zogen uns in die Kojen zurück.

Die Betten waren überhaupt nicht mit unseren Campingmatten, an die ich gewöhnt war, zu vergleichen; sie waren unglaublich weich. Mein Ehemann verlor keine Zeit und verfiel sogleich den einlullenden Rufen der Nacht. Der rauschende Fluß wiegte alle in tiefen Schlummer, nur ich blieb hellwach und starrte an die Decke des Campers. Eine Stunde verging, eine zweite kroch vorüber. Ich wälzte mich hin und her in meiner Einsamkeit. Ich war ruhelos und gereizt. Meine Sinne stießen sich an etwas Unbekanntem, und da ich außerstande war, der Spannung Widerstand zu leisten, zog ich leise meine Kleider an, schlich mich aus dem Camper und trat in die kühle, klare Nacht.

Die beiden andern Camper lagen nun im Dunkeln, keine Seele rührte sich. Ich war mit der Bergnacht als meiner einzigen Gefährtin allein. Ich zog meinen Wollumhang dichter um mich und beschloß, einen Spaziergang entlang dem Fluß zu machen. Die Schritte meiner Hirschledermokassins waren kaum hörbar im weichen, wilden Gras, mein Weggehen blieb unbemerkt. Erfreut darüber, daß ich keinen Schläfer gestört oder Hund, den die Leute mitgebracht hatten, geweckt hatte, näherte ich mich dem Fluß und starrte hinunter ins rauschende Wasser. Bergbäche und Flüsse haben mich immer fasziniert mit ihrem ewig strudelnden Wasser, das in die Tiefe donnert. Sie waren ein Bild ununterbrochener Bewegung – die lebhafteste Facette der majestätischen Persönlichkeit der Natur.

Wo warst du, Wassergeist? Welch wunderbare Geheimnisse willst du mir erzählen? Wohin strebst du? Wer hörte dir zu auf deinem Weg? Wem hast du deine Geheimnisse mitgeteilt? Hat man dich verstanden?

Ich bahnte meinen Weg durch das Weidengestrüpp am feuchten Ufer und gelangte zu einer sandigen Lichtung, wo ich mich im silbrigen Mondlicht niederließ. Ich warf einen Stein ins tosende Wasser – kein Ton des Hineinplatschens war zu hören wegen des permanenten Brausens. Ich zog die Knie an, legte den Kopf darauf und schloß die Augen.

Da war es wieder. Die Natur veränderte sich von neuem.

Ohne auf die äußere Erscheinung zu schauen, konnte ich die subtilen Nuancen der Veränderungen wahrnehmen, die sich in der Brise bemerkbar machten. Die Stimme des Flusses wurde gedrückter. Der Sand kühlte unter mir ab, als gespenstische Wolken sich um das Gesicht des Mondmannes sammelten. Die Wollpappeln raschelten und entließen tiefe Seufzer, die Luft in der Umgebung wurde dumpf – ein klarer Beweis für die extreme Melancholie der Natur.

Ich hob meinen Kopf zum düsteren Nachthimmel. Keine wunderbaren Sterne blinzelten auf mich herunter, da das dunkle Leichentuch über ihren leuchtenden Baldachin gebreitet worden war. Ich wandte meine Aufmerksamkeit wieder dem Fluß zu und entzifferte seine nebelhaften Schreie der Verzweiflung. Das Band mit der Natur war stark in mir. Mein Herz wurde schwer mit der tiefen Sorge, die ich in mich aufnahm, und obwohl ich den genauen Grund ihrer Niedergeschlagenheit nicht ausmachen konnte, war ich überzeugt davon, daß dies einen bestimmten persönlichen Bezug hatte.

Ich mußte den Wassergeist berühren. Ich schob mich zum Rand vor, zog meine Mokassins aus und ließ meine nackten Füße ins eiskalte Wasser baumeln. Als sie taub waren, konnte ich wirkungsvoll den emotionalen Aspekt des Wassers aufnehmen. Ein warmer Schauer kroch bald darauf meine Beine hinauf, bis mein ganzes Wesen durch und durch eins war mit der Natur. Als diese mystische Verbundenheit vollkommen war, konnte ich erst die feineren Elemente der Transfusion, die hier stattfand, richtig verstehen.

Ein tiefer Schmerz überkam mich. Eine allgegenwärtige große Traurigkeit der Natur hatte einen direkten Einfluß auf den heutigen Geisteszustand der Menschen. Da begann ich zu verstehen, warum die Natur weinte, warum der Mond zu weinen schien. Und ich sicherte der gequälten Wesenheit zu, daß ich alles unternehmen würde, um die Menschen zu wecken und auf ihre feine Empfindlichkeit aufmerksam zu machen. Ich würde keine Anstrengung scheuen, um sie vor ihren fühllosen Torheiten und deren nachfolgenden verheerenden Auswirkungen zu warnen.

Ich ging barfuß zum stillen Camper zurück und trug, leise wie eine Maus, mein Bettzeug ans Flußufer hinaus, dorthin, wo mich das rauschende Wasser in den Schlaf lullen konnte. Nach einigem Hin- und Herwälzen auf der harten Erde, war es mir endlich bequem genug, um einzudösen.

Fetzen von Visionen tanzten bald fragmenthaft vorbei. Die schimmernden Bilder zogen in losgelöster Reihe an mir vorüber und wechselten dauernd Intensität und Form. Tränen tropften vom runden Kupfermond. Die Bäume dürsteten. Die Flüsse trugen ihr jämmerliches Wehklagen an die angrenzenden Ufer. Die Wollpappeln beugten sich in ihrem Kummer. Der Wind weinte. Und ein leises Stöhnen konnte man vom Espenwäldchen hören.

Der Ausblick vergrößerte sich wie durch ein Fernrohr. Ich saß neben einem jungen Mann, der leise seufzte. Er bemerkte nicht, daß ich da war. Ich nutzte diese Tatsache der unwissentlichen Gegenwart und nahm mir Zeit, den Mann genau zu betrachten.

Er war athletisch gebaut wie jemand, der häufig Gewichte hebt. Sein dichtes, dunkles Haar war von einem glänzenden beinahe Blauschwarz. Die tiefgebräunte Haut schimmerte im Mondlicht. Und als er seinen Kopf hob und mich anblickte, bohrten sich seine Augen in meine. Sie waren so hellblau, daß sie wie aus Silber schienen – fast wie Quecksilber.

«Wer bist du?» flüsterte ich.

«Ich bin nur ein Wasserträger», antwortete er unerwartet mit einer Stimme, die so weich wie eine Sommerwolke war. Die Landschaft, die uns umgab, veränderte sich. Während wir uns vorher inmitten eines Flußpanoramas befanden, verwandelte sich dieses jetzt auf rätselhafte Weise in das Interieur von No-Eyes' Hütte. Halb bewußt nahm ich die behagliche Atmosphäre in mich auf, als eine plötzliche Schockwelle durch meinen Körper lief. Ich versuchte rasch, die unheimliche Metamorphose zu übergehen, und konzentrierte mich auf den seltsamen jungen Mann, der zu meiner Überraschung nun mit dem Gesicht eines alten Mannes sein eigenes überlagert hatte. Ich führte das Gespräch fort, ohne auf die Doppelerscheinung anzuspielen, die aufgetreten war.

«Wie nennt man dich?»

«Viele Namen habe ich», war die ausweichende Antwort.

«Warum sagtest du, du seist ein Wasserträger?»

«Weil ich das bin. Ich gebe den Durstigen zu trinken.»

Ich streckte neugierig meinen Kopf vor. «Wer ist durstig?»

Seine zauberhaften Augen zwinkerten. Er sprach langsam, besonnen, gewählt. Er blickte aus den Fenstern, auf denen der Widerschein des orangen Feuers zuckte. «*Sie* dürsten.»

Wer waren «sie»? fragte ich mich. Aber ich wollte nicht mehr in diese Sache dringen, da er eindeutig mit Absicht sich ausweichend gab. Ich versuchte es mit etwas anderem. «Warum seufzest du?»

«Weil sie dürsten... so viele dürsten», sann er.

«Wissen sie, daß sie dürsten?»

«Nein. Das ist es, was mich so traurig macht.»

Nun merkte ich, daß ich etwas Boden gewann. Ich ging zu ihm

hinüber und setzte mich vor ihm auf den vertrauten, geflochtenen Teppich. Ich schaute in sein feierliches Gesicht; die Flammen tanzten und beleuchteten seine gemeißelten Züge.

Die Umgebung verblaßte wieder. Nun befanden wir uns in No-Eyes' Wäldern, und das Gespenst des alten Mannes, das die Erscheinung des Wasserträgers überschattet hatte, verschwand genauso geheimnisvoll wie es gekommen war. Ein betretenes Schweigen hing zwischen uns. Im Geist tastete ich nach einer Fortsetzung unserer Gesprächsverbindung.

«Weißt du, wer ich bin?» fragte ich.

«Weißt du es?» kam die halb erwartete Antwort.

«Ja, ich weiß es, weil es mir jemand gezeigt hat. Weißt du, wer ich bin?» wiederholte ich.

Müßig las er einen Stock auf und fuhr mit seiner Handfläche darüber. «Ich weiß, daß du dürstest. Das ist klar. Ich weiß, daß du einen einsamen Weg gehst – einen Weg, der oft ausgetrocknet ist.»

«Aber ich habe keinen Durst», entgegnete ich. «Jemand hat mir viel zu trinken gegeben, und nun habe ich keinen Durst mehr.» Der Mann richtete seine Saphiraugen auf mich. Er starrte mich angespannt an. Die Farben seiner schimmernden Augenhöhlen flimmerten wie richtiges Quecksilber.

«Du hast immer noch Durst.»

Beim Klang seiner sanften Stimme bewegte sich der Hintergrund. Hinter ihm und so weit mein Auge reichte, ohne gleichzeitig von ihm wegzusehen, sprangen rotbraune und bronzefarbene Strahlen aus einer aufgehenden, feuerroten Sonne und wurden von zinnoberroten Canyonwänden zurückgeworfen. Ich konzentrierte mich sehr, die Störung der mich ablenkenden, ständig wechselnden Szenen nicht zu beachten, denn der Mann blieb sich immer gleich und ich anscheinend auch.

Wir wurden in eine goldene Sepiaschattierung getaucht, die wie auf einem alten Stahlstich die ganze Umgebung tönte, die dann auf mystische Weise wieder lebendig geworden war.

«Die Indianer wissen», sagte er aus heiterem Himmel.

«Wissen was?» flüsterte ich zurück.

«Geheimnisse. Sie wissen über den Durst.»

«Den gleichen Durst, von dem du sagst, daß ich ihn noch immer habe?»

Er nickte nur.

«Kann ich diesen Durst löschen?» fragte ich und konzentrierte meine Aufmerksamkeit auf seine perlfarbenen Augen, um nicht abgelenkt zu werden durch die Leuchtkraft des Hintergrundes, der sich beständig änderte, während der Mann sprach.

«Hast du meine Worte nicht gehört? Die *Indianer* wissen. *Du* weißt in deinem *Herzen*, wovon ich spreche.»

«Aber kann ich diesen Durst löschen?»

«Das kommt drauf an», äußerte er, während die Atmosphäre aus einem weichen Bronzeton wechselnd nun in flammendem Kupfer loderte.

«Worauf kommt es an?»

«Auf dich kommt es an. Du mußt bereit sein.»

Die steilen Canyonwände verblaßten. Sie schmolzen dahin wie heißes Wachs. Ein neuer Hintergrund erschien und verdichtete sich in tiefgrüne Wälder. Der Wasserträger hielt nun mit ehrfurchtsvoller Gebärde einen Stein in seiner Hand. Ein Kojotenrudel heulte und jaulte irgendwo in der Ferne und ließ den Mann in die Richtung des quälenden Geräusches blicken.

«Ein Omen», erklärte er.

«Ein Omen wofür?» fragte ich und schaute verstohlen in die tiefen jadegrünen Schatten des Waldes.

«Dinge. Sehr machtvolle Dinge.»

Ein Schauer rann über meinen Rücken. «Was für eine Art machtvoller Dinge?»

Der sanfte, leise sprechende Mann streckte seine Hand aus, öffnete sie und hielt mir den Stein entgegen. Ich nahm ihn dankbar. Auf meiner Handfläche strahlte er etwas Magisches aus.

Der Mann entblößte vollkommen weiße Zähne und lächelte warm. «Magische Dinge», antwortete er.

«Magisch?» Ich schaute auf den gewöhnlichen Kieselstein, der nun einen schillernden Glanz hatte – beinahe eine vibrierende Lebenskraft.

«Ja, das Magische hat viele Gesichter.»

Plötzlich wurden die Züge des Mannes weich unter dem orangefarbenen Widerschein, der von No-Eyes' loderndem Kaminfeuer herüberflackerte. Wir waren wieder in ihrer Hütte. Wir waren allein, denn als ich den vertrauten Ort absuchte, konnte ich die Alte nirgends sehen. Als ich meine Aufmerksamkeit wieder meinem würdevollen Gefährten zuwandte, konnte ich endlich meine

Verwirrung über den ständig sich verändernden Hintergrund ausdrücken.

«Warum wechselt dauernd die Umgebung?»

Er sah sich flüchtig im gemütlichen Raum um. «Tut sie das?»

«Ja. Kennst du dieses Zimmer?» war meine besorgte Frage.

«Es ist wie daheim», lautete seine sanfte Antwort, die mich ent-
mutigte.

«Daheim? Daheim! Du *kennst* No-Eyes? War sie deine *Lehrerin*? Ist sie deine Lehrerin?»

«Ich kenne viele. Viele sind meine Lehrer gewesen. Diese No-
Eyes, ja, ich kenne sie.» Er ließ seinen glänzenden Blick in melan-
cholischer Erinnerung durch das Zimmer wandern. Warme Heiterkeit schien auf seinen empfindsamen Zügen. Mein Herz schlug
laut bei der Frage, was dies wohl bedeute. Wollpappeln wiegten
sich in der kühlen Brise. Ihre goldenen Blätter flatterten rund um
uns. Sie wehten in der sanften Brise und landeten auf der leuchtenden Oberfläche eines schmalen Flusses. Die Jahreszeit hatte sich
diesmal auch verändert. Der Wasserträger schenkte dem keine
Beachtung.

«Horch auf die Schreie», sagte er.

Ich strengte mich an. Ein gedämpftes Klagen war hörbar. «Wer
weint?» fragte ich sanft.

«Viele. Jene verfolgten Orte klagen und schreien.»

Meine Kopfhaut kribbelte.

«Welche verfolgten Orte?»

Seine tiefgründigen Blicke trafen meine mit einer Intensität, für
die mir die Worte fehlen. «Du wirst sehen... vielleicht. Eines Tages wirst du jene Dinge erkennen, die an deinem Weg liegen. Eines
Tages wirst du vielleicht hingehen und den Schmerz der erbar-
mungswürdigen Verfolgten sehen.»

«Wohin gehen?»

«An verfolgte Orte», lautete die unheimliche Antwort. «Orte,
wo jene, die nur Schatten sind, voller Qualen wandeln. Orte, wo es
Geister gibt.»

Sternklare Nacht. Kühle Bergluft. Ein prasselndes Lagerfeuer
vor uns, das Wärme verbreitet. Verborgene Lebewesen, die im
Dunkel des Unterholzes vorüberhuschen. «Die Umgebung hat
sich wieder verändert», bemerkte ich.

Er schaute um sich. «So ist es.»

«Ist das nicht seltsam? Findest du nicht, daß diese Tatsache eigenartig ist?»

«Was ist seltsam? Eigenartig?»

«Eine Umgebung, die sich ständig ändert, ist seltsam. Es ist eigenartig, daß der Hintergrund fortwährend wechselt. Normalerweise passieren solche Dinge nicht einfach so.»

Ein einfühlsames Lächeln bewegte seine Mundwinkel. «In Träumen schon. In Visionen auch. In Wirklichkeit ebenfalls», antwortete er unerschütterlich.

«In Wirklichkeit!»

Mein plötzlicher Ausbruch störte seine aufrichtige Heiterkeit keineswegs. Seine Gelassenheit blieb unverändert. «Du bist durstig», erinnerte er mich mit jenen eigenartigen Augen, die er fest auf mich heftete.

«Ich bin es nicht», beharrte ich.

«Du dürstest nach Klarheit, um zwischen der *eigentlichen* Wirklichkeit und dem, was du als Wirklichkeit *wahrnimmst*, zu unterscheiden. Du dürstest danach, jene Dinge zu verstehen, die du zur Zeit als unmöglich erachtest – das Unglaubliche, die Mythen.»

«Ich bin nicht durstig», behauptete ich hartnäckig.

Er lächelte leise. «Du bist widerspenstig. Aber dennoch bist du durstig. Wenn du nämlich sagst, du seist nicht durstig, bist du es um so mehr. Es kann gar nicht anders sein.»

Die Sonne ging hinter der westlichen Bergkette unter. Wir saßen nun auf einem hohen Bergkamm und schauten in ein herbstliches Tal hinunter voller Espen, die in ihrem leuchtenden Schmuck prangten.

«Zu wissen, daß du dürstest, das ist der erste Schritt, ihn zu stillen.»

«Was heißt ‹ihn›?»

«Den Durst nach dem, wonach du Verlangen verspürst – die Wahrheit der Wirklichkeit – die Wirklichkeit der Wahrheit.»

Ich dachte darüber nach. «Gibt es irgend jemanden, der diesen Durst nicht hat?»

«Nein, aber es gibt solche, denen nur noch wenig Durst bleibt. Es gibt solche, die haben nach Erfüllung gestrebt und ihr volles Maß erhalten – aber trotzdem ist ihr Gefäß noch nicht ganz gefüllt. Sie sind so weit gefüllt, als sie fähig sind, das Maß zu halten.»

«Bist du einer von diesen?»

«Vielleicht.»

«Wenn du ein Wasserträger bist, dann mußt du wohl ein Lehrer sein, der denen hilft, die wissen, daß sie durstig sind, und zu dir kommen, um die Erfrischung zu suchen, die sie benötigen.»

Der Mann lächelte.

«Dann habe ich also recht!» strahlte ich.

Er wandte sich mir zu. «Vielleicht.»

Ich seufzte über diesen schnellen Dämpfer. «Aber willst du mir nicht wenigstens sagen, ob ich recht habe?»

Der Mann streckte seinen Arm aus und bewegte ihn langsam gegen den Abgrund. Furchteinflößend deutete er auf die gähnende Schlucht, die die hohen Bergketten trennte. Er blickte hinab in die atemberaubenden Tiefen weit unter uns.

«Meine kleine Freundin», flüsterte er, «dein Geist ist bereit, aber es wird jemand kommen, der tief in deinem Herzen forschen wird, um sicher zu sein, daß der Zeitpunkt der richtige ist.»

Der Wasserträger starrte mich an, dann suchten seine eingesunkenen Augen die Weite der Berge ab. «Von dort draußen, von überall und nirgends her wird er kommen. Er wird zu dir kommen, wenn du ihn am wenigsten erwartest. Und wenn er dich für bereit hält, werden all deine vielen Fragen beantwortet werden; dann nämlich wird dir gesagt, du sollest dich aufmachen und den Weltenwanderer fragen.» Der Weltenwanderer... Weltenwanderer... Weltenwanderer.

Das Wort widerhallte in den Schluchten meines Geistes, als ich in meinem kalten Schlafzimmer am Flußufer erwachte. Ich war bis in die Knochen ausgekühlt, aber ich erhob mich, wickelte mich in die dicken Wolldecken und stolperte zum rauschenden Wasser hinüber, das immer noch die herzzerbrechenden Töne mit sich trug.

Ich schaute zum bewölkten Himmel auf und sah zu, wie der helle Mond hinter den Wolken hervortrat und eine Träne vergoß für all jene, die noch immer wanderten – für jene die noch immer dürsteten.

Auf der gegenüberliegenden Seite des Flusses strich der Wind über den Berghang hinab und näherte sich verstohlen. Er glitt über das sich kräuselnde Wasser, berührte mein Gesicht und flüsterte mir leise zu.

Ja, ich würde mich aufmachen und tun, was nötig war. Ich würde den einen suchen, nach dem mich dürstete. Ich hatte den weisen Worten der Natur gelauscht. In meinem Herzen hatte ich ihre in Worte gefaßte Weisheit angenommen – ich würde die lindernde Weisheit des Dreamwalker, des Weltenwanderers, suchen.

Nur weil die Natur die menschliche Sprache nicht spricht, keine Worte braucht, heißt dies nicht, daß ihr eine eigene Sprache mangelt.

Der Mensch ist lediglich unwissend, taub gegenüber der außerordentlichen Sprache der Natur und ihrer uralten Weisheit.

Die schlummernde Wache

Glaubst du, einen Weisen, einen Heiligen,
einen Visionär zu erkennen, wenn du ihn siehst?
Glaubst du, Erwartungen zu haben hinsichtlich
seiner äußern Erscheinung? Seines Benehmens?
Mein Freund, prüfe dich nochmals!

Den zweiten Tag unseres Campingausflugs verbrachten wir mit Wildwasserfahren auf dem Fluß und ausgedehnten, uns viel bedeutenden Wanderungen in den umliegenden Wäldern. Unsere Gespräche berührten leichte und manchmal auch tiefgründige Themen.

Unsere Freunde verfügten über eine fast vollständige Einsicht in die komplexen Erscheinungen der Wahrheit, und wir verstrickten uns häufig in grundlegende Diskussionen, die sich mit ihren feineren Aspekten befaßten. Ich erwähnte jedoch nicht, daß ich die ganze Nacht außerhalb des warmen und bequemen Campers geschlafen hatte. Ich hatte weder von meinem mitternächtlichen Spaziergang noch von dem darauffolgenden Traum vom seltsamen jungen Mann mit den faszinierend schimmernden Augen erzählt. Diesen Teil wollte ich für den Augenblick sparen, wo Bill und ich wieder allein sein würden.

Nachdem Bob und Julie uns an diesem Sonntagabend zu Hause abgesetzt hatten und die Mädchen im Bett waren, wollte ich gerade dieses Thema anschneiden, als Bill mich darauf ansprach und fragte, warum ich nicht im Camper geschlafen habe.

«Ich hab's mir gedacht, daß du es weißt», sagte ich und reichte ihm eine Tasse frisch aufgebrühten Verbascumtee.

Er runzelte die Stirn. «Ich wollte meinen Arm um dich legen, und du warst nicht da. Da vermutete ich, daß du spazieren gegangen seist oder irgendwo zusammengerollt unter den Sternen liegest.» Er nahm einen Schluck des dampfenden Getränks und machte ein sorgenvolles Gesicht. «Ich wünschte, du würdest es mir sagen, wenn du solche Ausflüge machen willst.»

«Ich weiß es nie im voraus», entschuldigte ich mich halb. «Ich folge den Einflüsterungen meines Geistes.»

«Ich weiß das, aber es beunruhigt mich, wenn du plötzlich nicht an dem Ort bist, wo ich es erwarte. Es ist ganz schön nervenaufreibend, mit deinen Anwandlungen unvermittelten Verschwindens fertig zu werden.»

«Ich weiß, aber mir war bestimmt, daß ich letzte Nacht draußen verbringe. Die Natur weinte immer noch.»

«Hast herausgefunden warum?» fragte er in der Hoffnung, das Rätsel sei endlich gelüftet worden.

«Ja. Es hat mit dem Mangel an Bewußtheit der Menschen gegenüber der Natur zu tun, mit ihren Verrücktheiten und zerstörerischen Aktivitäten.»

Er runzelte die Stirn erneut. «Das ist merkwürdig. Ich hätte geglaubt, dies habe eine persönlichere Bedeutung. Du scheinst es jedenfalls auch geglaubt zu haben.»

«Ich bin noch nicht fertig», fügte ich hinzu. «Nachdem ich meinen Spaziergang beendet hatte und mich schlafen legte, hatte ich einen sehr lebhaften Traum.» Ich schilderte ihm den ganzen Ablauf der Ereignisse in der Traumlandschaft.

Er war tief in Gedanken versunken. «Hast du sie schon analysiert?»

«Teilweise. Ich habe die allgemeine Richtung für die Deutung.»

«Also?» drängte er. «Welches ist die Bedeutung?»

«Nun», begann ich, «zunächst ist der Wasserträger offensichtlich ein sehr fortgeschrittener Lehrer irgendwelcher Art.»

«Körperlich existent?» fragte er.

Ich zögerte einen Augenblick, bevor ich antwortete. «Ja, ich glaube, er ist ein real existierender Mensch wegen der Art und Weise, in der wir beide einen konstanten Faktor des Traumes bildeten. Wir stellten den Mittelpunkt dar, der sich die ganze Zeit nie änderte.» Er hob fragend eine Braue: «Obwohl seine Augen keine realen Augen waren?»

«Trotzdem.» Ich war überzeugt davon, daß der Wasserträger einen Menschen aus Fleisch und Blut darstellte.

Bill war dessen nicht so sicher. «Auch als sein Gesicht überlagert wurde von dem einer älteren Person?»

Ich dachte darüber nach. «Ja. Das würde auf einen zweifachen Zweck hinweisen – eine Tandemkraft.»

«Hell oder dunkel? oder beides?»

«Hell. Ganz bestimmt eine Kraft des Lichtes.»

Er musterte mich aufmerksam, bevor er fortfuhr: «Hast du festgestellt, warum sich der Hintergrund änderte? Bedeuten solche fortlaufenden Wechsel wie diese nicht auch Veränderungen für dich? Für deine eigene körperliche Umgebung in der Zukunft?»

«Nicht unbedingt, aber in diesem Fall glaube ich, daß es meinen zukünftigen Lebensbereich betrifft. Ich habe einfach das deutliche Gefühl, daß dieser Mann meinen Weg kreuzen wird.»

Zwischen uns herrschte Stille bis Bill mehr Fragen stellte. «Was denkst du über die Szene vor No-Eyes' Kaminfeuer? Was für ein Gefühl hast du?»

Nun war es an mir, die Stirn zu runzeln. «Ich bin nicht ganz sicher, aber ich weiß auf Grund seiner intensiven Reaktion auf ihren Raum, daß er sie auf jeden Fall kennen muß. Er war schon früher dort – viele Male.»

«Als Schüler, was meinst du?»

«Ich bin sicher.»

«Ein Schüler in unserer jetzigen Zeit?»

Ich schüttelte meinen Kopf. «Nein. Er ist viel zu fortgeschritten, um immer noch auf der Lernstufe zu stehen. Dieser Prozeß ist offensichtlich für ihn schon lange abgeschlossen. Er hatte diese besondere Art an sich, die hohe Weisheit ausstrahlt. Sein Auftreten war beherrscht und ungezwungen... vornehm und gelassen. Er war zutiefst bescheiden. Keine einzige überhebliche Faser war an ihm.»

Ich machte eine kurze Pause unter dem lebhaften Eindruck der Erinnerung. «Diese außergewöhnlichen Augen sprachen vom Erreichen hoher Weisheit – seiner erstaunlichen Erleuchtung. Es war, als sei er weit erhaben über jeden negativen Gedanken, der ihn berühren könnte.»

«So glaubst du also, daß du ihm eines Tages begegnen wirst», stellte Bill überzeugt fest.

Ich nickte.

Schweigen.

«Was ist los?» fragte ich beunruhigt über die unerwartete Dauer der Gesprächspause.

«Ich frage mich nur, was der Wasserträger dich lehren könnte, was No-Eyes nicht kann. Es leuchtet mir nicht ein, wenn man bedenkt, wie groß ihr Wissen ist. Warum solltest du von jemand anderem zu lernen brauchen?»

«Ich weiß es eigentlich nicht. Ich verlasse mich nur auf meine Gefühle. Vergiß nicht, daß No-Eyes immer gesagt hat, verschiedene Lehrer würden dieselben Dinge in unterschiedlichem Licht darstellen. Sie sagte auch, daß die Wahrheit zwar unveränderlich und konstant bleibt, sie aber dennoch aus verschiedenen Blickwinkeln betrachtet werden kann, um ein abgerundetes Verständnis zu gewinnen. Vielleicht brauche ich so etwas.» Er pflichtete bei, daß dies eine mögliche Erklärung sein könnte. Dann kam er auf den eigentlichen Kern der Sache zu sprechen.

«Also... was ist ein Weltenwanderer, ein Dreamwalker?»

Ich zuckte die Achseln. «Du meinst, *wer* ist ein Weltenwanderer?»

Er seufzte. «Nun hörst du dich an wie No-Eyes.»

Ich grinste. «Was mittlerweile zu erwarten ist. Trotzdem», fügte ich hinzu, «ich weiß die Antwort darauf nicht. Ich habe sie den Ausdruck noch nie nennen hören.»

«Glaubst du, sie kennt dieses geheimnisvolle, neue Wesen?»

Wieder lächelte ich. «Es scheint, daß die Alte jeden von Bedeutung in der Welt der Visionäre kennt. Dessen bin ich mir sicher.»

«Warum hat sie dann nie über den Dreamwalker gesprochen in euern Diskussionen? Warum hat sie dir nichts über ihn beigebracht, nicht seine Aufgabe erklärt?»

«Das ist sicher schwer zu sagen. Ich stelle mir vor, daß es immer noch eine Welt von Unbekanntem gibt, worüber sie mich vorläufig nichts gelehrt hat.» Diese Idee stimmte mich nachdenklich. «Ja, ich wette, daß es alle Arten von Themen gibt, mit denen wir uns nicht befaßt haben. Die Wirklichkeit ist so weit gefächert, ich glaube, daß meine Lektionen sehr beschränkt waren, verglichen mit dem, was sie beinhalten könnten.» Ich seufzte. «Vielleicht bin ich immer noch im Kindergarten, und der Dreamwalker ist Universitätsstoff.»

Mein Lebenspartner griff nach meiner Hand und drückte sie. «Mein Liebes, wenn du immer noch im Kindergarten wärest, hättest du diesen Traum nie gehabt.» Seine tröstende Ernsthaftigkeit ging in wohlüberlegten Scherz über: «Wenn du aber überhaupt auf Kindergartenstufe gewesen wärest, hätte dich No-Eyes an jenem ersten Tag in ihren Wäldern überhaupt nicht anerkannt – du wärest nicht einmal zu ihr geführt worden. Die Alte würde keine Zeit versäumen mit jemandem, der immer noch im Sandkasten spielt.»

Seine Worte entlockten mir ein breites Grinsen, und Bilder blitzten vor meinem Geist auf, über deren Bedeutung ich nachdachte.

«Nun?» drängte er. «Habe ich recht oder nicht? Es ist doch logisch, nicht?»

«Ich glaube schon», gab ich halbherzig zu.

Er strahlte. «Weißt du, was ich sonst noch denke?»

«Was?» Ich lächelte über seine funkelnden stahlblauen Augen.

«Ich glaube, dein gutaussehender Wasserträger ist der Vorläufer des Dreamwalker – sein Promotor sozusagen. Ich wette, du hast einige richtig spannende Überraschungen vor dir.»

Ein verlegenes Lächeln spielte um meine Mundwinkel. «Nein, nein, ich bin nicht bereit für den richtig weit fortgeschrittenen Stoff wie dieser. Ich benötige noch viel mehr Zeit mit No-Eyes, bevor ich über so viele Stufen hinaufbefördert werde. Ich mag zwar über den Sandkasten hinausgewachsen sein», gab ich scherzend zurück, «aber ich bin weit davon entfernt, von einem Dreamwalker unterrichtet zu werden.»

Mit dieser abschließenden Bemerkung gingen wir zu Bett, aber keiner von uns beiden war an diesem Abend sich bewußt, wie unrichtig unsere Vermutungen letztlich waren. Es stellte sich nämlich heraus, daß – während ich meinen frohen Wochenendausflug genoß – meine kluge Lehrerin emsig Vorbereitungen traf, um mich ernsthaft einer neuen Stufe des Unterrichts zuzuführen, ein Unterricht, der von niemand anderem als einem echten Dreamwalker sachkundig geleitet würde.

Obwohl ich ungeduldig dem bevorstehenden Wochenende mit No-Eyes entgegensah, war ich doch verblüfft, wie rasch die Woche vorbeiflog. Ich hatte damit begonnen, meine Notizen über natürliche Heilweisen zusammenzustellen und zu ordnen – ausgedehnte Anweisungen der Alten, die buchstäblich hätten Bände füllen können, lagen unordentlich auf zerknitterten Zetteln überall verstreut herum. Ich begann im Geist einen Entwurf des umfangreichen Buches zu machen, das auf ihrem ganzen wunderbaren Material beruhte und das einzigartige Band erklärte, welches die Menschheit körperlich und geistig mit der Erde vereinigte. Ich hatte ihm bereits versuchsweise den Titel «Earthway» gegeben und war vollauf damit beschäftigt, den Stoff zu strukturieren und zu ordnen. Es war ein überwältigendes Projekt... eine alptraumhafte Aufgabe riesigen Ausmaßes.

So hatte ich also, ohne es zu merken, die ganze Woche jeweils bis um zwei Uhr früh gearbeitet, und nun mußte ich am folgenden Tag zeitig aufstehen, weil es wieder Samstag war – ein Samstag mit meiner geliebten Freundin.

Ich ließ die verschiedenen Stapel von Papier und Notizen auf dem Küchentisch liegen und blies die Petroleumlampe aus. Ich brauchte dringend guten Schlaf. No-Eyes würde es nie zulassen, eine schläfrige Schülerin zu haben. Glücklicherweise kam der Schlaf rasch. Er war tief und Gott sei Dank erfrischend.

In der Dunkelheit eines frühen Samstagmorgens tat ich meine Augen auf. Ein harter Klumpen lag schwer in meinem Magen, und meine empfindsame Psyche kratzte an der äußeren Haut meines Bewußtseins. Irgend etwas in mir versuchte wie verrückt, an die Vorderseite meines Verstandes zu gelangen, und es gelang mir bei bestem Willen nicht, es an die Oberfläche zu ziehen.

Ich starrte in die Dunkelheit, die das Zimmer verschlang. Bills rhythmischer Atem schien gleichmäßig und ungestört. Und ich fragte mich, was es wohl sein könnte, das so verzweifelt versuchte, mir etwas zu sagen – was war es, das ich wissen mußte? Gewöhnlich waren diese nebelhaften Signale eine Vorwarnung, und wenn irgendeine Fahrt mit dem Lieferwagen auf dem Programm stand, so verschoben wir sie, bis der Zeitpunkt für die Reise um einiges sicherer erschien. Aber an diesem Tag sollte ich nur bis zu No-Eyes hinauffahren, und ich hatte nicht den Eindruck, daß diese Warnzeichen irgend etwas zu tun hatten mit dieser Routinefahrt in die Berge.

Ich warf mich einige Male hin und her in einer großen Anstrengung, diese irritierenden Empfindungen abzuschütteln; nach erfolglosen Versuchen sammelte ich leise meine Kleider zusammen und schlüpfte aus dem Zimmer. Mein schlafender Gefährte rührte sich, drehte sich um und versank wieder mit einem undeutlichen Knurren in sein eigenes Reich des Vergessens.

Auf den Zehenspitzen und mit einer Taschenlampe in der Hand schlich ich mich durchs Haus und sah nach den schlummernden Mädchen. Alles war in Ordnung. Im hellen schmalen Lichtkegel entdeckte ich Rainbow, die bequem zusammengerollt am Fußende von Sarahs Bett lag. Die Augen des Tieres leuchteten im plötzlichen Licht auf, und die Hündin begann mit dem Schwanz auf die Beine des Kindes zu trommeln. Ich flüsterte ihr zu, ruhig zu bleiben, und sie trottete leise hinter mir her durch die dunklen Zimmer bis ins Badezimmer, wo sie mir beim Anziehen Gesellschaft leistete. Dann kraulte ich sie liebevoll hinter den Ohren und hieß sie, wieder schlafen zu gehen. Sie ließ traurig einen Augenblick lang den Kopf hängen, drehte sich niedergeschlagen um und schlich leise in Sarahs Zimmer zurück. Es war immer noch dunkel, als ich den alten Chevy aus der Einfahrt steuerte.

Ein trübes Grau kroch über den östlichen Horizont. Es breitete sich aus wie Rauch, der von der gezackten Bergkette aufstieg. Entlang meinem Weg hingen da und dort dichte Nebelschwaden in den Talsenken. Sie wirbelten drohend im Scheinwerferlicht und verhüllten die Kiefern am Wegrand, die wie unheimlich emporragende Wasserspeier herabblickten.

Meine Haare sträubten sich. Noch immer hatte ich diese hartnäckigen Empfindungen. Ich verlangsamte die Fahrt. Das kurvenreiche Stück Straße lag vor mir, und ich wollte nichts riskieren in diesem aschgrauen Nebel.

Ich drehte das Fenster herunter und streckte meine Hand hinaus. Mit meinen gespreizten Fingern konnte ich die kalten Wassertröpfchen auffangen, die wie ein Spuk um meinen Lieferwagen tanzten. Nichts Ominöses war zu spüren. Nichts von negativen Vorzeichen in der Luft. Und doch war ich aufs äußerste angespannt.

Bei der Abzweigung zu No-Eyes kletterte mein Wagen den steilen gewundenen Weg hinauf und nun, da ich in der Nähe ihrer Wälder war, fühlte ich mich von der Nervosität befreit, die mich seit dem Erwachen geplagt hatte. Dankbar für die willkommene Erleichterung parkte ich den Wagen und rannte zur Hütte, die kaum sichtbar war in der Düsternis der tiefhängenden Wolken.

Sie erwartete mich auf ihrer Veranda, in ihren Armen hielt sie liebevoll ein Bündel. «Wir wollen diesen nebligen Tag begrüßen gehen.»

Ich blickte auf die beiden antiken Futterale hinunter. «So wußtest du also, daß ich heute früher als gewöhnlich hier sein würde. Hast du mich etwa früher geweckt?» fragte ich mißtrauisch.

Die Alte schlurfte an mir vorbei. «Nein. Ich dachte nur, Summer ist darauf erpicht zu kommen, das ist alles.»

Ich stand auf den Stufen, als sie an mir vorüber hinunterstieg und langsam im trüben Nebel verschwand.

Sie stand plötzlich still und schaute zurück. Eines der Bündel schoß unter ihrem Schal hervor in meine Richtung. «Kommst du, oder willst du da stehenbleiben wie ein löchriges Stück Holz?» knurrte sie.

Ich beeilte mich, an ihre Seite zu kommen und nahm das Bündel entgegen. «Die Wolken hängen wirklich tief heute, nicht, No-Eyes?»

Ohne den Takt ihrer vorwärtsstrebenden Schritte zu unterbrechen, musterte sie unbekümmert die gespensterhafte Umgebung. «Ja. Sie umarmen die Berge ganz recht.»

«Glaubst du, daß sie sich bald auflösen werden?» fragte ich und schwang meinen freien Arm durch die feuchte Luft.

«Vielleicht», war die kurze Antwort.

«Es sollte heute warm werden», teilte ich mit. «Es heißt, daß es das ganze Wochenende sonnig sein wird.»

«Nein. Das ist falsch», gab sie zurück.

«No-Eyes, ich überlegte gerade…»

«Wird Summers Mund bald aufhören zu plappern?»

Schweigen.

Die Alte schien über mein oberflächliches Geplauder gereizt zu sein. Wahrscheinlich beschäftigte sie etwas. Ich holte sie ein und schritt schweigend an ihrer Seite. Ich spürte Nervosität an ihr.

Die frühe Morgendämmerung begann sich aufzuhellen. Der Nebel blendete uns beinahe, als wir den Gipfel ihres Hügels erklommen hatten. Von nun an hätte das Geplauder von selber aufgehört, wenn es nicht schon vorher abgeschnitten worden wäre. Wir legten die Hüllen behutsam auf die feuchte Erde, entnahmen die alten Pfeifen und machten uns an die uns freudige Aufgabe des geheiligten Segnungsritus zum Sonnenaufgang. Und obwohl ich hingebungsvoll und ganz konzentriert war, spürte ich dunkel die Einmischung der Blicke eines verborgenen Beobachters, der sich mit uns auf dem einsamen Berggipfel befand.

Als wir den Ritus beendet hatten und die Pfeifen wieder abgeschirmt waren von allen äußeren Einflüssen und Vibrationen, stiegen wir den Hügel hinunter, der immer noch in das dicke geisterhafte Gewand der Natur gehüllt blieb.

Ohne sich umzudrehen, richtete die Alte ihre wachsamen Augen auf mich. «Was ist los? Hat Summer etwa Angst? Ängstigt Summer der Nebel in den Bergen?»

Die Empfindung kroch mein Rückgrat hinauf. «Nein. Gewöhnlich liebe ich es, wenn die Wolken sich über die Berge wälzen wie jetzt.»

«Gewöhnlich?» fing sie auf.

«Nun ja…», stammelte ich. «Aber No-Eyes, jemand ist in unsern Ritus eingedrungen. Jemand hat uns beobachtet!»

Sie schaute beiläufig herum, und ihre weisen Augen verengten sich, als sie den uralten Wald musterten. «Hm! No-Eyes wird offenbar alt, ich sehe niemanden da draußen. Bist du sicher, daß du gestern nicht aufgeblieben bist und einen dummen Gespensterfilm angeschaut hast?»

Das war also geradezu blöd. «Ich schaue mir nicht so dummes Zeug an. Ich habe gestern bis spät in der Nacht gearbeitet, um ‹Earthway› zu gliedern.» Ich blieb plötzlich stehen und griff nach ihrem dünnen Arm. «Da! Da ist es wieder. Fühlst du es nicht? No-Eyes, jemand *beobachtet* uns!»

Ein tiefer Seufzer entwich ihren zusammengepreßten Lippen. «Niemand ist da draußen», beharrte sie und prüfte die feuchte Luft. Dann zuckte sie die Schultern und gab zu: «Vielleicht ist doch jemand da, der uns *beobachtet*. Ja», sagte sie energisch, «kann sein, daß jemand da herumschaut.»

Ich folgte ihr dicht an ihrer Seite, als die undeutlichen Umrisse der Hütte sichtbar wurden. «Bist du nicht beunruhigt? Wer könnte dich beobachten?»

«Bla! Zuschauer können No-Eyes nichts antun.» Dann senkte sich ihre Stimme und verlor ihren leichten Umgangston. «Außerdem», knurrte sie ominös, «vielleicht ist es nicht No-Eyes, die beobachtet wird.»

Ich riß meine Augen auf bei diesem Hinweis und erstarrte mitten im Gehen. Ihre dunklen Andeutungen trafen mich hart, als wenn eine eiskalte Hand sich schwer auf die Schulter legt im beklemmendsten Moment eines Gruselfilms.

Ich warf beunruhigte Blicke um mich und starrte angestrengt in die unheimlich fahl erscheinende Umgebung. Die düsteren Umrisse der aufragenden Kiefern schwankten in alle Richtungen. Der Wind flüsterte eingebildete Schreckensvorstellungen in mein Ohr, und meine Haare sträubten sich, während mein empfindliches Herz in meiner Brust hämmerte wie ein wild gewordener Preßlufthammer.

Meine qualvollen Phantasien wurden durch ein dumpfes Geräusch von Schritten auf der Veranda der Hütte unterbrochen, und ich kam wieder zur Vernunft. Dann erst bemerkte ich, wie verlassen ich dastand – allein im Freien mit diesen unbekannten Augen, die auf mir ruhten. Und bevor die Furcht mit ihrem Klammergriff nur die geringste Chance hatte, mich wieder festzuhalten in ihren Fängen, schrie ich meiner sich entfernenden Freundin nach:

«He, No-Eyes, warte auf mich!» Ich hetzte kopfvoran auf mein warmes Klassenzimmer zu, das mir tröstenden Schutz gewähren sollte.

In meiner Hast, so rasch als möglich in die kleine Festung zu gelangen, stürmte ich vorwärts und prallte geradewegs in die Visionärin.

Empört starrte die Frau auf ihre törichte Schülerin. «Was, zum Teufel, für ein Dämon jagt Summer? Hm?» Sie hob ihren Blick und schaute angestrengt durch den Nebel in den geisterhaften Hintergrund in meinem Rücken. Ihre ebenholzschwarzen Augen weiteten sich und flackerten, als ob sie ein Schreckbild wahrgenommen hätten.

Mit Entsetzen fuhr ich herum, um zu sehen, was sich mir heimlich von hinten näherte; bevor ich Zeit hatte, etwas Bestimmtes auszumachen, klopfte sie auf meine Schulter.

«Autsch!» Ich zuckte zusammen.

«Was erwartet Summer da draußen zu sehen?» Ohne meine einfältige Antwort abzuwarten, wandte sie sich mit einem tiefen Seufzer um und verschwand in der Tür.

Ich gab keinen Deut darauf, welcher Dummheit mich die Alte zeihen mochte, und hastete ihr auf den Fersen nach; ich wünschte keinen Blick mehr hinter mich zu werfen aus Furcht, ich könnte irgendwelche scheußlichen Schreckgespenster erspähen, wie sie gerade aus der sie umschlingenden, wehenden, sich bauschenden Gardine hervorkrochen.

Wieder umhüllt vom warmen Schein der Hütte, erfaßte mich eine beruhigende Gelassenheit. Wie unglaublich kindisch ich mich benommen hatte! Mein vorheriges Betragen, das von krasser Unreife zeugte, nahm ich schuldbewußt wahr, und ich war zutiefst zerknirscht über das unkontrollierte Zurschaustellen meiner Angst.

Niedergeschlagen legte ich die Medizinpfeife zurück in die Holzschachtel und zog meinen Wollumhang über den Kopf. Verlegen warf ich einen Blick in die Küche, wo No-Eyes mit ein paar Töpfen herumhantierte, und innerlich wappnete ich mich gegen die bevorstehende Standpauke. Ohne Zweifel verdiente ich eine. Mit diesem Rückfall in Unbeholfenheit hatte ich mir wahrhaftig einen geharnischten Verweis eingehandelt.

«Will Summer aus No-Eyes' Fenster hinausschauen?» tönte die sanfte Frage aus der Küche.

«Nein», murmelte ich vor mich hin, unfähig, ihr gerade in die Augen zu sehen.

«Hä?» antwortete sie und legte ihre runzlige Hand an ihr Ohr. «Was hat Summer gesagt?»

Ich gab mir einen Ruck und blickte sie unerschrocken an. «Nein! Ich habe gesagt, ich will *nicht* aus dem Fenster schauen.»

Sie nickte. «Oh.» Ein heiterer Zug lag um ihre dünnen Mundwinkel. «No-Eyes dachte nur, daß Summer vielleicht die bösen Monster sehen wollte, die im schreckeinflößenden Nebel umherirren.»

Jetzt oder nie mußte ich darüber sprechen. Ich ging in die dunkle Küche, zog einen der Stühle aus Kiefernästen hervor und setzte mich an den Tisch.

Die Visionärin fuhr mit ihrer Arbeit fort, anscheinend ohne meine Nähe zu bemerken.

Ich schaute hinter ihrem Rücken auf. «Also... willst mich völlig ignorieren?»

Während sie weiter herumhantierte, antwortete sie, ohne sich die Mühe zu nehmen, sich umzuwenden: «Warum sollte No-Eyes so etwas Dummes machen?» Dann zögerte sie einen Augenblick, «es sei denn, Summer denkt, daß No-Eyes dies tun sollte… es sei denn, Summer findet, sie *verdiene* es, ignoriert zu werden.»

Ich blieb bescheiden, aber fest. «Nein, ich glaube nicht, daß ich das verdiene», sagte ich, während ich meine Finger musterte. «Ich weiß, wie schlecht ich mich da draußen benommen habe, und ich möchte darüber sprechen.»

Vor sich hin brummelnd und murmelnd tat die Seherin einen tiefen Atemzug. «Wo hab ich nur das dumme Pulver hingelegt?»

Ich seufzte. «No-Eyes, hast du mich gehört?»

«Ja.»

«Nun? Ich möchte darüber sprechen.» Ich blinzelte in den dunklen Raum, der kaum das Licht der Feuerstelle zurückwarf.

«Was suchst du eigentlich?» Ich stand auf, um zu sehen, ob ich helfen konnte.

«Ah, hier bist du, du kleiner Lump!» rief sie erleichtert aus und griff nach dem obersten Brett, wo ein seltsam geformtes Arzneifläschchen stand.

Ich setzte mich wieder. «Was ist das für ein Zeug?»

«Mmmm», summte sie mit einem eigenartigen Lächeln. «Das wird für Summer ein feines Getränk geben.» Sie lehnte sich herüber und zwinkerte. «Ein *besonderes* Getränk.»

Ich kannte diesen listigen Blick, und ich kannte auch diesen gewichtigen Ton. Ich war mir nicht sicher, ob ich den einen oder den andern mochte; jedenfalls war ich sicher, daß ich nichts dafür übrig hatte. Sie hatte offensichtlich Pläne, die meinen eigenen zuwiderliefen.

«No-Eyes», erinnerte ich sie respektvoll zum drittenmal, «ich möchte darüber reden, was mir da draußen begegnet ist.»

Sie hörte auf, ihre Finger in den Topf zu tauchen. «Ja, nun.»

«Nein, nicht ‹ja, nun›. Wir können es nicht einfach unter den Tisch wischen, als ob es nie geschehen wäre. Ich kann nicht mit etwas anderem hier weitermachen, ohne daß wir die Sache besprochen haben.»

«Du meinst, du *willst* nicht weitermachen», korrigierte sie meine Aussage.

«Ja, du hast recht. Ich kann nicht und *will* auch nicht fortfahren, ohne dies zuerst zu klären.»

«Hm!» Die abgemessene Zutat war nun in der Tasse, und ich wartete, bis sie einen Wasserkessel an den Haken über die Feuerstelle gehängt hatte. Sie schlurfte in die Küche zurück und setzte sich mir gegenüber. «Nun, worüber regt sich Summer so auf? Ist Summer böse, weil No-Eyes sich lustig machte über Summers Erschrecken?»

«Nein. Du warst vollauf berechtigt, einen Witz zu machen. Ich will nur wissen, *was* mir solchen Schrecken eingejagt hat.»

«Mmmm», sie lächelte und schloß ihre Augen mit einem langen Zwinkern. «Was glaubst du, Summer, hat dich so sehr erschreckt?»

«Etwas anderes. Etwas Machtvolles.»

Ihre Augen funkelten durch verengte Lider. «Summer war schon früher in Gegenwart von irgendwelchen machtvollen Dingen. Was macht dies so verschieden?»

«Ich weiß es nicht. Vielleicht ist es, weil dieser Nebel so dicht war und ich nicht hindurchsehen konnte; vielleicht hat dies eine Art Verwirrung hervorgerufen oder ähnlich. Weißt du, worauf ich hinaus will?»

«Ja. No-Eyes weiß es schon, aber das hat nichts zu tun mit dem, was diese große, neue Angst macht. Es sieht Summer nicht ähnlich, solche Angst zu haben in den Bergen.»

«Ich weiß, das ist es ja, was mich so durcheinander bringt.»

Ich hörte dem knisternden Knacken des Kiefernholzes zu, das von den Flammen im Kamin beleckt wurde. «No-Eyes», flüsterte ich, «du weißt es, nicht wahr? Sag mir doch, was mich erschreckt hat. Du weißt, wie oft ich draußen war in den nebligen Bergen. Du weißt, wie viele Male ich liebend gern, nachts gewandert bin. Was ist da draußen passiert? *Wer* war da?»

Meine weise Ratgeberin schaute weg. «No-Eyes weiß, aber Summer muß das Ding selber herausfinden. Ich werde nicht immer dasein und Antworten bereithalten, wenn du im dunkeln bist über ein neues Etwas. Summer muß lernen, Antworten selber zu finden. Es ist nun Zeit dazu.»

«Aber ich weiß nicht, *wie* ich Antworten finden soll für so schwierige Sachen wie diese. Darum brauche ich noch mehr Zeit mit dir, damit du es mir zeigst. Wie kann ich Antworten finden, wenn ich nicht weiß, wo ich sie suchen soll?»

«Summer erinnert sich, was No-Eyes sagte über das, was in allen Problemen drinsteckt?»

«Du sagtest, daß die Probleme alle Teile des Ganzen enthalten.

Du sagtest, daß Probleme nur ein Gewirr seien, das sich auflösen lasse, daß die Lösung immer im Problem selber gefunden werden könne.»

Sie nickte, und ihre Augen blitzten.

Meine Augen glänzten nicht, da Verwirrung sie verschattete. «No-Eyes, das hilft mir jetzt noch immer nicht.»

Sie neigte ihren Kopf, als ob sie auf etwas horche, das ich nicht hören konnte. Dann richtete sie wieder ihre ganze Aufmerksamkeit auf mich. Ihre Stimme war beherrscht und sanft – sie roch geradezu nach Weisheit. «Summer», begann sie, «No-Eyes hat Summer fast alles über die Wahrheit beigebracht, darüber, was wirklich ist. Aber das ist nicht genug. Dieses *Wissen* ist nur der *Anfang*. Es ist der Pfad zu *Größerem*, zu *noch* Machtvollerem.»

«Was für eine Art Wissen, No-Eyes?»

Die Ebenholzteiche weiteten sich und glitzerten. «*Visionäre* Dinge», flüsterte sie geheimnisvoll. «Dinge der *Dreamwalkers*.»

Mein Herz stand still, dann jagte es vorwärts. Das war es also, dachte ich, als meine alte Freundin mich ihre Worte abwägen ließ. Und während sie den heißen Kessel holte, spielte mir mein Verstand Streiche. Er sagte mir, ich sei bereit, von einem Dreamwalker unterrichtet zu werden. Er foppte mich grausam mit der Andeutung, daß nun die Zeit gekommen sei für meine letzte Reise zur Erleuchtung. Ich versuchte verzweifelt, diese überheblichen Gedanken zu zügeln, die dreist das unangemessene Bild meiner selbst verhöhnten. Aber warum hatte sie denn den Dreamwalker überhaupt erwähnt?

Mein empfindliches Herz hämmerte mit der wachsenden Erkenntnis, daß meine Gedanken vielleicht doch nicht nur ein Spiel mit mir trieben. Vielleicht dachte die weise Frau, ich sei fortgeschritten genug für diesen letzten Schritt. Aber nein, wie konnte dies sein? Ich war doch einfach nicht mehr als eine bescheidene Schülerin. Und während ich No-Eyes zuschaute, wie sie das dampfende Wasser in die für mich bestimmte Tasse goß, bemerkte ich, daß mein Verstand nicht wußte, was er dachte.

«Wir werden das jetzt in Ordnung bringen», vertraute sie mir an und brachte das Gebräu auf den Tisch. «Sobald das ein klein wenig ausgekühlt ist, soll Summer es in einem Zug austrinken.» Ich starrte in die bernsteinfarbene Flüssigkeit. Mir war bewußt, daß es besser sei, nicht zu fragen, welche kraftvollen Wirkstoffe da drin waren. Ich hatte eine Vorstellung, aber zog es vor, sie nicht zu prüfen. Wenn ich das Getränk einmal geschluckt hatte, würde wenig kostbare Zeit für ein bewußtes Gespräch zwischen uns bleiben. Ich beschloß, ihr ein wenig Zeit abzuringen, bis der Absud ausgekühlt war.

«Die Natur weinte am Wochenende, No-Eyes.»

«No-Eyes weiß das.»

«Ich hatte auch einen besonderen Traum.»

«No-Eyes weiß.»

«Hast du ihn geschickt?»

«Nein. No-Eyes hat kein Recht, diesen zu schicken.»

«War der Wasserträger einer deiner Schüler?»

Orangefarbene Schatten huschten über die Balkenwände. Das Feuer war zu neuem Leben erwacht; es tanzte und knisterte fröhlich und schuf eine Stimmung zarten Ernstes, als ich tief in die schwarzen Teiche der Seherin schaute.

Die Zeit der sich im Kreise drehenden Fragen war abgeschlossen. Nun blieb nichts mehr, als offenes Gespräch, Sprache, die geradewegs vom Herzen kam.

«Er war da. Vor langer Zeit war er No-Eyes' Schüler, lange bevor No-Eyes Summer findet in Wäldern da draußen. Aber er ist weitergegangen. Er wanderte auf einem andern Pfad, eine andere Reise. Jetzt hat er sie abgeschlossen.»

«Er schreitet nicht mehr weiter?»

«Das hat No-Eyes nicht gesagt. Er hat das Wandern beendet auf dem suchenden Pfad. Er hat das Ziel erreicht. Jetzt ist er da, andere zu lehren, die des Wegs kommen.»

«Wie heißt er wirklich?»

«Namen sind heilig. Summer weiß das. Wenn Summer den Wasserträger vielleicht eines Tages trifft, mag sein, daß er es ihr sagt. Es kommt drauf an.»

«Worauf kommt es an?»

«Wenn er denkt, du seiest bereit, solche Dinge zu erfahren.»

«Welche Dinge?»

Sie neigte den Kopf zur Tasse. «Vielleicht ist das da jetzt bereit. Sieh mal.»

Widerstrebend tauchte ich einen Finger in die Flüssigkeit. Mein Mut sank. Es war nicht mehr heiß. Ich blickte feierlich auf die Frau und drängte noch auf eine letzte Frage.

«Wer ist der Dreamwalker?»

«Trink jetzt», befahl sie mir in gebieterischem Ton.

Ich gehorchte. Ich trank aus bis zum letzten Tropfen, stellte die Tasse nieder und musterte nachdenklich meine Hände.

No-Eyes beachtete meine Reaktion. Ein Lachen brach in die Stille des Augenblicks. «Warum schaut Summer so fest auf Finger? Erwartest du, daß sie sich ändern?»

«Ich bin nicht in Erwartungshaltung, No-Eyes.»

Die Alte beugte sich vor und streckte ihren Kopf über den abgenutzten Holztisch. «Sag No-Eyes also, wo du drin bist.»

«Ich bin im Zwischenstadium.» Ich schob mich aus dem wackligen Stuhl und streckte mich auf dem Küchenboden aus. Eine leichte Benommenheit bemächtigte sich meiner, und wenn diese Empfindung sich steigern sollte, was ich vermutete, wollte ich vermeiden, vom Stuhl zu fallen.

Ich hörte, wie meine Lehrerin leise ins Wohnzimmer ging und dort sich selber zuflüsterte. Der Widerschein des Feuers flackerte hell. Glänzend glitt er über die handbehauenen Balken der Küchendecke. Ich starrte in die abgehackten Bewegungen der Flammenschatten, während No-Eyes neu aufgelegt hatte auf das Feuer und wieder zurück zu ihrem Stuhl schlurfte.

«Summer?» ertönte ihre sanfte Stimme.

«Ich bin da.»

«Wo bist du jetzt drin?» flüsterte sie.

«Im Hinnehmen.»

Einige lange Minuten vergingen. Ich schloß meine Augen wieder vor dem sich drehenden Zimmer.

«Summer?»

«Ich bin immer noch da», antwortete ich schläfrig.

«No-Eyes wird nicht bei dir sein. Summer wußte das, hm», ihre Stimme tönte wie ein Echo aus weiter Ferne.

«Jaa, ich... wußte, No-Eyes, ich... wu-u-ßte.»

«Summer? Kannst du mich hören?»

Schweigen.

Die Weise lehnte sich in ihren Stuhl zurück. Sie preßte ihre dünnen Lippen angespannt zusammen. Das einzige, was sie nun tun konnte, war abwarten.

«Summer?» erklang die weitentfernte Stimme.

«Hier», antwortete ich vom Garten der Hütte. «Ich bin da», ich blinzelte durch die gespenstigen Nebel in vergeblicher Anstrengung, die Ruferin zu erspähen. «Wer ist dort?»

Neue Töne wurden mir über die grauen Nebelwogen zugetragen. Schlurfende Geräusche näherten sich wie Schritte, die im nassen Gras raschelten. Und als ich mich ihnen zuwandte, tauchte langsam eine unförmige Gestalt aus dem Nebel auf, größer und deutlicher sich abzeichnend. Mit jedem Schritt vorwärts wurden die Umrisse genauer erkennbar.

«Wer ist dort?» rief ich erneut.

«Summer?» krächzte die Stimme.

«Ja, ich bin hier, aber wer bist du?» Seltsamerweise verspürte ich keine Angst, denn ich war in einem Zustand des Hinnehmens.

Da stand der Mann vor mir. Er trat einfach aus dem wirbelnden Nebel heraus. Er lächelte und nickte mir freundlich grüßend zu. «Nun komme ich endlich dazu, Mary Summer Rain kennenzulernen.»

«Endlich?»

«Ja, endlich. Ich habe schon eine ganze Weile auf dich gewartet, weißt du.»

Ich tappte im dunkeln. «Nein. Ich wußte es nicht.»

Er kräuselte seine vollen Lippen. «Nun... das macht nichts. Ich nehme an, das muß so sein.»

«Wie muß *was* sein?»

Obwohl Nebel uns einhüllte, konnte auf alle Fälle der Funke in seinen lustigen Augen nicht unbemerkt bleiben. «Nun, der *Weg*, Mädchen. Es gibt *Regeln* für die Reise auf dem Weg!»

«Welcher Weg?»

Sein Lachen war ein ungebremster Heiterkeitsausbruch. «Es ist nicht zu fassen, du *bist* tatsächlich die Richtige. Man hat mir gesagt, du seiest voller Fragen. Nun bekomme *ich* eine Probe deiner übersprudelnden Lebendigkeit, deines... Durstes.»

Bei seinen letzten Worten kam er näher zu mir und runzelte ernsthaft seine Stirn.

«Durst?» sagte ich. «Ich habe viel mehr Fragen, aber zuerst, wer bist du und warum bist du hier? Wie kommst du dazu, mich zu kennen? Was ist der Zweck unseres Zusammentreffens?»

Wieder wurde sein kräftiges Gelächter durch unsere unheimliche Umgebung verstärkt. «Du lieber Himmel, Kind! Nimm dir etwas Zeit, um zu atmen zwischen deinen wißbegierigen Fragen. Du tönst ja wie ein Gewehr.»

Ich fühlte mich ein wenig zurechtgewiesen. «Es tut mir leid, aber du bist eindeutig im Vorteil, findest du nicht? Du kennst mich, aber ich kenne dich nicht.»

Er entschuldigte sich gebührend für seine offensichtliche Ungezogenheit. «Und recht hast du auch, kleine Summer Rain. Wie recht du hast. Aber weißt du, ich habe viele Namen. Unter welchem wünschst du mich zu kennen?»

Seine Frage war ein schlauer Trick. Er rief mir eine ernsthafte Warnung in Erinnerung, die No-Eyes mir einst eingebleut hatte. Ich machte eine Pause, bevor ich antwortete. Ich hielt meine Erwiderung zurück, bis ich diesen Fremden eingeschätzt hatte, der aus dem nebelhaften Nichts geschneit kam.

Er war Ende Sechzig, meine Größe, aber stämmig. Seine Abstammung als Vollblutindianer verlieh ihm alle die interessanten klassischen Züge. Dunkle Hautfarbe, große Augen, hohe Wangenknochen, volle Lippen und eine Aura von Stolz, die edles Erbe verriet. Seine Vibration war gut, und er besaß starke Medizin.

Ich lächelte ihn an. «Alle», antwortete ich. «Ich möchte *alle* Namen hören, unter denen du bekannt bist; danach werde ich entscheiden, unter welchem ich dich *kennen* möchte.»

Ein rundlicher, ringgeschmückter Finger zeigte auf mich. «Sehr gut. Das war gut!»

«Nun? Ich warte.» Ich grinste in sein braunes, wettergegerbtes Gesicht.

«Laß mich zuerst über dich sprechen», sagte er und begann vor mir auf und ab zu schreiten. «Du bist ganz...»

«Nein», verlangte ich und schnitt ihm das Wort ab. «Sag mir zuerst deinen Namen.»

Er nickte. «Man kann dich nicht leicht ablenken. Wieder sage ich: sehr gut.» Er führte mich zu No-Eyes' Hügel. «Ich sehe, Summer, du hast dein Bewußtsein schon sehr geschärft; glaube mir also, wenn ich sage, daß ich keine Raffiniertheiten mehr an dir probieren werde. Das ist eine ernste Reise heute, und wir müssen ehrlich und offen sein.»

Unser Schritt war langsam und entspannt, während er sprach.

Ich lauschte jedem Wort, jeder klanglichen Nuance in seiner rauhen Stimme. Wenn irgendeine Täuschung auftreten sollte, würde sie sich durch die Stimme bemerkbar machen, oder wenn der Sprecher ein gewiefter Betrüger war, würde eine flackernde Aura ihn klar bloßstellen. Ich war auf der Hut, während er fortfuhr.

«Du vertraust mir also nicht», stellte er klug fest.

«Ich bin achtsam, und du mußt mir deine Namen nennen.»

«Ich tu's schon, ich tu's schon.»

Er bückte sich und hob einen kleinen, triefnassen Ast auf, den er beim Gehen in der Hand hielt. «Man kennt mich als Little Hawk, Jonathon Beemonet, Weaver und Daniel Hilling. Ich hatte zusätzlich die Namen Cotegra und Plato. Willst du, daß ich fortfahre? Es gibt noch viele, viele mehr.»

Ich grinste und verhandelte. «Und mich hat man gekannt als Summer Rain, Sequanu und She-Who-Sees, die früher Walks-in-Woods gewesen war.»

«So!» Er lächelte breit. «Du möchtest also doch nicht alle kennenlernen.»

«Nur die Namen, unter denen du in *diesem* Leben bekannt bist, diese werden genügen, danke.»

«Also gut… das erspart uns beträchtlich Zeit.» Er brach die Zweiglein ab vom Ast, bis nur der Hauptstamm übrig blieb. «Siehst du, Kleine? Nun kommen wir zu dem, was wichtig ist. Es ist uns gelungen, das Überflüssige zu entfernen. Wir werden also sachbezogen.»

Ich bedeutete ihm, daß ich die unerwartete Lektion begriffen hatte.

«In diesem Leben kennt man mich als Wise Man, Joe Red Sky, Schamane und… Jener Indiokerl.»

Ich wälzte die Namen in meinem Kopf hin und her. «Jener Indiokerl?»

«Nun, das ist die Art, wie gewisse Weiße von mir reden.»

«Das ist aber nicht sehr nett», bemerkte ich teilnehmend.

Seine perlweißen Zähne schimmerten, als er erläuterte: «Ja, nun, das ist ihr Karma, nicht meines.»

«Trotzdem…»

«Ist schon gut, Summer, Ausdrücke wie diese verraten nur Unwissen und Mangel an Erleuchtung. Es zeigt nur, wieviel diesen Menschen abgeht auf dem Pfad zur Erkenntnis. Diese Dinge muß man akzeptieren.»

Ich streckte meine Hand nach dem Ast aus.

Er reichte ihn mir mit einem Anflug neugierigen Interesses auf seinem Gesicht.

Ich teilte den Hauptstamm in Stücke, welchen ich seine Namen gab, und zeigte dann auf die Spitze, welche keinen Namen hatte.

«Und wie nennt man dies hier?» fragte ich.

«Also so was!» rief er völlig überrascht aus.

«So heißt das aber nicht», lächelte ich.

Er schüttelte den Kopf. «Ich habe dich auf No-Eyes' Hügel geführt, um dir zu zeigen, was es war, das du vorhin wahrgenommen hattest. Es ist wichtig, daß du auch verstehst, was du zu begreifen wünschst.»

Ich klopfte geduldig mit meinem Finger auf die Astspitze. «Der *Name*.»

«Ich sag dir was», grinste er. «Ich verspreche dir, du wirst die Antwort erfahren, sobald wir fertig sind, aber noch nicht gerade jetzt.»

Ich musterte seine Züge und tastete die sanft flimmernde Aura ab.

«Also gut, einverstanden», gab ich nach.

«Gut. Zu deiner Furcht heute morgen: wir sind nun da, und du kannst selber herausfinden, was der Grund dafür war.»

Die Atmosphäre um den Hügel war ungefähr die gleiche wie heute früh, als No-Eyes und ich hier waren; nur waren diesmal die seltsamen Empfindungen vollkommen verschieden. Sie waren noch immer da – aber stärker. Man brauchte nicht den hochentwickelten Geist einer Visionärin zu besitzen, um es zu enträtseln.

«Ich kenne den Grund schon, aber ich bin mir über das *Warum* noch nicht im klaren.» Ich blickte dem alten Mann ins Gesicht. «*Du* warst der Grund. *Du* warst der Beobachter heute morgen.»

«Das stimmt, aber flöße ich dir Angst ein?»

Ich schaute herum in dem düsteren Nebel. Ich blickte hinauf zu den Baumwipfeln, die formlose Schatten woben. Dann senkte ich meine Augen und richtete sie auf die seinigen. Sie hielten meinen Blick fest und schienen zu zerfließen.

«Nein, jetzt nicht. Aber das *Warum* meiner Furcht lag in deiner Macht, von der ich jetzt weiß, daß sie groß *und* gut ist. Ich spürte deine Stärke und ich fürchtete, daß sie möglicherweise aus einer negativen Quelle kommen könnte... einer dunklen Macht.»

Seine breite Hand ruhte auf meiner Schulter. «Wie kommst du zu dieser wunderbaren Annahme?»

«Es ist keine Annahme», erklärte ich vertrauensvoll, «es ist ein richtiger Schluß.»

Er hob seine buschigen Brauen. «Stimmt das?»

«Ja», bekräftigte ich fest.

«Nun gut. Es ist gut, daß du die letzten, von dir selbst gefaßten Entscheidungen nicht anzweifelst. Es ist gut, daß du einen festen Glauben in deine Entschlüsse hast.»

«Dann hatte ich recht.»

«Suchst du einen Beweis, um deinen Schluß zu untermauern?»

«Nein. Ich wollte nur, daß du eingestehst, *weshalb* du uns beobachtet hast heute morgen.»

«Und aus welchem Grund brauchst du dieses Eingeständnis?»

Ich machte eine Pause, um meine Argumente zu prüfen. «Weil deine Antwort mir sagen wird, was ich wissen möchte – deine Antwort wird mir den letzten Namen enthüllen, unter dem man dich kennt. Wirst du mir den Grund für dein Beobachten mitteilen?»

Nun war es an ihm zu zögern. Er grinste. «Vielleicht später.»

«Du kneifst.»

«Nein, ich bin nur ehrlich. Vielleicht will ich es dir später erzählen.»

Meine Augen blitzten schalkhaft. «Oder vielleicht brauchst du es dann gar nicht mehr.»

Er drehte seine Handflächen nach oben. «Summer Rain, bin ich so ganz und gar durchschaubar, oder bist du so scharfsinnig?»

«Ich glaube keines von beiden, Joe Red Sky. Ich glaube, es ist nur, weil wir uns hier getroffen haben auf dem vorgezeichneten Weg.»

Er nickte. «Dann hast du es wirklich nicht mehr nötig, daß ich dir meinen andern Namen nenne, weil du ihn bereits kennst.»

«Ja. Du bist bekannt unter dem Doppelnamen Wasserträger und Dreamwalker.»

Red Sky drehte sich um und stieg den Hügel hinunter. Er bedeutete mir, an seiner Seite zu gehen. «Ich bin neugierig», sann er. «Warum kombinierst du die beiden Namen?»

«Weil sie ein und dasselbe sind. Einigen Menschen, die dürsten, gibt der Wasserträger zu trinken, um den Durst nach Erkenntnis zu stillen. Und andern, deren Durst bereits gestillt ist, gibt der Dreamwalker Erleuchtung durch tieferes Verstehen. Aber sie sind beide das gleiche Wesen, das verschieden in Erscheinung tritt, je nach den Bedürfnissen des einzelnen.»

«Wie in deinem Traum?» deutete er an.

«Ja.» Natürlich wußte er von meinem Traum, da er ganz klar ein Dreamwalker war. «Gibt es viele Dreamwalkers?» fragte ich.

«Nicht mehr so viele», antwortete er traurig. «Nur wenige wollen noch die Zeit und Energie aufbringen, deren es bedarf, um den Weg zu gehen.»

«Das betrübt mein Herz. Vielleicht wird sich das ändern.»

Er blickte mich an, dann wandte er seine Aufmerksamkeit unserm Fußweg zu. «Es wäre gut, wenn mehr Suchende ganz erleuchtet würden – wenn sie den *ganzen* Pfad gingen.» Seine Augen hefteten sich auf mich, als er das Wörtchen «ganz» betonte. Es schien, als ob er es an mich persönlich richtete, und ich fragte mich im stillen, ob ich den ganzen Weg *gehen* würde. Dann hörte ich wieder seinen weiteren Gedanken zu.

«Vielleicht wird jemand den Dingen auf die Beine helfen, damit mehr Menschen den Ruf ihres Geistes spüren werden. Wenn man aber die Wahrheit kennt, werden trotzdem nur wenige die Bürden eines Dreamwalker auf sich nehmen wollen. Er muß viele Gesichter haben... je nachdem, wer oder was seinen Weg kreuzt.»

Ich fragte mich, wo er beiläufig hinauswollte, aber bevor ich mich erkundigen konnte, wechselte er das Thema.

«Summer Rain, was erwartest du vom Leben? Wonach suchst du?»

«Ich möchte, daß die Menschen aus ihrer Apathie erwachen, daß sie sich selber wahrnehmen und ihre tatsächliche Umgebung – auch was *inwendig* in ihnen ist... den Geist Gottes. Ich suche Wahrheit und ein praktisches Verständnis dafür.»

Er dachte darüber nach und ging dann zu den körperlichen Bedürfnissen über. «Und welches sind deine materiellen Wünsche?»

Ich mußte darüber lachen. «Ich habe keine materiellen Wünsche... das heißt, ich habe doch einen materiellen *Bedarf*.»

Er hob seine Brauen.

«Wir brauchen ein neues Fahrzeug.»

Er fand dies komisch und machte keinen Versuch, seine Belustigung zu verhehlen.

Ich stellte rasch meine Aussage klar. «Versteh mich bitte nicht falsch. Wenn es uns nicht bestimmt ist, dies zu bewerkstelligen, so werde ich mich sicher nicht dadurch niederdrücken lassen. Unser alter Karren nähert sich dem Ende der dritten Runde auf dem Kilometerzähler, und er wird es so lange machen, wie wir ihn brauchen. Wir kommen schon zurecht.»

«Die Dinge werden sich vielleicht ändern.»

Ich zuckte die Achseln. «Das wäre schön, aber wir sind es gewohnt durchzuhalten.»

Wir waren bei der Hütte angekommen. Red Sky berührte meine Hand. «Du wirst durchkommen. Du wirst es gut machen, kleine Summer Rain. Es wird gut sein.»

Ich lächelte, als ich den warmen Trost spürte, der in meine Hand strömte. Ich schloß meine Augen, um die Wärme besser spüren zu können. Der berauschende Geruch des Holzrauchs wehte gemächlich durch die Luft, und ich fühlte mich plötzlich von einer Woge neuer Wärme erfaßt – einer körperlichen.

«Gut, Summer», die Worte kamen als Echo zurück.

«Red Sky?»

«Es ist gut, Summer», besänftigte die vertraute Stimme, «du hast es gut gemacht!»

Ich öffnete die Augen und sah die alte Frau über mir knien. «Komm schon, steh auf. Wir werden uns jetzt an den Tisch setzen und sprechen. Ich habe nochmals Tee gemacht. Er wird Summers benebelten Kopf aufwecken.»

Ich lehnte mich an meine zerbrechliche Lehrerin, während sie mir zum Tisch zurück half. Es war noch immer dunkel im Zimmer. Ich schaute ins Feuer, bevor meine Augen sich auf die trüben Fenster hefteten. «Uh, es ist immer noch düster da draußen.»

«Ja. No-Eyes sagt, so wird es heute bleiben. Da», bot sie mir eine dampfende Tasse an und schob sie auf mich zu, «die ist jetzt fertig. Es wird dir die Spinnweben aus dem Kopf vertreiben.»

Benommen trank ich das erfrischende Gebräu, und nach und nach wurden meine Sinne wieder wach. Als ich mich wieder normal fühlte, blickte ich No-Eyes an. Sie strahlte. Ich konnte nicht anders als zurücklächeln. «Nun?» fragte ich, «wie habe ich es gemacht?»

Sie zeigte ihr rosa Zahnfleisch. «Was meint Summer dazu?» war ihre Standarderwiderung.

«Ist dein Grinsen irgendein Hinweis? Nun», gab ich zu, «ich mochte den Dreamwalker. Ich mochte ihn sehr.»

«Was hat du an ihm so gerne gehabt?»

«Nun», lächelte ich übers ganze Gesicht, «er hat mich vor allem nicht angebrüllt.»

«Hm! Warte nur, bis er mehr Zeit für dich hat. Er wird dann viel brüllen! Außerdem», fügte sie hinzu, «Summer wird noch einen *andern* treffen das nächste Mal. Ein anderer wird Summer auf eine weite Reise mitnehmen.»

Ich strahlte. «Wer? Wer wird mich mitnehmen?»

«Ich sage das nicht. Summer wird sehen.»

«Wann?»

«Sei nicht so neugierige Wanze. Vielleicht braucht Summer noch etwas mehr Zeit mit No-Eyes. Vielleicht denkt Dreamwalker, Summer sei noch nicht ganz bereit.»

Ich war tief in Gedanken versunken.

«Was nun?» erkundigte sie sich bei ihrer nachdenklichen Schülerin.

«Ich habe nie herausgebracht, *warum* Red Sky uns beobachtet hat. Er versprach, es mir zu sagen, wenn wir mit unserer Sache fertig seien.» Sie seufzte tief. «Er sagte es nicht. Er sagte ‹vielleicht›.»

Die Visionärin hatte recht. «Das ist richtig. Und dann hatte ich eine Idee warum, und er bestätigte es. Der Grund wurde aber überhaupt nie richtig ausgedrückt.» Ich lehnte mich über den Tisch. «No-Eyes», sagte ich, «hat er *mich* beobachtet da draußen heute morgen?»

«Ja.»

«Hat er mich beobachtet, um festzustellen, ob ich reif sei für die Worte des Dreamwalker? Seine Lektionen?»

«Ja», sie strahlte in kindlicher Freude.

«Und ich habe die Probe bestanden?»

«Ja. Warum klingt Summer so überrascht?»

Ich hatte tatsächlich einen Schock. «Ich hätte es nie geglaubt.»

Die alte Frau tätschelte meine Hand. Sie verstand meine tiefen Gefühle. «Es ist nun Zeit für dich, dich auf den Heimweg zu machen. No-Eyes holt Summers Umhang.»

Ich schoß vom Stuhl auf. «Nein, das ist schon recht. Du brauchst mich nicht zu bedienen, ich hole ihn selber.»

Ich ging am Kamin vorbei und holte meinen Umhang vom abgenutzten Sofa, wo ich ihn hingeworfen hatte. Ich hatte halbbewußt zu ihrem vollgestopften Stuhl hinübergeschaut in der dunklen Ecke, als es mir plötzlich den Atem verschlug. Ich erstarrte. Da war nämlich ein alter Mann in tiefem Schlaf. Ich fuhr herum und blickte No-Eyes an.

Sie grinste. «Laß dich nicht durch No-Eyes' alten Freund stören. Er ist müde, hat die ganze Zeit geschlafen.» Sie stupste mich zur Tür. «Ja», sagte sie mit einem Blick auf den mitgenommenen Schläfer, «armer, alter Joe, er muß weiter, weißt du.»

Ungläubig schaute ich zwischen meiner Freundin und dem Schläfer hin und her.

No-Eyes stieß mich an den Schultern. «Geh nun», drängte sie und bugsierte mich durch die Tür. «Du brauchst morgen nicht herzukommen. Du mußt nur jeweils am Samstag kommen, bis No-Eyes es dir anders sagt.»

Wir standen auf der Veranda im kalten Nebel, der um uns wirbelte, und No-Eyes streckte ihre Arme nach mir aus. Die Berührung ihres zarten Körpers ließ mich als Kontrast die Kraft ihrer Weisheit, die von ihrem unglaublichen Geist ausging, nur noch stärker spüren. Einige kostbare Augenblicke blieben wir nahe beieinander, bis sie sich zurückzog. Sie hob ihre Hand und strich mir übers Haar, was ihr strenges Äußeres sanfter erscheinen ließ.

«No-Eyes ist so stolz auf Summer heute. Das war der Tag, No-Eyes hat lange darauf gewartet; der Tag, an dem Summer die letzte Probe vor dem Wasserträger bestehen sollte. Er sprach mit Summer, um zu sehen, ob sie für den Dreamwalker bereit sei – und er sagt ‹ja›.»

Sie hatte mich vorher gefoppt, als sie andeutete, ich brauche vielleicht noch mehr Zeit mit ihr. Ich vermied es, darauf anzuspielen. Ihr tiefer, zarter Stolz war zu zerbrechlich, als daß ich ihn mit dummem Geplänkel zunichte machen wollte. Ich ergriff ihre feinen Hände.

«Danke, No-Eyes. Ich hätte es nicht geschafft ohne all das Wissen, das du mir mitgeteilt hast. Ich hätte es nicht schaffen können ohne deine verständnisvolle Geduld mit einer oft widerspenstigen und ungestümen Schülerin.»

Dann, bevor wir uns trennten, wollte ich noch ein letztes, bohrendes Rätsel aufgeklärt haben. «No-Eyes, dieser alte Mann da drinnen, er erinnert mich an...»

«Geh jetzt, No-Eyes hat viel zu tun.» Sie flatterte mit ihren Händen vor meinem Gesicht, um mich wegzuscheuchen.

Ich ging die Stufen hinunter und versuchte nochmals, eine Antwort zu bekommen. «Aber kannst du nicht einfach sagen...»

Die Tür war geschlossen.

Als ich mich auf meinen Weg zum Wagen zurück machte, hielten die wirbelnden Schwaden keine bösen Vorzeichen mehr für mich. Es gab keine drohenden Schrecken mehr, die in den düsteren Armen auf mich lauerten.

Ich startete den müden Motor und beugte mich vor, um meine Arme auf dem Steuerrad ruhen zu lassen. Die Scheibenwischer machten einen Tunnel für die Sicht, und ich starrte hinauf zur verhüllten Hütte.

Ich lächelte. «Das ist gut, Alte, deine Geheimnisse sind sicher bei mir. Adieu, schlafender Joe Red Sky, deine Medizin ist stark – das ist gut... so gut.»

Ich steuerte den Wagen leise weg durch den wallenden Nebel und ließ die beiden weisen Alten allein im warmen Schutz ihrer Weisheit und Kameradschaft, die sie miteinander teilten. Die Seherin und der Dreamwalker konnten nun gut ruhen, ihre Arbeit war getan.

Der Falsche Weise hebt sein Haupt und erwartet Anerkennung und hohes Lob, sogar Anbetung und eine Menge Anhänger.
Der Wahre Weise beugt sein Haupt und erwartet nichts.

Ein dürstender Geist

Geistiger Fortschritt ist das Tor zum Verständnis der Wahrheit. Der Mensch wird erst ideelle Begriffe erfassen, wenn er ein geistiges Niveau innerer Hinnahme und Erkenntnis erreicht hat.

Der erste Samstag im August wird sich für mich immer darin auszeichnen, daß er der Anfang meiner Reise auf dem Weg zur Erkenntnis war. Es war das Überschreiten der Schwelle ins Reich der Dreamwalkers, wo ein Wechsel der Dimensionen nicht als unmögliche Launen der Natur betrachtet, sondern eher als Norm der Wirklichkeit hingenommen wird. Es war ein nebulöser Ort tief innen in der Seele, daher also nirgends und überall, körperlich und doch nicht faßbar, ewig unveränderlich und dennoch dauernd im Wandel. Es war ein Ort, wo diametrale Extreme möglich waren, ein Ort der Klarheit, wo man es wagte, an den brüchigen Fasern der Zeit entlangzusegeln.

Am Sonntagmorgen, der dem denkwürdigen Tag mit No-Eyes und dem schlafenden Joe Red Sky folgte, gingen Bill und ich aus zum Frühstück in ein nahes Restaurant. In letzter Zeit war dieses Restaurant für uns wie ein zweites Zuhause, denn wenn Bill und ich nicht da frühstückten, war ich häufig dort in meiner Stamm-Nische damit beschäftigt, Notizen zu machen für die Bücher, die ich der Seherin versprochen hatte zu schreiben.

An diesem besonderen Morgen saßen wir nicht in meinem inoffiziellen «Büro», sondern wir besetzten einen Fensterplatz, von wo aus wir Pikes Peak sehen konnten, wie er sich hinter der Stadt erhob. Es war einer der strahlend klaren Morgen, wo der Himmel tiefblau wie das Ei eines Rotbrüstchens angemalt und kein Wolkenfetzchen von einem zum andern Horizont zu sehen ist. Es würde ein neuer, vollendet schöner Rocky-Mountain-Tag werden.

Nach dem Essen blieben wir noch, um darüber zu sprechen, was der gestrige Tag gebracht hatte. Was ich Bill am Abend zuvor gesagt hatte war nur, daß ich jeweils sonntags vorläufig nicht zur Hütte der Alten hinauffahren und ich ihm alles am Morgen erklären würde. Er akzeptierte meine einfache Mitteilung, weil er wußte, daß er alles erfahren würde, sobald ich bereit zu reden war. Das war jetzt der Fall.

Ich begann sehr feierlich. Und am Anfang – mit dem peinlichen Teil. «Gestern, als ich bei No-Eyes war, nach unserm Ritual zum Tagesanbruch... hat mir die Natur einen Schrecken eingejagt.»

Seine Mundwinkel verzogen sich ungläubig. «Du machst einen Witz, nicht wahr?»

Mein steinerner Gesichtsausdruck sagte ihm, daß dies kein Witz war.

«Aber du hast doch nie Angst da draußen», sagte er und blickte aus dem Fenster auf den berüchtigten Gipfel. Er konnte einfach nicht glauben, daß die Natur mich in Furcht versetzen sollte, wo ich es doch so sehr liebte, draußen in der Natur zu sein. «Wieso, du bist doch während der letzten Nächte ganz allein da draußen gewesen, und jetzt sagst du, die Natur macht dir angst? Und sogar im Beisein von No-Eyes?»

Mein Blick blieb unverändert, und er erkannte, daß ich meine Aussage nicht ändern würde.

«Was zum Teufel hat dich erschreckt?» Er rutschte in eine andere Stellung und zündete eine Zigarette an. «Erzähl mir nicht, sie sei wieder auf einen ihrer Drohtricks aus gewesen. Ich habe es nicht gerne, wenn sie sich etwas einfallen läßt und wieder Dinge ausheckt, mit denen sie dich konfrontiert, ich habe es gar nicht...»

«Das hat sie nicht getan», unterbrach ich sanft. «Sie hat diesmal nichts ausgeheckt.»

Er wartete mit der Antwort, bis die Kellnerin frischen Kaffee in unsere Tassen nachgeschenkt hatte. «Wenn sie nichts damit zu tun hatte, wo kam denn diese Angst her?» fuhr er mich erregt an.

Ich mahnte ihn, sich zu beruhigen, da das Restaurant voller Leute war, die wir kannten. «Ich habe nicht gesagt, sie habe *nichts* damit zu tun, ich sagte nur, sie habe es nicht *ausgeheckt*.»

Er schnaufte gereizt. «Nun, ich hoffe, du wirst mir einen ver-

dammt guten Grund angeben für diese Furcht – daß du ein un-
schätzbares Juwel der Erleuchtung dadurch gewonnen hast.»

Ich lächelte. Ich strahlte. «Warte, bis du es *hörst*!» Ich sprudelte
vor Aufregung. Und ich erzählte ihm die ganze bizarre Geschichte, wie schrecklich peinlich mir meine plötzliche Angst
war, über das Spezialgetränk, das No-Eyes mir gab, die darauffol-
gende Reise und schließlich meinen enormen Schock, als ich den
seltsamen zerzausten Mann sah, der in der dunklen Ecke schlief.

Er ließ es sich durch den Kopf gehen. «Das hat eindeutig einen
Zusammenhang mit deinem Traum letzte Woche. Das ist alles
miteinander verknüpft, die Teile passen sehr genau zusammen.»

«No-Eyes' Teile passen immer zusammen», betonte ich ein wenig resigniert. «Dieser junge Mann mit den eigenartigen, durch-
scheinenden Augen ist auch ein wichtiger Spieler. No-Eyes hat
zwar offen zugegeben, daß er einmal ihr Schüler gewesen, aber
nun weitergegangen sei.»

«Weiter wohin?» fragte er.

«Nun, von der Art, wie sie sich ausdrückte, glaube ich, ist er auf
die Ebene eines Dreamwalker fortgeschritten.»

Er suchte nach Klarheit inmitten der nebulösen Tatsachen. «Ich
dachte, der alte Kerl, dieser Joe Red Sky sei der Dreamwalker.»

«Er war es auch», ich strahlte mit der wachsenden Aufregung.

«Joe Red Sky *und* der junge Mann in meinem Traum sind
Dreamwalker.»

Mein verwirrter Partner hob seine Hände in die Höhe. «Wart
mal. Ich dachte, wir seien zu dem Schluß gekommen, daß der
Mann in deinem Traum ein Wasserträger sei; er sagte es doch, oder
nicht?»

«Ja, aber...»

«Wenn er also dieser Wasserträger ist», argumentierte er, «wie
kann er dann auch ein Dreamwalker sein?» Er schüttelte den
Kopf. «Ich glaube nicht, daß hier all deine Fakten zusammenstim-
men. Irgendwo ist da eine Verwirrung entstanden, finde ich.»

Ich lehnte mich zurück in die Nische. «Ich glaube kaum, daß
meine weise Lehrerin mich gestern hätte weggehen lassen, wenn
mein Kopf mit einem Durcheinander vollgestopft gewesen wäre.»

Er runzelte die Stirn. «Vielleicht war das ein Ausrutscher. Sie
versteigt sich vielleicht, weißt du.»

Mein Mund stand offen über diese kühne Andeutung.

«Ich mache nur Spaß», neckte er mich, bevor er wieder ernst wurde. «Dann nehme ich also an, daß ich nicht recht hatte mit meiner Vorstellung, wer dieser Traummann war.» Er machte eine kurze Pause. «Und du auch nicht.»

Überrascht runzelte ich die Stirn.

«Erinnerst du dich, daß du gesagt hast, du seist weit davon entfernt, schon von einem höheren Lehrer lernen zu können? Erinnerst du dich an deine Bemerkung, du seist nur eine bescheidene Schülerin?»

Ich rief mir meine Worte in Erinnerung. «Ich *bin* auch bloß eine bescheidene Schülerin, Schatz. Ich werde es immer sein, ganz gleich, von wem ich unterrichtet werde.»

Er zuckte die Schultern mit einem trockenen Grinsen. «Nun gut, ich vermute, No-Eyes hat ein anderes Bild ihrer bescheidenen Schülerin. Ich würde sagen, daß sie von euch beiden den Vorteil hat, es besser zu wissen. Sie hat die ganze Zeit ein klares Urteil gehabt. Die Menschen sehen sich selber selten klar, so, wie sie wirklich sind. Wenn sie sagt, daß du reif bist, und wenn dieser Joe Red Sky zum gleichen Urteil gelangt ist, so glaube ich, daß du reif bist – offensichtlich bist du nicht so unbedeutend, wie du selber von dir glaubst. Mitbekommen?»

Ich grinste verlegen. «Ja, ich habe es mitbekommen. Ich habe einen schrecklichen Anfall einer Nervenkrise bekommen.»

«Na, na», sagte er beruhigend, «das ist nur, weil du fälschlicherweise von deiner geringen Rolle sprichst. Hör zu, du kannst es, wenn No-Eyes Vertrauen in dich hat. Hab ein bißchen Vertrauen in ihr Urteil. Hat ihre Einschätzung jemals zuvor versagt?»

«Nein», brachte ich hervor, besiegt.

«Siehst du.» Seine Augen blitzten. «Ich sag dir was; wenn die Zeit da ist, wo du diesen Dreamwalker begleiten mußt, entspanne dich und sei ganz du selbst. Versuche nicht herumzuraten, welche Antworten er von dir erwartet; außerdem wüßte er es ohnehin, wenn du das tätest. Sei wie immer nur dein ehrliches, unverblümtes Selbst.»

Das hörte sich gut an und erleichterte mich – außer dem letzten Teil seines Satzes. «Ich könnte nicht unverblümt sein in Gegenwart eines Erleuchteten», platzte ich heraus, «das wäre doch ein schreiender Mangel an Respekt!»

Bill ließ die Schultern hängen. «Schatz», erklärte er teilnahmsvoll, «wenn dieser Kerl so scharfsinnig ist, wie ich vermute, so wird er geradewegs durch dich hindurchsehen. Er wird merken, daß du eine Mauer errichtest, um deine wahren Gefühle, die du verbirgst, zu kontrollieren. Er wird nicht mit einer falschen Mauer in Beziehung treten wollen, sondern mit dem wirklichen *Du*.»

Ich brauchte nicht über seine Einwände nachzudenken. Es war ganz klar. Ich mußte meine wahren Gefühle völlig offenlegen bei meinem neuen Lehrer. Dieser Gedanke war mir unbequem.

«Was ist los?» seufzte er.

«Ich kann so schrecklich gerade heraus sein», wand ich mich.

Er lächelte breit. «Und das ist üblicherweise der Fall, wenn du erzürnt bist über ein Unrecht oder über jemandes groben Mangel an Bewußtheit.» Er versuchte mir zu zeigen, daß meine gelegentlichen bissigen Bemerkungen immer gerechtfertigt waren. «Du hast nie etwas Abfälliges gesagt, wenn jemand es nicht allein weitergebracht hat.»

«Ja, ich weiß, aber vielleicht ist es Zeit, daß ich lerne, diesen Teil von mir selber besser im Zaum zu halten. Vielleicht sollte ich das nicht mehr tun.»

Er verzog seinen Mund. «Nun gut, wenn das so ist, rate ich dir, mache weiter so, wie du bist, bis man dich etwas anderes lehrt. Laß den Lehrer lehren!»

Oh, er verstand es, alles so einfach und glatt erscheinen zu lassen. Aber es war nicht alles so festgelegt, wie er dachte. *Er* mußte keinen demütigenden Tadel ertragen. *Er* mußte nicht seine Seele bis aufs äußerste strapazieren und es während längerer Zeit aushalten. *Er* brauchte nicht seine Energien zu verausgaben im komplexen Getriebe bestimmter Reisen. Noch mußte er seinen Verstand durcheinanderbringen lassen mit hohen philosophischen Überlegungen, die dann wieder entwirrt werden mußten, damit ein klares Resultat herauskam, das man ganz und gar begreifen konnte. Oh, das würden keine Picknicktouren werden am Samstag, dessen war ich mir gewiß.

«Nun», schloß ich, als ich bemerkte, daß man auf einen freien Tisch wartete, «wir sollten aufbrechen.»

Er bedeutete mir, sitzen zu bleiben. «Eine letzte Frage. Wann wird dieser Dreamwalker auf dem Schauplatz erscheinen?»

«Sie hat es nicht gesagt, aber wenn ich recht verstanden habe, werde ich zuerst den Wasserträger treffen. Es wird der gleiche

Mann wie der Dreamwalker sein, aber er wird zuerst als Waterbearer auftreten. Auf diese Art will er mich noch prüfen.»

«Aber sie hat nie wirklich gesagt, wann?»

«Nein, aber ich glaube, das dauert noch eine Weile; ich habe immer noch einige Kanten, und ich stelle mir vor, daß sie diese zuerst noch glätten will, bevor sie mich losläßt.»

Er zwinkerte, als wir uns erhoben. «Deine rauhen Kanten sind herrlich, sie verleihen dir deinen besonderen Charakter – man kann nie wissen, was du im nächsten Moment sagen wirst.»

Er neckte mich, aber er hatte auch recht. Ich hatte tatsächlich den Fehler, mit anderen Leuten ein wenig zu offen zu sein, sie gingen daher in Deckung. Angeberei und Überheblichkeit hatte ich nie gemocht – gewöhnlich verunsichere ich solche Leute sehr schnell. Man wußte zumindest, daß ich meine Meinung frei heraussagte, und es war nicht möglich, in meiner Gegenwart ungeschoren davonzukommen. Das half mir, die aufrichtigen Menschen von den Angebern zu trennen; am Ende blieben mir die ehrlichen, offenen Freunde. Das war auch gar nicht schlecht. Ja, ich war froh drum. Alle meine Freunde hatten keinerlei Hintergedanken – sie hatten ein gutes Herz, und man kann sich nichts Wertvolleres wünschen. Wenn meine Unverblümtheit mir echte Freundschaft brachte, dann ist dies, glaube ich, doch nicht eine so schlechte Eigenschaft.

In der darauffolgenden Woche schossen unterschwellige Gedanken an den Dreamwalker durch meinen Kopf. Was würde er mir beibringen? Und was würde ich begreifen? Welche Reisen würden wir in Angriff nehmen? Würde es mir gelingen? Ich fragte mich, ob wir durch den Korridor der Zeit reisen würden. Ernüchternde Selbstzweifel und Vorahnungen des Mißerfolgs suchten mich heim. Das Gespenst des Ungenügens schwebte über mir und verfolgte als verdunkelnder Schatten meinen Geist, bis ich mich endlich fest in die Hand nahm und es zuließ, daß das Licht des Hinnehmens die eingebildeten Schatten verjagte. Als der vereinbarte Zeitpunkt kam, schüttelte ich alle Überbleibsel an Erwartungen ab und akzeptierte ruhig, was kommen sollte – ich wollte nur natürlich sprechen, handeln und reagieren, ganz ich selber sein. Wie immer die Dinge herauskommen sollten, gut oder anders, ich wollte zumindest von mir sagen können, ich sei durchweg ich selber gewesen. Gelingen oder Mißerfolg, ich konnte immerhin stolz darauf sein, daß ich mein Bestes getan hatte, zu beweisen, daß No-Eyes' Urteil über mein Bereitsein richtig war.

So kam es, daß, trotz des Kampfes während der ganzen Woche mit den nagenden Zweifeln, der Samstagmorgen strahlend und klar anbrach. Es war schon zu spät, um No-Eyes zur Begrüßung des Tagesanbruchs zu begleiten; das hatte sie schon vor Stunden getan. Ich machte mich in Ruhe fertig und verließ das stille Haus.

Wohnmobile und Wagen mit Campinganhängern waren schon vor mir auf der Straße. Ich mußte hinter einem gestrandeten Motorhome anhalten, das länger als ein Auto mit Wohnwagen schien. Wäre das an einem andern Samstag passiert, die Geduld wäre mir schnell ausgegangen. Aber an diesem besonderen Tag hatte ich nicht das Gefühl, es sei so dringend, daß ich in mein Schulzimmer komme. Fast greifbar lag ein Gefühl der Mäßigung in der Luft, das mir den Eindruck vermittelte, es sei in No-Eyes' Augen ganz in Ordnung, wann immer ich ankommen sollte.

Ein farbiger Zug von Fahrzeugen hielt hinter mir, und es bildete sich eine recht lange Schlange, bis der abgestorbene Motor wieder ansprang und spuckend und hustend weiterfuhr.

Die langsame Karawane hatte noch keine Meile zurückgelegt, als ich die kriechende Kolonne hinter mir ließ und auf eine andere Straße abbog, die mich gegen Norden führte. Nun war ich nicht mehr so eingeengt wie vorher, aber ich hatte die Straße doch nicht für mich allein. Ein Cadillac ließ hinter mir seine Hupe erschallen und setzte zum Überholen des alten Lieferwagens an – ein Texas-Nummernschild.

Es erstaunte mich zu sehen, in welcher Hast die Touristen ihr Ziel erreichen wollten. Vielleicht befürchteten sie, die Hauptattraktion verschwinde, bevor sie dort wären und Gelegenheit hätten, für unzählige Fotos vor jenem Hintergrund zu posieren. Aber es schien mir, daß sie am schönsten Anblick im ganzen Staat vorbeirasten, nämlich der großartigen Landschaft. Nun, das spielte ja keine Rolle und ging mich auch kaum etwas an; ich verstärkte meine Aufmerksamkeit auf die Umgebung, als ob ich den mangelnden Respekt anderer gutmachen müßte.

Die üppigen, smaragdgrünen Kiefern, die die Straße säumten, wiegten sich in der sanften Brise. Ihre rhythmischen Bewegungen erinnerten mich an das gleichmäßige Kommen und Gehen der Wogen im Meer. Die zarten, blau gepuderten Zweigspitzen der

Colorado-Blautannen mischten sich mit ihrer Farbe harmonisch in dieses lebendige Meer. Über dem unverwechselbaren Blau und pulsierenden Grün wölbte sich der leuchtend türkisfarbene Himmel und verlieh in seiner Unermeßlichkeit allem einen Anflug von Merlins Zauber – ein Hauch, der über der Natur meiner Heimat schwebte mit dem Schimmern mystischen Entzückens.

Ich verließ die Landstraße und bog in die steile, ungeteerte Straße ein, die in die Weite des Pike National Forest hinaufführte. Die Sonnenstrahlen fielen heiter durch die stattlichen, immergrünen Bäume und wurden vom glitzernden Glimmer, der auf den Weg gestreut war, zurückgeworfen. Die Glimmersteinchen sahen aus wie die Edelsteine, die in den zerklüfteten Wänden einer Edelsteinmine sitzen.

Ich kletterte höher, die Landstraße hatte ich nun weit unter mir gelassen, und dort, wo das schmale Band der Naturstraße sich ebnete, bog ich erneut ab, diesmal in einen unkrautüberwachsenen Weg, der nur von meinen wöchentlichen Radspuren gekennzeichnet war.

Immer tiefer drang ich in die unberührten Wälder ein, die die Holzgesellschaften nie in der Lage wären anzutasten. Schließlich senkte sich die Motorhaube des alten Wagens, und abwärts ging es in ein kleines Tal, wo ich bei einer alten Kiefer anhielt. Einen friedlichen Augenblick lang schaute ich zum Grashügel hinauf, auf dem mein Schulhaus in der Wildnis thronte.

Vögel krächzten und zwischerten laut. Die lustigen schwarzen Kaibab-Eichhörnchen plapperten miteinander, während sie über die rauhen Baumstämme auf- und abtollten. Und der kräftige Arm Apollos, der auf dem verwitterten Hausdach lag, machte mich darauf aufmerksam, daß die mir zugestandene Zeit des Verweilens abgelaufen war.

Mit einem tiefen Seufzer stieg ich aus dem Wagen und machte mich an den Aufstieg durch das stachlige Gras der Berge. Eine warme Zuversicht erfüllte mein Herz; sie glich einem Ding, das wuchs und sich ausbreitete, bis, so wollte mir scheinen, das Gefäß vor lauter Glück platzte. Ich begann plötzlich zu laufen in der Hoffnung, etwas von meiner aufgestauten Energie loszulassen. Ich nahm zwei der unbehauenen Stufen auf einmal, stieß die rauhe Holztür auf und tauchte in das kühle Innere der Hütte.

Das feierliche Dunkel, das hier herrschte, ließ mich unmittelbar bei der Tür stillstehen. Nach der hellen Augustsonne mußten sich meine Augen zuerst neu einstellen. Mein heftiger Atem erzeugte ein seltsames Geräusch und machte die lebendige Stille hier drinnen zunichte. Stäubchen schwebten im diffusen Sonnenlicht und schufen eine surrealistische Umgebung, während meine Augen sich langsam an das Dunkel gewöhnten. Und auf der anderen Seite des Zimmers stand ein Mann, der zum Fenster hinausschaute. Er drehte mir seinen Rücken zu.

«Stürmst du immer so herein?» fragte er mich und wandte mir langsam sein Gesicht zu.

Fassungslos suchte mein Blick alle Winkel der winzigen Behausung ab.

«Sie ist nicht da», war die kühle Feststellung.

«Wo ist sie hingegangen?» gab ich nervös zurück.

«Sie ist fort für heute.»

Der Mann war etwa so groß wie ich, und er sah aus, als sei ihm schwere Arbeit nicht ungewohnt. Er war etwa achtunddreißig Jahre alt und besaß dichte, blauschwarze Haare, die bis auf den Hemdkragen fielen. Tiefe Lachfältchen waren an beiden Mundwinkeln eingekerbt, und seine dunkle Haut wirkte lederartig, als habe er den größten Teil seines Lebens in der Sonne zugebracht. Ein geblümtes Western-style-Hemd steckte säuberlich in verschossenen Jeans; sie wurden von einem gepunzten Gürtel festgehalten, den eine auffällige, mit Türkisen besetzte, große Schnalle zierte. Abgetragene, staubige Cowboystiefel legten beredtes Zeugnis ab von den vielen Pfaden, die seine Füße schon gegangen waren. Seine wettergegerbten Hände waren groß, und ihre braune Zimtfarbe hob sich lebhaft ab vom hellen Silber, das die Türkise seines Rings einfaßte. Wenn er lächelte, entblößte er große, ebenmäßige, weiße Zähne. Er sah unangenehm vertraut aus.

Er lächelte. «Nun?» sagte er und drehte seine Handflächen nach oben.

«Nun was?» fragte ich; ich wußte nicht, was ich antworten sollte. Sein breites Lächeln verwandelte sich in ein freundliches Grinsen, als er näherkam. «Nun?» wiederholte er und zeigte auf die Tür. «Kommst du immer so zur Tür herein?»

«Oh, ich ... ah», stammelte ich wie ein Dummkopf und schaute auf die Tür und dann zum Fremden. «Nun, manchmal, ja, manchmal schon.»

73

Ich glaubte, einen Anflug von Belustigung über sein Gesicht gleiten zu sehen, als er mir wieder seinen Rücken zukehrte, um die Berge zu betrachten. Ich blieb festgenagelt bei der Tür stehen für den Fall, daß ich den Ort fluchtartig verlassen mußte, obwohl ich keine bedrohlichen Vibrationen verspürte.

Als der Mann sich mir wieder zuwandte, fiel das Licht gerade im richtigen Winkel auf sein Gesicht. Seine Augen hatten sich in facettenreiche Prismen verwandelt und waren einen Augenblick lang von durchscheinender Brillanz. Ich schnappte nach Luft.

«Ist etwas nicht in Ordnung, Summer?» fragte er in wissendem Ton, der seine unschuldige Frage Lügen strafte. Er hatte mein entsetztes Wiedererkennen scharfsinnig wahrgenommen.

Nun war mir klar, wer dieser beeindruckende Fremde war. Nun hatte ich begriffen, warum die Alte «für einen Tag fort» war, und mein Herz hämmerte so laut, daß ich überzeugt war, er könne es hören. Mein Verstand wirbelte, ich konnte es nicht glauben, daß die Zeit für meinen neuen Lehrer schon da war. Meine Beine wurden butterweich. Ich zitterte buchstäblich vor Lampenfieber. Ich versuchte das Zittern meiner Stimme unter Kontrolle zu bringen – aber sie verriet mich und versagte.

«Ich weiß, wer du bist», begann ich nervös.

«Ja, nicht wahr», grinste er.

«Ja, ich weiß. Du bist der Dreamwalker, der gekommen ist, mich zu unterrichten.»

Seine zuversichtlichen, schwarzen Augen bohrten sich in meine.

«Sehe ich für dich wie ein Dreamwalker aus?»

«Ich habe keine Erwartungen in bezug auf Äußeres, aber bezüglich meiner Gefühle schon. Du fühlst dich an wie ein Dreamwalker in der Gestalt des Waterbearer.»

«Oh, wirklich?» sagte er und trat näher. «Das ist ein gewaltig hohes Niveau. Bist du dir sicher?»

Die wohlüberlegte Art und Weise, wie er auf meine Fragen antwortete, waren charakteristische Eigenheiten eines erleuchteten Lehrers.

Ich lächelte. «Absolut sicher.»

Er senkte seinen Kopf und blickte mich an. «Es könnte ein Trick sein.»

«Ich glaube, No-Eyes hat alle Tricks ausgespielt, und es bleibt keine Zeit mehr für pfiffige Spiele.» Ich neigte meinen Kopf ein wenig. «Bist du nicht einverstanden, Dreamwalker?»

Seine Augen blitzten vor Belustigung. «Ich bin einverstanden. Ich bin jetzt in meiner ursprünglichen Eigenschaft als Waterbearer hier, wie du sehr klug herausgefunden hast. Und da es äußerst lächerlich wäre, wenn du mich dauernd so nennst, und weil ich bereits deinen Namen kenne, glaube ich, ist es gut, uns mit dem Vornamen zu grüßen.»

Ich grinste, als er mir seine Hand entgegenstreckte.

«Die meisten kennen mich als Brian Many Heart. Für einige habe ich den wenig schmeichelhaften Ruf eines Landstreichers und Nichtsnutz, der merkwürdige Dinge tut. Jenen, die es besser wissen, bin ich anders bekannt. Ich freue mich, dich kennenzulernen, Summer Rain.»

«Nenne mich Summer, No-Eyes tut es auch. Oder nur Mary, wenn du lieber willst», sagte ich und schüttelte seine Hand.

«Ich glaube, ich bleibe bei Summer, wenn dir das recht ist.»

Ich zuckte die Achseln. «In Ordnung für mich.»

Ein unbehaglicher Augenblick des Schweigens machte sich zwischen uns breit. Er bemühte sich sogleich, die Verlegenheit zu zerstreuen, und streckte seinen Arm aus in einer schwingenden Gebärde. «Laß uns an den Tisch setzen und ein wenig plaudern.»

Ich folgte ihm in das sonnenerhellte Zimmer und setzte mich auf einen Holzstuhl, während Many Heart sich an einer Kühlbox zu schaffen machte. Er lachte und hielt zwei eiskalte Dosen Pepsi-Cola hoch; er riß die Bügel auf und stellte eine Dose vor mich. Ich sah ihm zu, wie er einen kräftigen, langen Zug tat. «Aah», seufzte er befriedigt, «das tut gut.»

Ich schaute mißtrauisch auf das kalte Getränk vor mir. Ich war durstig, und auf der Büchse glänzten die verführerischen Perlen der Feuchtigkeit. War dies wohl ein schlauer Kunstgriff, um zu sehen, ob ich auch trinken würde? Wußte er, daß ich eine eingefleischte «Pepsiholikerin» war? No-Eyes und ich tranken nie etwas anderes als Kräutertee und gelegentlich einmal einen Zichorienkaffee. Mir schwindelte, als ich die Büchse mit dem kalten, sprudelnden «Saft» anblickte.

Mein Gefährte schien mein Dilemma überhaupt nicht zu bemerken. Er zog ruhig eine Zigarette aus seiner Brusttasche und zündete sie an, als ob er dies schon seit Jahren getan hätte. «So», begann er, «magst du die Pepsi nicht? Ich würde dir eine andere anbieten, aber dies ist die einzige Marke, die ich normalerweise einkaufe.»

Ich spürte keinerlei List in seiner Stimme oder seinem Ausdruck. «Das da hier ist gut. Es ist tatsächlich auch die einzige Marke, die ich kaufe.» Ich nahm einen Schluck.

«Mach keinen Witz», rief er aus.

Diesmal kam die List zum Vorschein, und ich blickte ihn an. «Du hast es also gewußt, nicht wahr?»

Übertrieben beschämt ließ er seinen Kopf hängen. «Ja», gab er zu mit einem verlegenen Grinsen. «Ich wußte auch, daß du rauchst; so laß dich also nicht stören, wenn du Lust hast.» Er stellte einen kleinen Aschenbecher auf den Tisch; dann drehte er seinen Stuhl um, setzte sich rittlings darauf und legte seine Arme auf die Rückenlehne.

«Wie hast du das gewußt?» fragte ich, «ich meine das mit der Pepsi?»

Er machte eine schnelle Bewegung mit dem Handgelenk. «Kommt es darauf an, wie ich das wissen konnte?»

«Ich glaube, eigentlich nicht.» Plötzlich wurde mir klar, daß dieser gutaussehende Mann mir gegenüber höchstwahrscheinlich sehr viel über mich wußte. Normalerweise hätte mich dies nervös gemacht, aber ich fand mich vollkommen entspannt und wußte, daß er es war, der dieses Wohlbefinden hervorrief.

«Weißt du, was ich komisch finde?» bemerkte er. «Die Leute meinen, daß Menschen wie wir nicht solches Zeug wie Pepsi trinken. Sie meinen, wir sollten auch nicht rauchen. Findest du nicht, daß dies eine ziemlich seltsame Annahme ist?»

Wollte er mir eine Falle stellen? Sprach die Spinne zur harmlosen Fliege? Dann erinnerte ich mich an Bills Worte; sie zerstreuten meine Zweifel. Ich konnte wirklich nicht wertvolle Zeit vergeuden, indem ich jede Bemerkung des Dreamwalker in Frage stellte. Ich konnte mich nicht dauernd mißtrauisch verhalten, als ob ich paranoid wäre. Ich mußte mich natürlich geben – einfach ich selber sein. Ich flog ins Netz. «Ich finde das lächerlich und unwissend.»

Das Netz war nur eingebildet.

«Ich auch. Sie haben diese blütenreine Vorstellung von erleuchteten Menschen. Sie haben diesen verrückten Eindruck, daß wir

76

nur reine Gemüse- und Fruchtsäfte trinken, Kaffee und Sprudelgetränke wie die Pest meiden und Rauchen verabscheuen.» Er grinste. «Ich glaube, sie meinen sogar, wir müßten nie zur Toilette.»

Ich errötete bei dieser Übertreibung.

Many Heart lachte. «Es ist wahr! Ich vermute, sie betrachten erleuchtete Menschen als eine Art halbmenschliche Halbgötter.»

«Ich weiß nichts über die Idee der Halbgötter, aber ich kenne Leute, die meine Gewohnheit zu rauchen als ein Zeichen nicht erreichter Bewußtheit oder als eine niedrigere Stufe der Erleuchtung werten. Sie haben irgendeine antiquierte Vorstellung, daß der Rauch die psychischen Funktionen oder das Leistungsvermögen beeinträchtigt.»

Er schüttelte seinen Kopf. «Gerade jene stellen ihren eigenen Mangel an Wissen zur Schau. Bestimmt ist ihnen nicht bewußt, daß die physiologischen Vorgänge keinen Einfluß haben auf das Arbeiten des Geistes. Bestimmt ist ihnen nicht klar, daß ein erleuchtetes Wesen sein Biosystem unter Kontrolle halten kann.» Der junge Mann war belustigt bei diesem Gedanken, aber ein Anflug von Ärger war doch auch dabei.

«Sie wissen es einfach nicht besser», besänftigte ich ihn. «Außerdem, spielt es überhaupt eine Rolle?»

Seine dunklen Augen wurden weich. «Natürlich nicht.» Dann nahm das amüsante Gespräch eine plötzliche Wendung, als er mir die ernste Frage stellte: «Warum bist du hier, Summer?»

Diese Frage hatte mir die Alte schon vor vielen Monaten gestellt. Damals war meine Antwort weit entfernt vom wahren Grund, aber viel Wasser war seither den Fluß hinuntergeflossen, und ich wußte nun, wohin er mit seiner Frage hinauswollte.

«Ich bin da, um das zu vollbringen, was mein Geist hier erfüllen muß.»

Sein Ausdruck verriet nicht, was er von meiner Antwort hielt. «Bist du durstig?»

«Ja, ich habe großen Durst.»

«Wonach dürstest du?»

«Nach dem Ende. Ich dürste danach, daß alles ein Ende finde.»

Er brauchte keine Zeit, um sich meine rasche Antwort durch den Kopf gehen zu lassen. Ich wußte, daß er etwas ausgelassen hatte. Die Frage kam prompt: «Wie ist es mit den *Mitteln* zu diesem Ziel?» Ich spürte, daß ich erröten sollte vor Scham, als ich die

Antwort gab; aber da es nicht aus eigennütziger Gewinnsucht war, fühlte ich mich nicht verlegen. Ich schlug alle Vorsicht in den Wind, hob stolz meinen Kopf, heftete meine Augen auf ihn und sagte: «Ich dürste nach Geld.»

«Ja, viele Jahre lang ist das ein großes Verlangen von dir gewesen. Ich bin froh zu sehen, daß du die Freiheit hast, es einzugestehen. Da ist überhaupt kein Schuldbewußtsein nötig.»

«Many Heart», sagte ich weich, «wir haben unser ganzes Leben lang immer acht Stunden täglich gearbeitet, nur um durchzukommen und Essen auf dem Tisch zu haben. Seit zehn Jahren wissen wir um unsere Berufung, aber wir haben nie das Geld gehabt, um uns Land in den Bergen zu kaufen.» Ich seufzte. «Es geht nicht darum, daß wir einen ganzen Berg kaufen wollen mit einem Millionenhaus darauf. Wir wollten nur ein abgelegenes Stück Land mit einem Bach und einem Blockhaus darauf, das Platz genug für uns fünf bietet, um ein wenig Privatsphäre zu haben. Wir hätten gerne zwei Pferde gehabt; das wär's. Unser Plan wurde immer wegen magerer Finanzen hinausgezögert.»

«Und dieses ‹Ende›? Was betrachtest du als das Ziel?»

«Die Mountain Brotherhood, wo wir den Menschen helfen können.»

«Das kann doch überall geschehen, wo *du* bist.»

«Nicht wirklich. Vor zehn Jahren hat man uns gesagt, daß wir zu sicherem Bergland geleitet würden, wo wir unsere Kräfte ganztags einsetzen könnten, um andern weiterzuhelfen und sie aufzuklären. Weil zur Zeit mein Mann den ganzen Tag arbeiten muß und ich andere Verpflichtungen habe, kann die Mountain Brotherhood nicht das sein, was sie eigentlich sollte. Sie kann nicht richtig realisiert werden, bevor wir auf diesem Land *leben*. Many Heart, wir kämpfen noch immer. Wir dürsten noch immer nach diesem Geld, das uns befreit, um unbelastet unsere ganze Zeit jenen zu widmen, die unsere Hilfe suchen.»

«Sehr gut gesagt, aber wie steht es mit anderen Dingen – materiellen Gütern?»

«Wir brauchen noch wünschen wir andere materielle Güter als ein Blockhaus auf unserem Land.»

Er runzelte die Stirn. «Nichts Materielles?»

Ich grinste. «Ich nehme an, du meinst ein Fahrzeug?» Ich schaute zum Fenster. «Der alte Karren, der da unten steht, ist sehr,

sehr müde. Ja», gab ich zu, «wir brauchen einen neuen Wagen mit Vierradantrieb.»

«Wie steht es mit neuen Möbeln?»

Ich lachte. «Du machst Spaß, nicht wahr? Was sind Möbel schon anderes als etwas, womit die Leute sich wichtig machen und protzen? Nein, Many Heart, unsere Möbel genügen vollkommen.»

«Neue Kleider?»

«Äußerlichkeiten, die das Innere verhüllen oder darüber hinwegtäuschen.»

«Elektronische Geräte?»

Das wurde beinahe komisch. «Wenn es vielleicht monatelang keinen Strom geben wird?»

«Ein Generator?»

«Wir haben einen.»

«Nahrungsvorräte?»

«Wir befassen uns damit.»

Schweigen.

Der Mann trank den Rest aus. «So ist dein Durst nach diesem Geld tatsächlich ehrenhaft und gerechtfertigt, da er uneigennützig ist. Dein Durst nach dem Ziel ist es ebenso, da dieses Ziel letztlich die Erfüllung der Aufgabe deines Geistes hier darstellt. Aber dennoch», fügte er hinzu, «du hast noch einen weiteren Durst, der die beiden andern übertönt. Bist du dir dessen bewußt?»

Ich war es. «Ich bedarf eines tieferen Verständnisses der Dinge.»

«Was sind *Dinge*? ‹Dinge› ist ein verschwommenes Wort ohne klare Abgrenzung. Was sind das für *Dinge*, die mehr Verständnis von dir erfordern?»

«Ungerechtigkeiten. Die negativen Einstellungen der Menschen wie Bigotterie und Vorurteile. Religion, blinde Heuchelei und Skepsis. Eifersucht, Haß, Egoismus, Materialismus und...»

«Holla, Summer!» unterbrach er mich. «Ich kann das klar und deutlich von dir ablesen.» Seine Augen deuteten auf meine Hände. Sie waren so fest zusammengefaltet, daß die Knöchel ganz weiß wurden. «Du hast großen Durst, aber es gibt viel reines Wasser am Grunde deiner Quelle. Wir werden es an die Oberfläche bringen, damit dein Durst mit seiner erfrischenden Klarheit gelöscht wird.»

Bei seinen Worten war ich sowohl sichtlich erleichtert als auch ermutigt. «Willst du das tun, Many Heart? Willst du diesen Durst wirklich zum Verschwinden bringen?»

Seine Augen blitzten. «Ich kann es noch nicht sagen. Ich kann das Wasserniveau heben, aber du mußt selber trinken und zufrieden werden. Ich kann den Weg zeigen, aber du bist es, die wählen muß, auf welchem Pfad du gehen willst.»

«Wirst du also das Wasserniveau heben und den Weg weisen?»

«Ich will es, Summer.»

Mein Glück widerhallte wie Trommeln in meiner Brust, und ich strahlte über das ganze Gesicht. «Dann werde ich von dem Wasser trinken und den Weg gehen.»

Ra, der Sonnengott, hatte den Zenith seiner Reise erreicht, und die kleine Küche war in tiefe Schatten getaucht. Draußen badete die Natur in den reinigenden, warmen Strahlen. Many Heart nahm meine Pepsi mit den Worten: «Laß uns etwas frische Luft schöpfen in der Sonne. Wir können uns auf die Treppenstufen setzen.»

Die Veranda war hell und warm. Wir saßen auf der obersten Stufe. Many Heart ließ sich in der Mitte nieder, während ich mich auf eine Seite setzte und mich an die Stütze des Geländers lehnte.

«Sie hat einen großartigen Flecken hier», sagte er mit leichter Wehmut.

«Wo bist du daheim?» fragte ich.

«Die tiefen Wälder und die Copper Canyons sind mein Zuhause. Die verdorrte Wüste und das grasbewachsene Weideland sind mein Heim.» Er klopfte auf das verwitterte Holz der Veranda. «Sogar das hier war einmal mein Zuhause.»

«Ich meinte, wohin gehst du, wenn du dich nach Hause wendest?»

«Ich habe es dir eben gesagt.»

Offensichtlich hatte dieser Mann keinen Ort, den er sein Heim nennen konnte. Ich spürte eine plötzliche Welle des Mitgefühls in meinem Herzen hochsteigen.

«Du mußt lernen, das zu beherrschen», gab er mir feierlich zu bedenken.

«Man kann die Gefühle nur schwer mit einem Deckel zuschließen.»

Er musterte die schiefen Baumwipfel. Der Wind wehte leise durch die ausgestreckten Zweige. «Ich spreche nicht von Gefühlen und Emotionen im allgemeinen; ich spreche von deiner ungezügelten Fähigkeit der Empathie. Wenn du nicht lernst, sie im Zaum zu halten... sie wird dich zerstören.»

«Aber ich kann nicht anders.»

«Doch, du kannst es», bestand er sanft.

Ich widersprach mit Nachdruck. «Es tut mir leid, Many Heart, aber ich kann nicht. Die Gefühle kommen einfach in mir hoch.»

«Sie können an die Zügel genommen werden. Du kannst sie steuern, wann immer du willst. Man muß eine Anstrengung machen, aber du bist dazu fähig.»

Er verstand einfach nicht. «Ich glaube, du verstehst richtige Empathie nicht ganz», entgegnete ich töricht.

Er lenkte seinen Blick von mir zum blauen Himmel. Dann veränderte er leicht seine Lage und heftete seine Augen auf meine. «Summer, sag mal, ob ich nicht verstehe, was richtige Empathie ist, wenn ich mich doch so empören konnte über Ungerechtigkeiten und Vorurteile. Wenn ich eine arme Familie sah, wollte ich ihnen alles geben, was ich hatte – so bescheiden auch meine Habseligkeiten waren. Wenn ich einen alten, alleinstehenden Menschen sah, der niemanden mehr hatte und allein in der Welt war, brannten meine Augen vor den zurückgehaltenen Tränen, und ich wollte zu diesem einsamen Menschen hingehen und ihn umarmen. Wenn ich Hunger und Schmerz begegnete – weinte ich. Sag mir nun, Summer, ich wisse nicht, was wahre Empathie sei.»

Das Blut wich mir aus den Wangen, und mein Herz wurde mir schwer. «Es tut mir leid, Many Heart. Du bist auch ein Gefühlsmensch.»

«*War*, Summer... ich *war* es. Ich habe die Gefühle beherrschen gelernt, denn sie hinderten mich; sie brachten mich fast um, und ich fand heraus, daß ich für jene, die mich brauchten, völlig nutzlos war.»

Schweigen.

Ich lauschte der fröhlichen Sprache des gefiederten Volks, das munter zwischen den Zweigen des Pfeifenputzerstrauchs hin- und herflatterte. Ich schaute zu, wie die Vögel von Baum zu Baum glitten. Wie sorglos sie waren, dachte ich.

«Sie haben auch ihre täglichen Probleme», sagte er und nickte ihnen zu inmitten der immergrünen Bäume. «Territoriale Abgrenzung, Mutterpflichten und Sorgen mit den Jungen. Angst vor

Räubern, väterlicher Schutz und die Nahrungssuche. Es gibt keine Art von Lebewesen, die nicht echte Not kennt. Innerhalb unseres eigenen Artenkreises tun wir daher, was nötig ist, um Hilfe zu leisten, sonst wären wir ja nur herzlose Roboter.»

«Wir wären wie abgestorbenes Holz der Menschheit.»

«Sogar totes Holz kann hilfreich sein, indem es reiche Nährstoffe liefert für Wiedergeburt und Regeneration. Es ist immer noch nützlich, da es lebende Organismen am Leben erhält. Totes Holz, obwohl tot, lebt.»

Sein Einwand war einleuchtend, aber ich hatte nicht von der Natur gesprochen. «Ich meinte das tote Holz in der *Menschheit*», erläuterte ich respektvoll.

«Auch dann, Summer, stellt das tote Holz unter den Menschen den Mißerfolg dar, der wiederum die aufgeblasenen Egos der vom Schicksal Begünstigteren füttert. Das abgestorbene menschliche Holz dient als vermoderter Boden, auf dem die erfolgreichen Menschen gedeihen und ihr Ego stärken, bis sie mit Abscheu auf das abgestorbene Holz blicken und sich überheblich abwenden. Ja, sogar abgestorbenes menschliches Holz erhält Leben – den negativen Aspekt des Lebens. Wie können erfolgreiche Menschen ihren erhabenen Standort oder großen Reichtum anders messen als durch den Vergleich mit der traurigen Armut und dem elendiglichen Versagen des sogenannten unterdrückten, abgestorbenen Holzes?»

Seine Darstellung war so einfach, aber wenn ich mich mehr hineinvertiefte, begriff ich, daß er eine sehr tiefsinnige, philosophische Aussage gemacht hatte – genau die Art klaren Denkens, wonach ich dürstete.

«Ich verstehe, was du meinst», sagte ich. «Das ist genau die Art von Einsicht, die ich suche. Ich möchte imstande sein, das Warum zu begreifen, das negativen Haltungen und Emotionen zugrunde liegt, damit ich dank dieser erleuchteten Sicht fähig werde, andern Menschen zu helfen.»

«Ich weiß», sagte er sanft.

Am Fuße von No-Eyes' Hügel hörte ich unter uns das rauschende Wasser des Nebenflüßchens. Es sang ein fröhliches Lied, das unbeschwert erklang zur Freude der Natur. «Der Wassergeist ist glücklich heute», bemerkte ich und führte das Gespräch auf etwas, worüber ich sprechen wollte.

Many Heart wandte sein Gesicht in die wohlriechende Brise, die uns die Arie der Natur zutrug. «Er ist fröhlich. Er singt seinen Psalm zur Anbetung des Großen Geistes.» Er schwieg wieder und genoß die süßen Klänge. Oder vielleicht wartete er, daß ich das aussprach, was ich sagen wollte.

Ich sprach ruhig. «Ich war oft niedergeschlagen, Many Heart.»

«Das ist unter den Menschen nicht ungewöhnlich. Diejenigen, die behaupten, nie bedrückt zu sein, sind entweder Lügner oder verrückt.»

«Ich bin eine Schriftstellerin, die kämpfen muß.»

«Ja, ich weiß um deine Anstrengungen.»

«Nun», gestand ich, «ich wollte nur sagen, als ich den Fluß singen hörte, war mir das ein großer Trost. Wenn ich mich besonders unglücklich fühle über all die Zurückweisungen meiner Arbeiten durch die Verlage, fahre ich hinauf in die Berge und sitze neben dem rauschenden Wasser. Manchmal benetzt ein leichter Sprühregen spielerisch mein Gesicht, als wollte er damit versuchen, meine Sorgen wegzuwaschen.» Ich schaute hinauf zu den Baumspitzen, wie sie sich hin und her wiegten vor dem leuchtend türkisfarbenen Hintergrund. «Ich starre dann in den sprudelnden Wasserlauf hinunter, und mir wird klar, daß ich fortfahren muß, genau wie der Bach es tut. Täte ich es nicht, so würden alle meine Hoffnungen eintrocknen in der Dürre meiner vertrockneten Ausdauer. All die Jahre voller Anstrengung wären dann vergebens gewesen, und ich hätte versagt.»

«Kein Erfolg bis jetzt? Niemand, der anbeißt?»

Ich schnitt eine Grimasse. «Einige schon, aber nichts Verbindliches. Es kommen immer wieder die kalten Absagen.»

«Was schreibst du denn?»

«Oh … hauptsächlich Romane, Prosaliteratur.»

Er schüttelte den Kopf. «Du versuchst Suppe mit der Gabel zu essen. Du sagtest ‹hauptsächlich›; was hast du noch gemacht?»

«Dutzende von Gedichten, ein humoristisches Buch, viele, viele Bilderbücher für Kinder, Artikel über die Natur, und ein philosophisches Buch.» Ich warf meinem neuen Freund einen heimlichen Seitenblick zu und fragte mich, welche Weisheiten ich über meine Schreibtorheiten zu hören bekäme.

Many Heart rieb sein Kinn. «Das ist interessant», sagte er nachdenklich. «Was war das für ein humoristisches Buch?»

83

Ich zuckte zusammen. «Es ist über die Menschen und ihren alltäglichen kleinen Ärger. Weißt du, über Verkaufsautomaten zum Beispiel, die deine Münzen behalten, aber das Falsche oder überhaupt nichts ausspeien. Ich schrieb über einen zermürbenden Nachmittag bei den Waschmaschinen im Waschsalon und darüber, wie Carrie, die kecke Göre von Einkaufswagen, eines Tages ihren Gefährten im Lebensmittelgeschäft traf.»

Er lächelte. «Wen hat sie getroffen?»

Ich errötete über die Dummheit. «Max, den Marktzerstampfer.»

Sein Gelächter widerhallte in den Bergen. «Hast du viele solcher witzigen Glossen geschrieben?»

«Ja, schon etliche. Ich hatte nämlich eine Freundin, die Künstlerin war. Sie zeichnete die lustigsten Karikaturen zu meinen Texten. Es war wirklich gut.»

«Und dann?»

«Nachdem die Arbeit fünf- oder sechsmal abgelehnt worden war, habe ich ‹Geschrei› weggelegt.»

«Geschrei?»

Ich schüttelte meinen Kopf. «Ja, ein bißchen blöd, hm. Das war der Titel, den ich dem Buch gegeben hatte, weil der Text und die Karikaturen alle von den kleinen Ärgernissen handeln, die die Leute reizen und dazu treiben, die Haare zu raufen und ein Geschrei zu machen.»

«Nun», er lächelte über das ganze Gesicht und tätschelte mein Knie zur Ermunterung, «ich finde das großartig. Vielleicht wird es eines Tages ein Erfolg sein.»

«Ich glaube nicht... ich habe die Karikaturen nicht mehr.» Ich seufzte. «Ich nehme an, ich könnte einen anderen Karikaturisten finden.» Ich machte eine Pause und erwog diese Möglichkeit noch einmal. «Nun, ich denke, das ist jetzt ohnehin nicht gerade der Moment dazu. Vielleicht behalte ich es bei den Akten für die Zukunft.»

«Das ist dein Recht. Was ist denn mit diesem philosophischen Buch? Ich möchte gerne etwas darüber hören.»

Ich fummelte an meinen Fingernägeln. «Es lohnt sich nicht, darüber zu sprechen – es wurde völlig abgelehnt – es ist gestorben.»

«Ich glaube aber, daß es wert ist, darüber zu sprechen.»

Und obwohl ich nicht einverstanden war, stellte ich fest, daß ich wahrscheinlich einen guten Grund hatte, es auf die Seite zu schieben. «Es ist ein Buch, das über fünfhundert Seiten meines Schreibpapiers verschlungen hat. Es ist angefüllt mit tiefem Wissen und Voraussagen für die Menschheit.» Ich senkte meine Stimme. «Es wurde mir diktiert von unsern Ratgebern der andern Seite.» Ich blickte weg, um den Schleier vor meinen Augen zu verbergen. «Und niemand war wach genug, um seinen wertvollen Gehalt zu erkennen, niemand war bewußt und aufgeklärt genug, um es zu akzeptieren.»

Er vermied absichtlich, auf meine Emotion einzugehen, die ich zu verstecken suchte. «Und wie lange hast du versucht, es zu verkaufen?»

Ich lachte voller Widerwillen. «Vier Jahre. Vier Jahre lang habe ich voller Erwartungen das Buch den Verlegern geschickt und anschließend die nervenzerrüttende Zeit des Wartens auf eine Antwort ertragen müssen. Ich mußte monatelang warten, bis ich den Entscheid auch nur eines einzigen Verlags erhielt. Nach so vielen Enttäuschungen habe ich auch dieses Buch weggeräumt.»

«Was hat dieses Buch so wichtig gemacht?»

«Ich hätte viele Menschenleben retten können, wenn die Menschen die Vorwarnungen ernst genommen hätten. Es hätte einer ganzen Menge Menschen tiefe Erkenntnisse bringen können und hätte den Anfang der Mountain Brotherhood bilden können – die Krönung unserer Bemühungen, weshalb wir hierhergekommen sind.» Ich beobachtete eine Blaudrossel, wie sie vorüberflog in die sonnenüberfluteten Wälder. «Aber der letzte Verleger, dem ich das Buch geschickt und in den wir so große Hoffnungen gesetzt hatten, änderte seine Meinung in der letzten Minute – er lehnte es auch ab.»

«Summer», flüsterte er, «das ist nun alles vorbei.»

«Leicht zu sagen für *dich*», schnauzte ich ihn beinahe an. «*Du* hast nicht all die erniedrigenden, formellen Briefe über dich ergehen lassen müssen. Du warst nicht an einem Tag himmelhochjauchzend, um dann nach Monaten des Wartens in den Abgrund der Verzweiflung gestürzt zu werden. Ich bin mir wie eine Manisch-Depressive vorgekommen!»

Seine Mundwinkel verzogen sich leicht. «Du bist nicht manisch-depressiv. Wenn du es wärst, hätte dich No-Eyes nicht einmal mit einem drei Meter langen Spazierstock angerührt.» Er hielt seine Heiterkeit zurück und fuhr fort: «Sie nimmt nur die an, von denen sie weiß, daß sie die Realität fest im Griff haben.»

«Oh, ich weiß», gab ich zu mit einer Spur Verzweiflung, «aber es hat mich doch die ganze Zeit so niedergedrückt. Ich war immer abwechslungsweise drin und draußen im schwarzen Loch.»

«Und jetzt nicht mehr?»

Ich hob ein Granitsteinchen von der Treppenstufe auf und rollte es in meiner Hand hin und her. «Nein, ich habe all meine Manuskripte weggelegt, seit ich der Alten begegnet bin. Sie sagt ohnehin, wenn wir am Ende unserer Lektionen angelangt sind, werde ich im literarischen Bereich Erfolg haben.» Ich zögerte einen Augenblick. «Ich sehe zwar nicht genau wie. Ich verstehe nicht, wo der große Unterschied liegt zwischen meinem früheren philosophischen Buch und dem, was No-Eyes im Sinn hat, daß ich schreiben soll. Wahrheiten sind Wahrheiten.»

«Du hast recht, Summer. Wahrheiten sind Wahrheiten. Sie können nicht verändert und der Laune des einzelnen oder der Situation angepaßt werden. Aber oft ist die *Quelle* der Wahrheit ausschlaggebend für den Erfolg oder Mißerfolg ihrer Enthüllungen.»

Er streckte die Hand aus nach dem Kieselstein; als ich ihn ihm reichte, hielt er ihn so zwischen seinen Fingern hoch, daß das Sonnenlicht auf seinen Quarzfacetten spielte. «Nur ein gewöhnliches, unscheinbares Stück guten, alten Rocky-Mountain-Granits; etwas, das du tagtäglich siehst. Du trittst jeden Tag darauf. Es ist nichts anderes als ein alltägliches Stück unseres Bodens hier. Aber», mahnte er mit einem klugen Augenzwinkern, «nimm diesen Stein aus seiner ihn tarnenden Umgebung heraus, wasche ihn und halte ihn so, daß er das lebendige Licht auffängt, und nun hast du einen wahren Edelstein, der blitzt und funkelt. Der gleiche Kiesel, nichts hat sich daran geändert, er wurde nur lebend gesehen.»

Das Gleichnis war wunderbar. «No-Eyes ist dieses ‹Leben›, das meine *Quelle* der Wahrheit sein wird.» Ich lächelte über den einfachen Schluß.

«Im Kern, ja. Aber der literarische Erfolg wird sich durch eure gemeinsame Anstrengung einstellen, dem Zusammenspiel ihres ‹Lebens› mit deinem einfühlenden Schreibstil.»

Ich grinste. «Ich habe keinen Schreibstil. Ich schreibe nur, was ich fühle.»

Er gab mir den winzigen Stein zurück. «Genau.»

Ich lauschte dem frischen Lied des wendigen Wassergeists. Er trillerte es unaufhörlich und blieb kraftvoll und lebendig im Zauber immerwährender Ausdauer. Meine Sinne wurden scharf wie eine Messerschneide, und in dieser Klarheit atmete ich tief die Bergluft ein, die trunken machte mit ihrem aromatischen Duft gesunder, immergrüner Bäume. Meine Augen wanderten über die zackigen Kanten der fernen Bergkette. Und hoch über all dieser herrlichen Pracht wandelte die Sonne schläfrig auf ihrem keilförmigen Pfad über dem Wald.

Genau in diesem Augenblick liebte ich das Leben. Ich liebte all die schimmernden, glänzenden und singenden Gesichter der Natur. Ich liebte mich selber, daß ich so quicklebendig in der berauschenden Vitalität der Natur war. Ich liebte die unbeschwerte Beziehung zu meinem neuen Lehrer, und ich liebte die wiedererwachte Erregung, die das Gefühl neuer Hoffnung meinem Herzen verlieh.

Ich blickte zu Many Heart. Er beobachtete mich. Ich lächelte vor Glück. «Was schaust du mich so an?»

«Nur die reizende Blüte», sagte er hintergründig.

Ich runzelte fragend meine Stirn. «Blüte?»

«Ja, meine neugierige Freundin», grinste er, «die Blüte der Hoffnung, die aus den bitteren Wurzeln erlittenen Durchhaltens auf dem Boden des Schmerzes sprießt.»

So geschah es, daß an einem strahlenden Augusttag, als der Wassergeist sang und die Berge in der trägen Sonne schimmerten, ich meine ersten ungeübten Schritte auf dem WEG tat. Da gab es keine peinigenden Ängste oder bizarren Reisen, kein Sich-im-Kreis-Drehen mit vieldeutigen Worten, auch keine Trugbilder, die mich heimsuchten. Keine frostigen Blicke oder kühles Schweigen zwischen uns. Der Wasserträger hatte seinen anspruchsvollen Test mit dem wißbegierigen Neuling mit kritischem Verstand und einfühlsamem Herzen gemacht. Die Neuaufgenommene hatte den Test einfach und offen hingenommen. Und die beiden hatten eine warme Kameradschaft geschlossen. Das Band war rasch geknüpft. Das Licht wirklichen Verstehens begann den Pfad zu erhellen. Es würde auf der weiteren Reise glänzen und mich auf dem Weg mit höchster Bewußtheit und Erleuchtung begleiten. Nun würde die Novizin klar sehen und deutlich wahrnehmen ler-

nen durch die eindringlichen Augen und den kritischen Geist des
Dreamwalker.

*Wie ein stehendes Wasser ist zurückgehaltene Weisheit. Es atmet
kein Leben. Es stirbt in sich selber eines langsamen, schleichen-
den Todes.*

*Wie ein Bergquell ist geteilte Weisheit. Er strömt immerwäh-
rend rein und klar hervor. Er lebt und haucht allem, das er berührt, Leben und Erfrischung ein.*

Durch Schatten von Jade

Es gibt Dinge, über die man nie spricht,
Es gibt Dinge, die so heilig sind,
daß sie nie über die Lippen kommen;
Machtvolle Dinge.

No-Eyes

Als ich Bill von meinem Besuch in der Hütte erzählte und die Tatsache erwähnte, daß No-Eyes nicht dort war, warf er mir einen jener wissenden, verschmitzten Blicke zu. «Wetten, daß aber jemand anderer dort war», bemerkte er klug.

Auf meine Frage, woher er das wisse, sagte er nur, er habe das untrügliche Gefühl gehabt, daß meine neuen Lektionen viel früher beginnen würden, als ich erwartete. Er legte dar, daß No-Eyes meine «rauhen Kanten» wohl genau so lassen wollte, wie sie waren, damit der Dreamwalker Gelegenheit hatte, sich mit ihnen auseinanderzusetzen. «Einige rauhe Kanten sind etwas Gutes», bemerkte er nachdenklich. «Wie ich vorhin sagte, deine scheinen zu dir zu passen.»

Wir kamen auf den verwirrenden Sachverhalt zu sprechen, daß die Leute im allgemeinen eine weitverbreitete fälschliche Anschauung hatten von Individuen mit höherem Bewußtsein; sie glauben, sie könnten sie in eine Kategorie einteilen und als ordentliche kleine Päckchen in das Fach der Vollkommenheit verstauen. Wir diskutierten über mein Geständnis, daß die Geldfrage die wichtigste Hürde war, die uns daran hinderte, zu unserm versprochenen Land zu kommen, und wir besprachen Many Hearts Gedanken über meine zukünftige Schreibarbeit. Bill fügte noch einiges hinzu.

«Diese Idee der ‹Quelle› der Wahrheit, die den Unterschied ausmacht zwischen Zurückweisung und Annahme, ist sehr einleuchtend. Wenn du darüber nachdenkst», überlegte er, «sind die Menschen eigentlich nicht auf Bücher von der andern Seite gefaßt und vorbereitet. Eines Tages vielleicht, aber der allgemeine Bewußtheitsgrad ist noch nicht so hoch.»

Ich pflichtete ihm bei. «Many Heart scheint zu glauben, daß die Leute – wenn ich über die Zeit schriebe, die ich mit No-Eyes zusammen verbrachte – eher eine Beziehung finden würden zu ihren lebendigen Worten und unserer einfühlsamen Beziehung.»

Bills Ausdruck wurde weich, und er starrte mich an. «Aber du willst doch das nicht tun, oder?»

Ich schüttelte meinen Kopf. «Unsere gemeinsamen Tage sind so außergewöhnlich, so zärtlich und vertraulich. Manchmal, wenn ich an mein Versprechen denke, darüber zu schreiben, wünschte ich, ich hätte anders entschieden. Allein schon der Gedanke, daß andere Leute über unsere zusammen verbrachten Tage lesen, besonders die persönlicheren und gefühlvollen Gespräche, läßt mich glauben, ich entheilige heiligen Boden.»

«Ich weiß», tröstete er mich und tätschelte meine Hand. «Aber hast du nicht auch ein bißchen Angst davor?»

Ich schaute auf. «Angst?»

«Vielleicht ist ‹Angst› nicht genau das richtige Wort für das, was ich meine. Vielleicht wäre ‹bloßgestellt› präziser. Ist dir davor bange, deine Empfindlichkeiten, die Tadel oder deine Überzeugungen offen darzulegen?»

«Wir haben schon einmal darüber gesprochen, erinnerst du dich? Wir haben festgestellt, daß wir uns beide exponieren, wenn ich über No-Eyes schreibe, und daß wir uns nicht um die unwissenden Skeptiker kümmern wollten, weißt du noch?»

Er schob seine Unterlippe vor und runzelte die Stirn mit Zweifel auf seinem Gesicht. «Über Mut zu reden ist eine Sache, eine andere die Ausführung eines Vorsatzes. Ich möchte nur, daß du auf das Schlimmste gefaßt bist für den Fall, daß das Publikum die wahre Bedeutung des Buches nicht versteht.» Sein zweiflerischer Ausdruck verwandelte sich in Entschlossenheit. «Niemand wird dir jedoch weh tun dürfen. Ganz gleich, was mit dem No-Eyes-Buch geschieht, ich werde es nicht zulassen, daß dir irgend jemand weh tut.»

Ich lächelte. «Niemand wird mich verletzen, Liebster. Ein negativer Kommentar wird mir nur zeigen, wie wenig der Betreffende weiß. Das wird mir nichts ausmachen.»

«Das ist leicht zu sagen in diesem Augenblick, ich hoffe nur, du erinnerst dich daran, wenn die Zeit kommt.»

Der Gedanke an das Buch über meine liebe alte Freundin berührte mich jedesmal schmerzlich, wenn ich daran dachte. Ich war wieder trübsinnig. «Ich weiß nicht, Bill, ich weiß einfach nicht, ob ich es wirklich tun sollte. Jahrelang hat sie allein dort oben gelebt, ihre Einsamkeit in der Natur wie einen Schatz gehütet und jene unterrichtet, die den Weg zu ihr gefunden hatten; es kommt mir wie eine schreckliche Zudringlichkeit vor, sie der Öffentlichkeit auszusetzen.» Ich zögerte. «Sie ist wie ein seltener Edelstein, sie ist zerbrechlich.»

Er hielt meine Hand. «Möchte sie, daß du die Geschichte schreibst?»

«Du weißt, daß sie es will.»

«Dann betrachte es als ein wunderbares Vermächtnis, das du ihr zukommen läßt. Sieh es so an, daß du aus ihr eine Legende machen kannst, die Tausenden erleuchtete Erkenntnis bringen wird. Schau, was du für sie *tun* kannst. Du hast die einmalige Gelegenheit, die zarten Gefühle, die euch beide verbinden, auszudrücken, und wenn die Leute darüber lesen, werden sie lachen, sie werden weinen, und No-Eyes wird durch ihre Worte immer weiterleben. Ihr Leben wird nicht vergebens gewesen sein. Sie wird bei den Menschen durch ihre Einsamkeit nicht in Vergessenheit geraten, sondern sie wird allen bekannt werden.»

Ich lächelte schwach über seine Bemühungen. «Ich glaube, *ich* bin diejenige, der ein wunderbares Vermächtnis hinterlassen wird.»

«Wahrscheinlich, aber merkst du nicht, wieviel *Gutes* ihre Geschichte bringen wird?»

Ich nickte resigniert. «Natürlich, aber ich glaube nicht, daß ich das Gefühl je werde abschütteln können, daß die Veröffentlichung etwas von der Heiligkeit raubt, die nach meinem Empfinden unserer Beziehung innewohnt.»

«Warte, bis die Zeit kommt, dann wirst du es anders sehen.»

Vielleicht stimmte das, vielleicht auch nicht.

Eine weitere Frage ließ Bill keine Ruhe und obwohl er dachte, er sollte das ganze Thema besser fallenlassen, fragte er trotzdem: «Hat Many Heart einen Vorschlag gemacht, wohin du das Buch schicken sollst, wenn du es fertig hast?»

Ich stöhnte beinahe. «Ja.»

«Nun, wem?»

«Er sagte, es würde nur wenige Wochen nach der Einsendung von dem Verleger, auf den wir das letzte Mal am meisten gezählt hatten, akzeptiert werden.»

«Bist du sicher?» rief er ungläubig aus. «Also hör mal, wir können keine weiteren Enttäuschungen brauchen.»

Ich seufzte. «Das ist nun mal, was er gesagt hat. Er sagte, es habe einige Veränderungen in den Abteilungen gegeben, und wir würden diesmal in nur wenigen Wochen einen positiven Bescheid erhalten.»

Mein Partner war nicht so begeistert von diesem Gedanken. «Ich weiß nicht», wand er sich, «nach vier Jahren, die wir mit dem letzten Buch vergeudet haben, möchte ich auf keinen Fall noch einmal vier Jahre verlieren; die Zeit ist einfach zu knapp.»

Es schien, daß wir nach so vielen Jahren der Beharrlichkeit bei Many Hearts Vorschlag kein bißchen mehr Hoffnung oder Begeisterung aufbrachten, als wenn wir das Ganze selber hätten in Angriff nehmen müssen. Zehn Jahre waren eine lange Zeit, um am Glauben festzuhalten; aber dennoch konnten wir nicht leugnen, daß Hoffnung in unseren Herzen aufzublühen und zu wachsen begann. Das Ziel mußte in greifbarer Nähe sein, denn unsere Ausdauer erschöpfte sich allmählich.

Am darauffolgenden Freitag schauten vier Freunde vorbei. Doug war Anwalt und arbeitete außerhalb Denver; seine Frau, Shirley, war Krankenschwester an einem großen städtischen Krankenhaus in Colorado Springs. Sie standen unangemeldet vor der Tür mit einem anderen Paar, Mike und Anne. Mike war im Baugewerbe tätig und Anne arbeitete in der Forschung.

Es mochte scheinen, daß ihre Tätigkeiten keinen gemeinsamen Nenner hatten; ihre persönlichen Interessen hingegen trafen sich. Alle vier hatten sich bei einem Seminar kennengelernt, dessen Thema sich um die fortgeschrittenen geistigen Fähigkeiten drehte und die komplexen, paranormalen Fähigkeiten des Geistes behandelte. Wir waren ihnen kurz nach unserer Ankunft in Colorado begegnet.

Mike erschien an der Tür und streckte uns eine Flasche unseres Lieblingsweines entgegen; dies bedeutete, daß ein langer Abend bevorstand, den wir tief im Gespräch über andere Wirklichkeiten und spirituelle, philosophische Fragen zubringen würden. Diese Sitzungen konnten bis in die frühen Morgenstunden dauern, und da ich am nächsten Morgen in der Hütte oben verabredet war, mußten wir den Abend zu einer vernünftigen Zeit abbrechen, obwohl Annes neue Forschungsarbeit uns besonders fesselte. Vor dem Aufbruch lud sie uns alle ein zu einem Besuch in der Klinik.

Am Samstagmorgen war ich zeitig genug auf und unterwegs, um die verstopften Straßen des vergangenen Wochenendes zu vermeiden. Ein neuer, herrlicher Rocky-Mountain-Tag war angebrochen und obwohl ich unser Segenszeremoniell zum Tagesanbruch verpaßt hatte, dankte ich im Geist für all die glänzenden Gaben, die die Natur uns großzügig schenkte.

Ich war in federleichter Stimmung, selig vor Glück, das mein Herz im Anblick der Natur erfüllte. Ich beschloß, Many Heart zu einem Spaziergang im Wald, der uns gut täte, zu überreden. Draußen in No-Eyes' tiefem Wald und inmitten all des sprießenden Lebens wurde ich von so einem erhebenden Gefühl ergriffen, ein Gefühl der engen Zugehörigkeit, das die Worte meiner Lektion noch verstärkte.

Als ich im Schatten der hohen Kiefer anhielt, bemerkte ich, daß die Tür der Hütte offenstand. Many Heart lüftete höchstwahrscheinlich und ließ den Rauch hinaus. Obwohl die Alte auch gelegentlich eine Pfeife schmauchte, war dem jungen Mann einfach aus Respekt wohl daran gelegen, ihre Behausung ordentlich zu halten. Diesmal hielt ich meine energiegeladene Aufregung zurück und stieg den Hügel langsam und würdevoll hinan, der ernsthaften Situation einer fortgeschrittenen Schülerin angemessen. Ich nahm nicht mehr zwei Stufen auf einmal, sondern stieg langsam und gemessen hinauf. Einen Augenblick lang zögerte ich vor der weit offenstehenden Tür und spähte hinein.

Im Haus war es dunkel, und die lastende Stille wurde durch ein heiseres Gegacker gebrochen. «Was schleichst du da rum?» schnarrte sie mich an aus dem dämmrigen Winkel. Da, plötzlich tauchte vor meinem Gesicht ein krummer Finger auf, mit dem die Alte kopfschüttelnd drohte. «Wir müssen jetzt gehen. Wir müssen über sehr viel reden heute.» Die zarte Frau zog ihren Schal fester um ihre mageren Schultern, packte ihren Spazierstock hinter der Tür und stampfte erregt die hölzernen Stufen hinunter.

Ich biß auf meine Unterlippe und schaute mich in der Tür um in der Hoffnung, daß …

«Er ist heute nicht da», zischte sie ungeduldig. «Komm schon herunter, Summer vergeudet sonst den ganzen Tag!»

Ich war enttäuscht, daß mein neuer Lehrer nicht da war, und obwohl ich die Alte liebte und zufrieden war, bei ihr zu sein, war mein gedämpfter Mut allzu spürbar, als ich sie einholte.

Wir stiegen durch Salbeibüsche den Hügel hinunter, ohne miteinander ein Wort zu wechseln, und als wir den grasbewachsenen Grund erreicht hatten, hielt sie an und schnupperte den Kiefernduft in der Luft. Das Kinn vorschiebend und mit einem Seitenblick auf mich drehte sie langsam den Kopf und senkte ihn, bis wir uns auf gleicher Höhe gegenüber waren. «Summer scheint enttäuscht, heute die alte Frau zu sehen.»

Diese Vermutung schmerzte und traf mich ins Herz. «Nein, das stimmt nicht, ich liebe dich!»

«Hm», knurrte sie. «No-Eyes dachte, Summer vermißt den jungen Mann. No-Eyes ist nicht so hübsch wie Brian Many Heart.» Sie zwinkerte mit den Augen bei dem amüsanten Gedanken.

Mein Mund stand offen, und meine Wangen wurden mir heiß. «Das ist etwas *Schreckliches*, was du hier sagst! Es ist *nicht recht* von dir, eine solch absurde Behauptung aufzustellen.»

«Oh?» sang sie und blickte mich prüfend an. «Warum errötet denn Summer? Die Wahrheit steht heiß auf Summers Wangen.» Die Alte kicherte und humpelte weg in die schattige Waldung. Sie ließ mich in der Sonne stehen, die mir auf dem Gesicht brannte und die bereits heißen Wangen noch mehr erhitzte.

Ich blickte ihren langsamen und selbstbewußten Schritten in den Wald nach; dann schaute ich in den tief kobaltblauen Himmel hinauf und sah gerade, wie das Schwanzende eines Falken in das satte Immergrün hinuntertauchte. Mir war, als hätte er mir ein Zeichen gegeben, meine Gedanken weiterzuverfolgen und die Konfrontation fortzusetzen; unter dem drängenden Zuspruch des Falken entschloß ich mich, ihr ihre kühne Behauptung nicht durchzulassen.

Als ich sie endlich einholte, war sie schon ein gutes Stück auf dem schmalen Fußpfad gegangen. Ich wußte, daß sie meine Anwesenheit bemerkte, aber sie gab kein äußeres Zeichen. Ich schlich mich an ihre Seite. «Dieser Kommentar war unfair, weißt du.»

Schweigen.

«Selbst wenn ich errötete, war dies bestimmt nicht aus irgendeinem Schuldgefühl. Es gibt Menschen, die aus andern Gründen erröten, das weißt du doch.»

Schweigen.

«Hörst du mir eigentlich zu?» fuhr ich sie verärgert an.

«Ja, No-Eyes hört zu.»

«Also?»

«Was heißt ‹also›? Summer sagt, warum sie *nicht* rot wird. No-Eyes wartet darauf zu hören, *warum* Summer über No-Eyes' Worte rot wurde.»

«Ich bin rot geworden, weil mir deine empörende Annahme so peinlich war. No-Eyes, du hast mich in Verlegenheit gebracht.»

«Es tut No-Eyes leid. Reine Kontrolle, das ist alles», gab sie ganz unumwunden zu.

«Um was zu kontrollieren? Um zu sehen, ob ich mich in den erstbesten gutaussehenden Mann, mit dem ich zu tun hatte, verliebe?» Allein der Gedanke daran war unglaublich, und ich hielt mit meiner Meinung nicht hinter dem Berg. «Du solltest mich besser kennen. Du solltest wissen, daß ich kein Schulmädchen bin, das auf ein hübsches Gesicht hereinfällt. Außerdem», neckte ich sie, «sind hübsche Sunnyboygesichter nicht mein Fall – ich habe den rauhen, wettergegerbten Look lieber.» Ich lächelte, aber dann erstarrte meine leise Lustigkeit zur unbewegten Miene, als ich das breite Grinsen der Frau sah.

«Many Heart hat ein rauhes Aussehen, er hat ein ganz vom Wetter gegerbtes Gesicht.»

Ich seufzte. «Nun, selbst wenn er es hat, bin ich trotzdem nicht die Person, die sich in ihren Lehrer verliebt. Ich finde, die ganze Diskussion ist einfach lächerlich.»

«Ich auch», kicherte sie rasch. «No-Eyes will nur ein wenig Spaß machen mit Summer, das ist alles.»

«No-Eyes», bemerkte ich streng, «man sagt nicht ‹Spaß›, wenn die andere Person nicht lacht – dann sagt man ‹aufziehen›.»

«Ja nun. So zieht No-Eyes halt Summer ein wenig auf. Warum liegt Summer überhaupt so viel daran, wie man das sagt?»

«Weil du mir das beigebracht hast. Du hast mich gelehrt, genau zu sein.»

«Ja, das stimmt. Summer wird das auch mit Many Heart brauchen», sagte sie mit Nachdruck.

Das Band unseres Waldweges sah aus wie ein Filigranmuster aus schattenhaften Spitzen, von den Sonnenstrahlen gehäkelt, die in den hohen, immergrünen Bäumen herumhüpften. Es war kühl unter dem natürlichen, grünen Baldachin, wo die Natur den vielen farbigen Moosen und Flechten, die auf Felsen, Boden und Bäumen wuchsen, liebevoll Schatten spendete.

Ein rhythmisches Knirschen war vom Spazierstock der Alten zu hören, als sie ihn auf den Granit des steinigen Weges stieß während unserer Wanderung in die noch weiter abgelegene Berggegend. Ein Stachelschwein kauerte hoch oben in einer Kiefer und klammerte sich an seinen gefährlichen Ausguck; es beobachtete die beiden, die unter ihm vorbeigingen. Ich lächelte über den lustigen Anblick des flaumigen Kopfs des Stacheltiers, das auf uns herunterguckte.

«Da oben auf dem Baum zu unserer Rechten sitzt ein Stachelschwein», sagte ich zu meiner Gefährtin, «es beobachtet uns.»

«No-Eyes hat es gehört, sogar bevor Summer es gesehen. Ja, es behält uns scharf im Auge, genau wie Many Heart es mit Summer tun wird.»

«Werden wir eigentlich den ganzen Tag damit verbringen, über Many Heart zu sprechen und wie er alles, was ich mache, beobachtet?»

«Ja. Dies ist das letzte Mal, wo Summer mit der alten, verrunzelten Lehrerin zusammen ist, bevor sie beim gutaussehenden Lehrer in die Schule geht. Ich werde Summer vielleicht nicht mehr sehen, bevor der Schnee kommt, vielleicht sogar nicht vor November.» Die Alte blieb stehen. Sie neigte geheimnisvoll ihren Kopf zu mir, das Sonnenlicht fiel auf ihre wirren Haarbüschel, die wie eine Aura ihr Gesicht umrahmten. Sie schloß ihre Lider halb und riß darauf ihre Augen weit auf – silberglänzendes Quecksilber schimmerte über dem dunklen Grund ihrer flüssigen Ebenholzteiche. «Vielleicht, wenn No-Eyes Summer das nächste Mal sieht», flüsterte sie, «wird Summer ein neuer Mensch sein, inwendig.» Sie stieß mich an die Schulter, dann an meinen Kopf. Ihre Stimme war kaum hörbar.

«Vielleicht wird dieses neue Wesen inwendig ein neuer Dreamwalker sein.»

Die weise Frau schloß ihre Augen und lächelte zufrieden; sie drehte ihren Kopf dem Wald zu. Das Aufschlagen des krummen Stocks machte ein Geräusch, das bedeutete, daß wir jetzt weitergehen würden – meine heutige Lektion hatte offiziell begonnen.

Während wir schweigend weitergingen, lauschte ich dem pulsierenden Leben im Wald. Klarheit schärfte meine Sinne, und mein Geist lud sich mit drängenden Fragen auf, die ich loslassen mußte.

«Das ist es, wofür der heutige Tag da ist», kam die unvermittelte Feststellung. «Dieser Tag ist für alle Fragen da, die Summer hat. Es ist der letzte Tag, wo No-Eyes Antwort gibt.»

Ich war mir nicht sicher, wo ich beginnen sollte. Ich machte den Anfang mit einer naheliegenden Frage: «Kannst du mir sagen, wie ich letzte Woche abgeschnitten habe? Ich weiß, daß du es mir sagen kannst, aber darfst du es auch? Ich möchte es wirklich gerne wissen.»

«Mmmm», kam ein kehliger Laut des Abwägens zögernd heraus. «No-Eyes darf so etwas sagen.»

«Also?» drängte ich begierig. «Wie habe ich es gemacht?»

Tap, tap, hörte man den Stock. «Wie meint Summer, daß sie abgeschnitten hat?»

Ich hätte diese Antwort voraussehen müssen. «Ich glaube, ich habe es recht gemacht. Ich war offen mit ihm, und es schien, daß wir gelöst waren zusammen. Zuerst war ich wohl ein wenig verkrampft, aber dann wurde ich lockerer und konnte natürlich mit ihm sprechen. Er ist sehr unkompliziert, das hat sehr geholfen.»

«Unkompliziert?»

«Ja, weißt du, nicht überheblich oder fordernd. Er war so ein richtiger alltäglicher, vertrauter Typ, mit dem ich mich leicht unterhalten konnte.»

«Hm! Er hat aber viele strenge und fordernde Seiten in sich. Er ist mit Summer einfach nett. Vielleicht bringt Summer auch seine strengen Seiten zum Vorschein.» Sie seufzte. «Vielleicht wird Summer sie aber auch nie sehen. Es kommt drauf an.»

«Nun», lenkte ich ein, «wenn er streng mit mir sein wird, ist es auch in Ordnung.» Ich wurde ernsthaft. «No-Eyes, dieser wichtige Schritt muß mir gelingen. Ich muß es durchstehen und auf der andern Seite herauskommen mit einem guten Gefühl von mir. Die Reise muß gelingen.»

«Oder was?»

Ich antwortete offen: «Oder ich weiß nicht was. Das einzige, was ich weiß, ist, daß ich entschlossen bin, erfolgreich zu sein.»

Die Alte lachte. «Tz, tz», machte sie und schüttelte langsam den Kopf. «Entschlossenheit führt auf *diesem* Weg nicht zum Erfolg. Das hat keinen Einfluß. Summer kann Entschlossenheit diesmal zu Hause lassen.»

Wir waren etwa die letzten dreihundert Meter leicht bergan gestiegen, und ich wollte gerne, daß meine Freundin eine Pause machte. «Laß uns eine Weile ausruhen», sagte ich und bot ihr an, sie hinüber zu einigen Felsblöcken zu führen.

No-Eyes nahm dankbar meine Hilfe an. Wir saßen auf den von der Sonne erwärmten Felsen. Eine harmlose Schlange glitt aus ihrem Revier davon, in das wir eingedrungen waren, und machte sich davon in das smaragdgrüne Laub des Kinnikinnic, das sich auf dem feuchten Waldboden ausbreitete.

«Es tut uns leid, Kleine», sagte ich und brachte unsere gemeinsame Entschuldigung vor, «wir werden nicht lange dableiben. Danke, daß du uns deinen Ruheplatz überläßt.»

No-Eyes nickte nur zustimmend.

Ich nahm das Thema meiner bevorstehenden Reise wieder auf. «Wenn feste Entschlossenheit nicht gut ist, was benötige ich denn?»

Die Seherin hob ihr runzliges Gesicht zur Sonne, deren Strahlen die kleine Lichtung umfluteten und in goldschimmernden Glanz tauchten. «Denk nach, Summer, denke.»

Die Sonnenstrahlen wärmten mein Haar. Ich schaute in die Bäume hinauf, während ich mit meinen Fingern emsig durch mein dichtes, langes Haar fuhr. Ich fischte in meinen Jeans nach der Lederschnur und band mein Haar damit zurück, während ich zusah, wie die Zweige sich in der leichten Brise wiegten. «Ich brauche Verständnis», sagte ich. «Ich muß Begriffe verstehen, bevor ich etwas tun kann.»

Der Ausdruck der Alten blieb unverändert, als sie den Kopf von der Sonne abwandte. «Nein. Verstehen oder vollständiges Erfassen brauchst du auch nicht. Ein *wenig* zwar davon, Summer, wirst du nötig haben, aber nur wenig.»

Das verwirrte mich. «Aber wie soll ich denn gewisse Dinge vollbringen, wenn ich nicht genau weiß, wie man es machen muß?»

«Erkläre mir, Summer, wie der Motor deines Autos funktioniert.»

Schweigen.

«Siehst du? Nur ein wenig Verständnis ermöglicht dir, es in Betrieb zu setzen, zu fahren. Summer füllt Benzin ein und kennt die Regeln für sicheres Fahren, aber Summer weiß nicht ganz genau, wie alles funktioniert. Auf deiner Reise, Summer, brauchst du nicht zu wissen, wie du das *zusammensetzen* mußt, was du in Funktion zu setzen verstehst. Es wird nicht nötig sein, die Feinmechanik zu verstehen, da man ohnehin gewisse Dinge nicht verstehen kann.» Dann setzte sie hintergründig hinzu: «Es wird viele, viele Korridore geben.»

Der Punkt war klar.

«Versteht Many Heart diese feinere Mechanik?»

Die weise Frau schloß ihre Augen. «Es gibt Dinge, die nie ausgesprochen werden. Es gibt Dinge, die sind so heilig, daß sie nie über die Lippen kommen.» Das letzte flüsterte sie nur: «Machtvolle Dinge.»

Ihre tiefsinnigen Worte waren von solcher Eindringlichkeit, daß mir ein kalter Schauer über den Rücken lief. Die bewegte Stimmung des Augenblicks lastete auf unserm Schweigen. Als sie sich legte, brach ich die Stille: «Wenn das Wort aus dem Mund des Lehrers zum Schüler nicht verwendet wird, erhält man Kenntnis über diese machtvollen Dinge durch Erleuchtung? Wird es dann zu einem eigenen ‹Wissen›, wenn man bereit ist dazu?»

«Manchmal ist es so. Manchmal kommt es nie dazu.»

Sie erhob sich vom Felsblock und streckte ächzend ihren Rükken. «Wenn und ob es dir widerfährt, Summer, du wirst nie die richtigen Worte finden, um dein Verstehen der machtvollen Dinge zu beschreiben. Versuch es gar nicht. Du wirst dich ewig im Kreis herumdrehen, bis du verrückt wirst über all deine einfachen Worte, die nicht genügen – sie werden nichts aussagen.»

«Ich werde daran denken, No-Eyes. Ich hoffe, daß die Zeit kommen wird, wenn die Erinnerung an all das mir nützlich sein wird.»

«Mmm», brummelte sie, drehte mir ihren Rücken zu und begann weiterzugehen. «Wir werden sehen.»

Als ich wieder an ihrer Seite war, wollte ich eben etwas sagen, aber sie hob vorsichtig ihre braune, ledrige Hand und gebot Stille. Reglos wie eine Statue schaute ich zu, wie die alte Frau langsam in ihre verschlissene Tasche langte, etwas herauszog und ruhig ihren Arm in die Höhe hob.

Ich hielt meinen Atem an und wagte nicht einmal zu zwinkern, denn aus dem Nichts erschien ein Wesen mit grauen Flügeln. Der Häher flog rasch auf den hingehaltenen Bissen zu, ergatterte ihn und flog blitzschnell weg in den dämmrigen Wald.

No-Eyes lächelte vor sich hin und ging weiter. Ihre Art, wie sie mit all den sie umgebenden Lebewesen Kontakt aufnahm, war wirklich unglaublich. Ich war sicher, daß sie genau diese Vorstellung schon viele hundert Male im Laufe ihres langen Lebens im Wald gegeben hatte. Die Wesen in der Natur waren ebenso an ihre Gegenwart gewöhnt wie an ein hallendes Gewitter oder den Wechsel der Jahreszeiten. Sie war tatsächlich in ihrem ureigenen Reich ein sehr gern gesehener Gast geworden.

«Was ist schon, Summer!» sagte sie und fing meine plötzlich niedergedrückte Stimmung auf.

«Ich bin neidisch auf deine unbeschwerte Beziehung zu den Lebewesen hier. Ich wünschte mir so sehr, das tun zu können, was du eben gemacht hast.»

«Summer kann das.»

Ich lachte. «Nicht ganz, No-Eyes, nicht ganz. Ich gehe nicht so oft in die Berge, ich bin kein täglich vertrauter Anblick für sie.»

«Die Zeit dazu wird bald kommen, Summer, du wirst sehen.»

Ich hoffte inständig, daß es nicht so lange mehr dauern würde; dennoch war jetzt nicht der Moment, beim Gedanken hängenzubleiben, wie ich so zarte Wechselbeziehungen aufbauen könnte. Ich kam auf meine Schwierigkeit zurück, herauszuschälen, was ich zum Gelingen meiner Reise auf dem Weg benötigte.

Wir waren in dem Teil des Waldes gebummelt, wo die hohen, immergrünen Bäume auf beiden Seiten des Pfades ganz nah zusammentraten, als ob sie uns eifrig zuhörten. Ihr Atem stand still vor lauter Anstrengung, unsere Worte zu hören.

«Glaube», sagte ich. «Ich brauche Glauben an Many Hearts Worte, und ich muß an mich selber glauben, um Erfolg zu haben.» Ich wartete ungeduldig auf Bestätigung, während die Bäume untereinander flüsterten. Sie schienen ihre Köpfe ablehnend zu schütteln.

«Nein. Besser, du mußt es besser wissen. Glaube, Summer hat schon viel davon. No-Eyes sieht, daß Summer bereits Many Hearts Worten glaubt. Summer hat auch schon Glauben an sich selbst. Summer muß da tiefer nachdenken.»

Die Kiefern nickten und verströmten ihren würzigen Duft in die Luft. Ich atmete tief ihre reine und ehrliche Einfachheit ein. «Ehrlichkeit!» platzte ich vor Aufregung heraus. «Ich brauche vollkommene Ehrlichkeit!»

«Hm», murmelte sie, «Summer hat das schon.» Die Alte ließ es nicht dabei bewenden, sondern sie fügte noch hinzu: «Vielleicht hat Summer sogar zuviel Ehrlichkeit.»

Beinahe verletzt runzelte ich die Stirn. «So spreche ich *doch* zu oft gerade heraus, nicht wahr? Ich *bin* zu unverblümt.»

Sie hob ihre buschigen Brauen über ihren tellergroßen Augen und preßte die Lippen zusammen. «No-Eyes sagt das nicht – Summer sagt das.»

«Aber es ist wahr, oder nicht? Ich weiß es. Ich wußte es genau, daß ich deswegen heruntergeholt würde. Bewußte und erleuchtete Menschen laufen nicht herum und verweisen andere Leute auf ihren Platz. Sie sollten nicht...»

«Schsch!» tönte es scharf. «Was heißt das schon! Was soll überhaupt dieses ‹sie sollten nicht›? No-Eyes hat geglaubt, Summer kenne *kein* ‹man soll nicht› und ‹man tut jenes›, dieses Einordnen der erleuchteten Menschen. Hm, Summer? Wie steht es damit?»

Ich war zerknirscht, daß ich mir selber eine Etikette angehängt hatte. Ich sprach mit leiser, schuldbewußter Stimme: «Du hast recht. Ich war im Unrecht, so etwas zu denken. Ich meinte nur, weil man selten einen direkten und bewußten Menschen trifft, daß ich deshalb diesen Charakterzug nicht länger aufrechterhalten durfte. Ich dachte, daß...»

«Summer», tröstete sie warmherzig, «erleuchtete Menschen *haben* gewisse charakteristische Züge. Sie haben Bescheidenheit und Hinnahme. Sie haben Glauben und Liebe. Einige haben große Macht, während andere nur ganz wenig haben. Sie haben universales Wissen. Aber sie können reich oder arm sein. Sie können Straßenkehrer oder Doktor sein.» Sie richtete ihre verengten Augen auf mich. «Sie können schweigsam sein oder freimütig sprechen.»

Schweigen.

«Außerdem,» fuhr sie fort, «sagt No-Eyes nicht, Summer müsse einen Maulkorb anlegen. Summer ist schon in Ordnung, weil sie ihren Mund nicht mißbraucht. Verstehst du?»

«Ja», sagte ich zögernd. «Was hast du denn gemeint, als du sagtest, daß ich vielleicht zu viel Ehrlichkeit habe?»

«No-Eyes sieht, daß Summer den Teil der Ehrlichkeit begraben muß, der Summer Kummer macht.»

«Du meinst, weil meine Direktheit mir Sorgen macht, muß ich einsehen lernen, daß dies kein negativer Aspekt ist, der verändert werden muß.»

Sie schlug mit dem Spazierstock auf den Schotter. «Das ist genau, was ich sage! Was soll das – muß ich alles immer wiederholen? Muß Summer alles, was No-Eyes sagt, wie ein Echo wiedergeben?»

Ihr Ausbruch war ebenso unerwartet wie ungerechtfertigt; ich behielt jedoch meine Geduld. «Ich wollte nur klarstellen, was du meintest. Ich wollte nicht deine Worte repetieren.»

«Hm», beruhigte sie sich, «Summer macht solche Sachen besser nicht mit Many Heart.»

Ich seufzte. «Du stellst ihn schon fast wie einen Menschenfresser dar. Was ist er – irgendein Jekyll und Hyde?»

«Wer?» fragte sie und schielte nach meinem Gesicht.

«Er war eine erfundene Figur in einer Geschichte. Er konnte seine Gestalt verändern entsprechend den Gegensätzen in seiner Persönlichkeit. Macht nichts», ich zuckte die Achseln, «es ist ohnehin nur Phantasie.»

Ihre schwarzen Opale hefteten sich auf mich, während ihre Nase nah herankam. «Wir haben es *nie* mit *Phantasien* zu tun, Summer! Das ist kein *Spiel* hier!» Sie schloß ihre Augen und entspannte sich. Die Frau wandte sich wieder dem Weg zu, stützte sich auf den Stock, der ihr Halt gab, und trottete weiter.

Ich hatte einen strengen Verweis erhalten für den unschuldigen Vergleich. Aber ein bewußter Mensch macht keine Vergleiche zwischen Dichtung und Wahrheit – es gibt einfach gar keine. Die Realität *scheint* oft wie Phantasie, aber das war hier eindeutig nicht der Fall, denn der Unterschied war spürbar im Herzen und vor allem im Geist.

Ich eilte an ihre Seite. «Es tut mir leid, daß ich manchmal dummes Zeug sage. Es ist mir klar, daß ich nicht einen so dämlichen

Vergleich hätte anstellen sollen. Ich verspreche, daß ich das nächste Mal mehr aufpassen werde.» Dieser Tag nahm keinen sehr guten Verlauf. Mir schien, ich sagte und dachte lauter falsche Dinge.

«Du tust gut daran, das nächste Mal besser aufzupassen. Der Dreamwalker wird solch mangelnde Bewußtheit nicht dulden. Er wird hinter Summers Worten mehr Überlegung erwarten.»

Sie machte aus meinem neuen Lehrer einen richtigen, lebenden Troll, und ich begann mich zu sorgen. «Wird er böse werden, wenn ich einen Ausrutscher machen sollte?»

Sie unterbrach den Takt ihres Schritts einen kurzen Moment. «Dreamwalker *sind* nicht zornig. Summer wird über sich selbst verärgert sein, das ist alles. Das ist genug.»

«Aber du redest um den Brei herum, No-Eyes», drängte ich. «Du sagst die ganze Zeit, ich solle besser dieses tun oder jenes lassen wegen Many Heart. Darauf sagst du, er werde nicht zornig. Was ist nun richtig?»

Beim Weitergehen stellte sie kühl fest: «Ich sage nicht, er mache nichts. Summers Kopf sagt das. No-Eyes warnt nur Summer, sie solle sich recht benehmen, das ist alles.»

«Du redest aber so, als ob er etwas tun würde», beharrte ich.

«Nein», gab sie rasch zurück. «Many Heart wird nur führen. Wenn Summer schlechte Schülerin ist, dann ist es *Summer*, die etwas tut – Summer wird Schritte zurück zum Anfang der Reise machen, sie nie beenden.»

Ich war sprachlos. Da gab es nichts mehr zu sagen. Der niederschmetternde Gedanke eines so jähen Endes meiner Reise blieb mir im Hals stecken. Es tat weh. Ich hob meine verschleierten Augen zu den Zweigen hoch oben, die sich nicht bewegten – gemaltes Grün vor einem farbigen Glashimmel –, die Natur stand still, als ob sie den Atem anhielte vor dem heftigen Drama, das sich zu ihren Füßen abspielte.

Ich ignorierte meine Emotion, nahm ein paar tiefe Atemzüge und holte No-Eyes ein. «Ich kann mir nicht helfen», sprudelte ich hervor und zog an ihrem Arm, «ich kann einfach nicht jedes einzelne Wort abwägen, das ich sage; ich muß *ich selber* sein! Wenn ich bei Many Heart bin, muß ich vollkommen ehrlich und offen sein. Wenn ich etwas Falsches sage, dann ist es halt einfach verdammt blöd! Aber wie ich es sehe, werde ich ohnehin versagen, wenn ich *nicht* völlig ehrlich bin. Wenn ich also schlecht bin, so bin ich eben schlecht. Ich kann nicht mein wirkliches Selbst verleugnen seinetwegen oder der Reise wegen oder wegen irgend jemand oder etwas!»

Stille lag über dem Wald. Die Bäume schwankten. Die Natur hatte tief ausgeatmet und begann wieder zu atmen. Eine kühle Brise berührte unsere Gesichter, als der Windgeist sanft die beiden Menschen liebkoste in seinen sie umfangenden Armen.

«Bist du fertig?» antwortete sie im Flüsterton.

Ein wenig verlegen gab ich ihr zu verstehen, ich sei es.

Ihr rosafarbenes Zahnfleisch schimmerte. Sie zwinkerte mit den Augen, und meine Hand ergreifend, führte die alte Seherin mich weiter auf dem Weg. «Endlich versteht Summer, was sie benötigt für das Gelingen der Reise. Summer ist endlich klar, daß sie nur vollkommene Ehrlichkeit braucht. Keine Gefühle oder Worte verstecken. Keine Gedanken in einem Korb verbergen, keine Ideale unter Felsblöcke schieben. Summer wird es gut machen mit einem *entschiedenen*, ehrlichen Geist.»

Ihre Unterrichtsmethoden machten oft einen langen Umweg. Sie hätte uns beiden recht viel Zeit und Energie sparen können, aber so hätte die Schülerin den Realitäten, denen sie entgegentreten mußte, nicht ins Auge gesehen. Und dafür liebte ich sie.

Wir kehrten um und wanderten Hand in Hand zurück. Einige Augenblicke lang überließen wir uns unserem süßen Schweigen, und wir beide kosteten den wunderbaren Segen unserer Freundschaft.

Ein schüchternes Erdhörnchen hoppelte über den Pfad. Es guckte uns aus den glänzenden Kinnikinnicblättern an und hüpfte dann auf einen bemoosten Felsen. Auf seinen kleinen Hinterbeinen stehend, mit den Vorderpfötchen auf seiner winzigen Brust blickte es uns unverwandt an, als wir vorbeigingen. No-Eyes zog einige Maiskörner aus ihrer Tasche und warf sie ihm zu.

«Es weiß über alles in No-Eyes' Tasche Bescheid», zirpte sie voll Freude. «Es hüpft immer auf No-Eyes' Schoß und schnüffelt gewöhnlich in der Tasche herum da», sagte sie und klopfte die Falten in ihrem Rock. «Ich vermute, es ist heute vorsichtig, weil eine Fremde bei No-Eyes ist.»

Ich blickte zu dem kleinen Kerlchen zurück, das eifrig damit beschäftigt war, jedes einzelne goldene Korn zu untersuchen; es wirbelte sie lustig in seinen zarten Pfötchen hin und her, bevor es sie fest in seine hervorquellenden Backentaschen stopfte. Ich lächelte voller Zärtlichkeit, die ich für das kleine Lebewesen empfand.

Die Alte sprach leise: «Diese Kleinen werden eines Tages in Summers Taschen herumstöbern. Summer wird das auch tun können.»

«Oh, das habe ich aber schon getan», sagte ich mit breitem Grinsen. «Wenn ich allein bin oder mit Bill zusammen allein in unsern Wäldern, kommen diese kleinen Hoppel und stupsen uns an unsere Hände.»

No-Eyes hob ihre Brauen. «Ich rede nicht von *euern* Wäldern. No-Eyes spricht von *irgendwelchen* Wäldern – allen Wäldern oder sogar Orten.»

«Das würde mich freuen. Ich hätte so gern diese innige Beziehung mit der Natur, wo immer ich hinkomme.»

«Vielleicht wird Many Heart solche Dinge mit Summer behandeln. Vielleicht wird er Summer das beibringen. No-Eyes nicht sicher, was er behandeln wird.»

Meine weise Freundin hatte uns klug wieder auf das Thema der bevorstehenden Lektionen bei dem jungen Mann zurückgeführt, und obwohl eine Flut von Fragen durch meinen Kopf jagte, wartete ich respektvoll auf ihre weiteren Anweisungen.

«Wie kann Summer No-Eyes' Worte beachten, wenn ihre Gedanken wie ein wildgewordener Hengst rasen? Summer will doch so viele Dinge über den neuen Lehrer wissen, hm?»

Ich wollte das bestätigen, aber da mir klar war, daß die Einzelheiten seines persönlichen Lebens unwichtig waren, fand ich mich damit ab. «Ich nehme an, daß er mir diese Dinge, falls ich sie wissen muß, selber mitteilen wird.»

Die Frau schloß ihre Augen und nickte.

«Und», fügte ich hinzu, «ich begreife auch, daß das Privatleben eines Menschen genau das ist – privat. Die Einzelheiten eines Lebens haben überhaupt nichts zu tun mit dem Wissen, das man besitzt.»

«Das ist richtig, aber vielleicht wird er trotzdem einige private Dinge erzählen. No-Eyes weiß nicht, was er sagen wird.»

Das melodische Lied des Stroms klang an unsere Ohren, als unser Weg uns weiter aus den tiefen Winkeln des Waldes herausführte. Auf den Ästen trällerten und zwitscherten die Vögel, und ein sorgloses Skunkpaar watschelte durch das Unterholz.

Ich nahm die ganze Schönheit der Natur in mich auf, als wir durch die Waldungen der hohen immergrünen Bäume wanderten. Unser Pfad wand sich um Felsnasen und mächtige Findlinge herum, die mich an das Geröll uralter, vorsintflutlicher Stätten wie Mu oder Atlantis denken ließen. Wir schlängelten uns durch ein Wäldchen flirrender Espen, deren birkenartige Stämme im hellen Sonnenlicht, das sie berührte, weiß leuchteten. Schmetterlinge flatterten leise von einer zarten Wildblume zur nächsten; ihre samtenen Flügel schimmerten durchsichtig im goldenen Glanz. Ich mußte an farbige Glasfenster, an ein Kaleidoskop denken und auch an einen durch den Schleier eines Regenschauers in den Bergen gesehenen Regenbogen.

«Summer muß nicht vergessen, die schönen Gedanken Many Heart mitzuteilen. Alle Gedanken sind wichtig auf der Reise. Summer denkt daran, diese Gedanken auszusprechen, hm?»

«Ja, das werde ich tun. Ich werde mich daran zu erinnern versuchen, wenn ich bei ihm bin.» Dieser Gedanke rief einen anderen hervor. «No-Eyes?»

«Mmm.»

«Wenn ich die Gedanken ausdrücken muß, heißt das, daß der Dreamwalker sie sonst nicht wahrnimmt?» Ich wußte nicht genau, welche Antwort ich mir erhoffen sollte.

Die Alte blieb stehen und blickte in den dichten Wald, bevor sie sich mir zuwandte und mich anschaute. «Nein. Das heißt es nicht. Es bedeutet, daß Summer offen sein muß – vollkommen ehrlich.» Sie trottete weiter. «Man lernt viele, viele Lektionen, wenn man tiefer in die Gedanken eindringt. Vielleicht werden viele von Summers Gedanken weiterführen zu wichtigen Erkenntnissen. Manchmal leitet das äußerste Ende eines Gedankenfadens zu einer langen Schnur, die es zurückzuverfolgen gilt zu einem Gedankenknäuel, ihrem Ursprung. Siehst du? Gewisse Gedanken führen zu anderen, die genau betrachtet werden müssen.»

Ihre Antwort verlangte nach keiner weiteren Erklärung. «No-Eyes, weißt du, ob wir uns auf irgendwelche Reisen in neue Dimensionen begeben?»

Tap, tap, tap machte der Spazierstock.

«No-Eyes?»

«Diese Reiseangelegenheit ist Sache des Dreamwalker.»

«Dann kann er also solche Dinge tun.»

Sie rümpfte ihre Nase und drückte die Augen zu vor Entrüstung. Ihr ganzes Gesicht schrumpfte zusammen wie ein gedörrter Apfel. «Summer meint, das Niveau eines Dreamwalker sei das eines *Kindergartens*?» Sie senkte ihren Kopf und schüttelte ihn voller Abscheu. Ein tiefer Seufzer entfuhr ihr.

«Ich meinte es nicht so, wie es sich anhörte», versuchte ich zu beschwichtigen.

Die Frau brach in einen Schwall von Vorwürfen aus. «Summer muß *nachdenken*! Summer muß *denken*, bevor sie mit der Zunge wackelt. Die Dinge *müssen* sich so anhören, wie sie gemeint sind!» Sie drehte mir ihren gebeugten Rücken zu und stapfte vor sich hin brummend weiter.

«Es tut mir leid», bat ich sanft um Verzeihung, als ich wieder an ihrer Seite war.

«Hm», war ihre typische Antwort.

«Ich muß doch ich selber sein, oder nicht? Erwartet man nicht, daß ich mit meinen Fragen, meinen Reaktionen und Gedanken ehrlich bin? Wie kann ich ehrlich und aufrichtig sein, wenn ich mich immer hüten muß vor meinen Antworten?»

Ihre Erwiderung war eiskalt. «Summer muß *bereits*, bevor sie spricht, wissen, was sie zu sagen gedenkt.»

Kühles Schweigen. Sie hatte recht, und ihre eisige Feststellung hatte mein Selbstvertrauen geschmälert. Meine erste reale Begegnung mit Many Heart war so locker gewesen. Vielleicht war es diese Unbeschwertheit, die mich verführt hatte zu glauben, daß unsere zukünftigen Treffen eine bequeme Reise auf dem Weg sein würden. Vielleicht war der Dreamwalker nicht das unschuldige Wässerchen, wie ich meinte. Wenn man No-Eyes zuhörte, war Many Heart ein unerbittlicher Meister, der nichts mit undisziplinierten Schülern zu tun haben wollte.

«No-Eyes?»

«Ja?»

«Welcher Many Heart ist der richtige, der Dreamwalker, der als Waterbearer in meinem Traum erschienen ist, oder der Mann, den ich letzte Woche getroffen habe?»

Ihre Schultern hoben und senkten sich. «Welchen ziehst du vor?»

«Das habe ich nicht gefragt. Welcher sagt mehr aus?»

«Keiner», war ihre undurchsichtige Antwort.

«Dann meinst du also, daß beide gleich bedeutend sind?»

«Ist das deine Vermutung?»

«Nein, ich frage.»

Tap, tap.

Warten.

Unsere Mokassins machten zwar kein Geräusch, aber die Schläge ihres Stocks auf dem Granitschotter widerhallten laut im Wald. Ich zählte die stillen Sekunden des Wartens.

«Summer hat recht», gab sie endlich zu. «Many Heart stellt beide Männer dar. Dreamwalker können für Schüler allerlei verkörpern. Manchmal ist der Dreamwalker nur einer, aber», fügte sie vorsichtig hinzu, «manchmal scheint er für den Schüler mehrere zu sein.»

«Du meinst, es kommt auf den Gesichtspunkt des Schülers an – seine verschiedenen Perspektiven?»

Die Seherin nickte nur.

«Werden Gesichtspunkte irgendwie verändert?»

«Manchmal.»

«Durch den Schüler oder den Lehrer?»

«Es kommt drauf an.»

«Auf das, was im Moment wichtig zu lernen ist?»

«Je nachdem. Es liegt am Lehrer, das zu bestimmen.»

Ich dachte darüber nach, während der Wassergeist lauter sang und mit deutlicher Klarheit. Seine hohe Stimme vibrierte über der leisen musikalischen Untermalung der begleitenden Symphoniker der Natur. Das Schweigen der hohen Nadelbäume und die Staccatotriller des gefiederten Volks fügten sich zu einem Orchester, zu einem mystischen Meisterwerk, mit dem sich keine von Menschenhand geschaffenen Instrumente messen konnten. Es war eine Hymne des Lebens selbst. Der Chor der Natur, rein und unverfälscht.

«Summer.»

Das geflüsterte Wort brach in meine Träumerei ein. «Ja?»

«Many Heart wird vielleicht Dinge sagen, die Summer nicht hören will.»

«Er wird *vielleicht*?» Ich wußte sehr genau, daß er es tun würde. Ich erwartete es.

«Es wird Zeiten geben, wo Summer sich schlecht fühlen wird, wo sie vielleicht sogar wütend wird.»

Unsere Hände berührten sich. Ich flocht meine Finger in ihre. «Ich wäre eine recht dumme Schülerin, wenn ich so etwas nicht voraussehen würde. Worüber wird er sprechen?»

«No-Eyes weiß das nicht, erinnerst du dich? No-Eyes weiß nur, daß Summer viele tiefe Emotionen durchstehen wird auf der langen Reise.»

«Wird er uns irgendwelche neue Richtlinien geben? Ich weiß, daß du immer wieder sagst, du weißt nicht, worüber er sprechen wird, aber ich glaube, daß du etwas Allgemeines darüber sagen kannst.»

«Er wird womöglich neue Dinge berühren.»

Ich glaubte, in ihrem Ton eine eigenartige Stimmung zu spüren – ein Zögern, vielleicht ein Gefühl der Unsicherheit, wie ich wohl auf seine Ideen reagieren würde. «Kannst du mir ein paar Hinweise geben, wie die neuen Richtlinien möglicherweise aussehen werden?»

«Nein.»

«Das habe ich mir gedacht.»

Sie zwinkerte mit den Augen. «Summer ist immer so neugierig. Summer will immer dieses und jenes wissen. Summer ist manchmal komisch.»

Ich grinste sie an. «Nun», gab ich zurück, «ist das nicht der Zweck der Sache? Ist diese Reise nicht dazu da, neue Antworten zu bekommen?»

«Mmm… einige Antworten schon. Einiges wird Verstehen, einiges wird Licht im Dunkel sein. Aber, Summer», mahnte sie, «auf einige Fragen wird es *gar nie* klare Antworten geben – nur Verständnis.»

Wir hatten den Waldrand erreicht. Auf der Hügelkuppe schien die Sonne schräg auf die Hütte. No-Eyes ließ sich im kühlen Schatten der schützenden Kiefern nieder und kreuzte ihre Beine. Sie legte den Spazierstock über ihre Knie und klopfte auf den grasbewachsenen Boden neben sich.

Ich machte es mir bequem im Schoße der Natur und schaute hinauf in den tiefblauen Himmel; ich fühlte mich im Einklang mit mir selber, mit der Natur und mit dem Großen Geist. Der singende Fluß erfreute meine Seele. Er erfüllte sie mit solchem Entzücken, daß ich lächelte über mein inneres Lachen.

Meine Gefährtin kicherte.

Grinsend drehte ich mich zu ihr. «Warum zwitscherst du so?»

«No-Eyes ist voller Freude, Summer so glücklich in der Natur zu sehen. No-Eyes weiß über Dinge Bescheid, das ist alles», deutete sie geheimnisvoll an.

«Das war eine vieldeutige Bemerkung», schmeichelte ich ihr spielerisch. «Drückst du das noch klarer aus, oder muß ich im dunklen bleiben darüber?»

Schweigen.

Warten.

«No-Eyes meint nicht alles so genau. Ja, nun!» wich sie aus. «No-Eyes weiß nur, daß alle Dreamwalker ein Herz haben, das die Natur froh macht.»

Ich spielte mit dem langen Halm eines grünen Wildgrases. «Heißt das auch, was ich glaube?»

«Vielleicht.»

«No-Eyes? Willst du sagen, daß es mir gelingen wird?»

Der Blick der Alten war plötzlich wie abgebrochen durch einen Schatten, der sich vor die Sonne geschoben hatte. Sie blickte auf in den hellen Himmel und beobachtete, wie unser Falke aus den Tiefen des Waldes auftauchte und graziös durch das türkisfarbene Himmelsmeer schwebte. Weißer Schaum wurde im Aufwind herangeweht, und der Vogel glitt frei auf den sich kräuselnden Wellen des Fallwindes. Der Wanderfalke vereinigte seinen Geist mit dem des strahlenden, uferlosen Meeres.

«No-Eyes?» drängte ich wieder, nachdem der Vogel außer Sichtweite geglitten war. «Sagst du, daß es mir gelingen wird? Ist es das, was du voraussiehst?»

«Das kommt darauf an», flüsterte sie leise. «Das hängt ganz davon ab, welche Entscheidungen Summer auf der langen Reise treffen wird. Es wird viele, viele Pfade geben, Summer. Viele machtvolle Pfade können einen Zauber bergen, zum WEG führen.»

«Du sprichst im Kreis herum.»

Meine alte Freundin tätschelte mir das Knie. «Es ist zu spät für weitere Kreise. Der Reifen ist jetzt beinahe vollständig. Nun ist es an Summer, die eigene Frage selber zu beantworten.»

Ich suchte nach unserm Falken – der Himmel war klar. Ich blickte durch die jadefarbenen Schatten der Wälder – sie waren friedvoll. Ich spürte die Berührung des Windgeistes – er war sanft. Ich lauschte dem trällernden Lied des Wassergeistes – es war lieblich. Und dann schaute ich in die Zwillingsspiegel der schwarzen Opale der Seherin – sie waren lebendig in der Wahrheit.

Es gibt viele magische Korridore.
Es gibt viele machtvolle Pfade.
Hüte dich vor denen, die behaupten, es gebe nur einen.

September

Zeit des roten Mondes und
der schmalen Wege

Vom Berg herunter

Ein wahrer Seher ist nicht der Führer, sondern eher der Nachfolger – jemand, der in Demut der Wahrheit folgt, jemand, der sich weigert, vor den Suchenden herzugehen, sondern viel eher neben und bei ihnen liebevoll mitgeht.

Türkis. Smaragd. Bronze. Kupfer. Der Septembermorgen schimmerte in leuchtenden Farben. Lebendig. Die Natur war von überschäumendem Leben erfüllt.

Kiefer. Fichte. Tanne. Die Wohlgerüche der reinen Natur hingen in der klaren Luft. Die erfrischenden Düfte fluteten durch das Innere des Lieferwagens; ich atmete sie tief ein und reinigte mich mit ihrer Kraft.

Eine Brise wehte an diesem Morgen, und ich ließ den fröhlichen Windgeist mit meinem Haar spielen. Ich fühlte mich leichten Herzens und freien Geistes. Ich hätte gerne den Geistern der Natur das volle Verdienst für meine Hochstimmung zugeschrieben, aber sie waren nur die halbe Ursache; tatsächlich fühlte ich mich so himmlisch, weil ich wußte, daß ich in den kommenden Monaten bei Brian Many Heart lernen würde. Er war es, zu dem ich an diesem hinreißenden Morgen hinfuhr.

Der Kommentar von No-Eyes, den sie einmal leichthin über Many Hearts Äußeres gemacht hatte, war absolut richtig. Er war wirklich eine auffallende Erscheinung, aber körperliche Erscheinungen zogen mich nicht speziell an. Was mich an ihm ansprach, war sein Wissen und dessen Tiefe. Und mir lag sehr viel daran, mit diesem Geist, der so erleuchtet war, in Beziehung zu treten. Ich war mehr als begierig darauf, so viel ich konnte über sein tiefes Verständnis und seine hohe Bewußtheit in Erfahrung zu bringen.

Diese einzigartige Voraussicht war es, die das Flattern der Schmetterlingsflügel in meinem Herzen bewirkte. Diese Voraussicht in Verbindung mit der leuchtenden Vielfarbigkeit der Natur und ihren frischen Düften sandte mich an diesem strahlenden Septembermorgen in so glücklicher Stimmung auf den Weg.

Es war, als hätte ich den alten Lieferwagen allein fahren lassen — er bog in die Abzweigung ein und tauchte in den unkrautüberwachsenen Weg ein, der bei der vertrauten Kiefer endete. Er wußte, daß er zu Hause war. Ich stellte den Motor ab.

Zirpen, Schwatzen, Quietschen, Krächzen. Flüsternde Baumwipfel. Singender Fluß. Ja, ich war wieder daheim, und auch mein lebhafter Herzschlag bezeugte es klar.

Ich blickte durch die staubige Windschutzscheibe zur sonnenbeschienenen Hütte hinauf. Die Tür stand offen. Mein Lehrer stellte wohl unsere von uns beiden bevorzugte Erfrischung bereit. Der Gedanke an unsere gemeinsame Pepsi-Liebhaberei löste bei mir ein amüsiertes Lächeln aus; ich stieg aus und erklomm den Hügel. Ich hob mein Gesicht zur kraftspendenden Sonne, und mein Blick erhaschte die leuchtend blaue Farbe des Hemdes meines neuen Mentors.

Er versperrte den Eingang und lehnte gemütlich am Türpfosten. Er stand mit verschränkten Armen da, und mit einem breiten Lächeln über seinen perlweißen Zähnen hob er einen Arm zum Gruß.

«Hallo», rief ich ihm zu.

Er nickte bedächtig.

Auf den abgenutzten Stufen angekommen, äußerte ich mich über den herrlichen Tag. «Ein großartiger Morgen, nicht?»

Mit Bewunderung blickte er über das Himmelsmeer, dessen ursprüngliche Färbung in das leuchtende Blau eines Rotbrüstcheneis übergegangen war.

«Ein Tag für Gott gemacht», sinnierte er mit einem Lächeln tiefer Zufriedenheit, bevor er mich wieder anschaute.

Ich lächelte zurück. «Ein Tag von Gott gemacht», fügte ich hinzu.

«Genau», erklärte er mit einem Funkeln in seinen Augen. «Es ist ein vollendeter Tag für und von Gott gemacht.» Er blickte mir eindringlich in die Augen, während er mir seine wettergegerbte Hand entgegenstreckte.

Ich legte meine Hand in seine. Er hielt sie liebevoll – bedeutungsvoll. Dieser ausgedehnte Augenblick der Berührung hätte eine ganz andere Bedeutung, wenn sie von jemand anderem käme. Aber es war klar, daß mein Lehrer mich nicht nur begrüßte. Er nahm meine Emotionen und innere Haltung wahr und wollte dazu eine Bemerkung machen.

In diesem Punkt war ich schneller. «Ja, ich bin bereit zu beginnen», gab ich offen zu. «Ich bin gleichzeitig aufgeregt und geehrt.»

«Ich weiß», sagte er und ließ meine Hand los. Dann drehte er sich um und trat in die Hütte.

Ich folgte ihm. «Was ist heute auf dem Programm?»

Der Mann machte sich in der Küche zu schaffen und drehte mir den Rücken zu. «Programm? Es gibt kein Programm. Es gibt kein Schema auf dem Weg zur Erleuchtung. Wir lernen im Gehen. Wir folgen dem Faden.»

«Welchem Faden?»

Er wandte sich um mit zwei Büchsen in der Hand und deutete mit seinem Kopf zur Tür. «Laß uns den Tag genießen. Wir möchten nicht, daß Gott von uns denkt, wir seien undankbar.»

Ich grinste.

Mein Gefährte setzte sich auf die Verandastufen, öffnete eine Dose und reichte mir das kühle Getränk. Wir schwiegen eine Weile. Ich erfuhr, daß es in den kommenden Wochen noch etliche solcher Schweigeminuten geben sollte – einige peinlich lange.

Many Heart ließ seine Büchse aufspringen und nahm genüßlich einen langen Schluck. Er wischte seinen Mund ab und hielt das sprudelnde Getränk in die Höhe, um zu einem Trinkspruch anzusetzen. Ich stieß mit dem Dosenrand an den seinen.

«Auf segensreiche Tage und friedvolle Nächte», sagte er.

«Auf segensreiche Tage und friedvolle Nächte», wiederholte ich.

«So», begann er und lehnte sich bequem an den Verandapfosten. «Du hast wissen wollen, welchem Faden wir folgen.»

Ich nickte.

«Du hast bereits heute morgen damit begonnen. Siehst du, Summer, wir haben eben erst zu reden begonnen, und deine Worte haben schon einen Weg gewählt, auf dem sie gehen.»

Mein Stirnrunzeln löste bei meinem Lehrer ein Lächeln aus. «Du hast nicht die leiseste Idee, worauf ich hinaus will, nicht wahr?»

«Eigentlich nicht. Sollte ich?»

«Es ist nicht so offensichtlich. Es hat mit deinen Überlegungen über deine freudige Erregung zu tun. Erinnerst du dich, daß du gesagt hast, du seiest gleichzeitig aufgeregt und geehrt?»

«Ja», antwortete ich fragend.

«Den Aspekt der Aufregung kann ich verstehen, den der Ehre nicht.»

«Was gibt es da zu verstehen? Tatsache ist, daß ich geehrt *bin*, das besondere Privileg zu erhalten, von dir zu lernen. Nun, die Chance höheren Lernens kommt im Laufe eines Lebens nur einmal, wenn überhaupt. Es ist eine Seltenheit, wenn es einem angeboten wird…»

Ich brach ab, als er den Kopf schüttelte. «Was ist los? Was habe ich gesagt?»

«Erhalten. Angeboten.»

Ich runzelte die Stirn. Ich hatte nicht gedacht, daß dies so schrecklich ungezogene Wörter seien. Ich schaute den Mann an. Er blickte in einen entfernten Wald. Es war Zeit der Stille – Zeit des Denkens. Da ich seine Behauptung nicht einsah, beschloß ich, den Graben nicht länger so zu belassen.

«Was ist mit diesen Wörtern nicht in Ordnung?»

«Mit ihnen selber an sich nichts. Wenn du sie aber auf deine jetzige Situation als Schülerin anwendest, alles.»

Ich begriff immer noch nicht und sagte es auch.

Er seufzte. «Summer», sagte er feierlich, «niemand *erhält* Erleuchtung oder bekommt sie *geschenkt*. Sie wird *niemandem* überreicht. Sie wird nicht verteilt noch gibt es Freikarten für sie. Bei dir klingt es so, als ob Weise an einem Eingang stünden und Weisheit wie Edelsteine jedem, der vorbeigeht, aushändigten.»

Ich wollte schon widersprechen in meiner üblichen stürmischen Art, aber dann besann ich mich eines Besseren und schwieg. Ich war froh darum, denn seine nächsten Worte zeigten, daß ich unrecht hatte *und* vorwitzig gewesen wäre.

«Erleuchtung *verdient* man sich immer. Wie lange hast du dich abgemüht, bevor du No-Eyes getroffen hast?»

Seine Worte waren unwiderlegbar.

«Ungefähr zwanzig Jahre», gestand ich zerknirscht.

«Wie viele Jahre hast du in leidvollem Sehnen gelebt?»

«Genauso lange.»

«Du hast Zeit mit einer Seherin verbracht?»

«Ja.»

«Und du wurdest von einem Dreamwalker getestet, der in der Gestalt des Waterbearer erschien?»

Ich nickte.

«Der Dreamwalker wog deine Stufe innerer Bereitschaft.»

Ich lächelte bei dem plötzlichen Gedanken an den schlummernden Joe Red Sky. «Ja.»

Der Fragesteller behielt seine ernste Miene. «Und wie wurdest du da beurteilt?»

«Ich wurde als innerlich bereit befunden.»

«So sage mir, was es denn war, das du *erhalten*, angeboten bekommen hast?»

Ich grinste über das ganze Gesicht. «Die Gelegenheit.»

Obwohl er es versuchte, gelang es ihm nicht völlig, seine plötzliche Belustigung zu verstecken. Seine Mundwinkel bogen sich unter seinem Lächeln nach oben. Er schüttelte langsam den Kopf.

«Ich beginne bereits zu sehen, worüber mich die Alte bei dir vorgewarnt hat. Du scheinst eine gewisse durchtrieben kluge, eine humuorvolle Art zu besitzen. Kein Wunder, daß sie es so sehr genoß, mit dir zu arbeiten.»

Ich lächelte verlegen. «Was? Was habe ich gesagt?»

«Du weißt ganz genau, was du gesagt hast. Du hast deine ganze Antwort verändert, als du merktest, daß du mit der ursprünglichen nicht recht hattest.»

«Nein, das habe ich nicht getan. Du hast mich einsehen lassen, daß ich Erleuchtung *erhalte*, weil ich sie tatsächlich *verdient* habe. Aber dann erkannte ich, daß das, das mir *gegeben* wurde, die Gelegenheit war. So paßt natürlich meine letzte Antwort zu der neuen Erkenntnis.»

Er lachte. «Sogar deine Gedankengänge entpuppen sich als gerechtfertigt.»

Tiefes Schweigen.

«Gibt es da noch mehr?» erkundigte er sich neugierig.

Meine Blicke trafen die seinen. «Ja, nicht wahr? Ich spüre, daß für dich das Thema noch nicht abgeschlossen ist.»

«Da hast du recht. Eine andere deiner Bemerkungen hat uns auf all das gebracht. Du sagtest, du fühltest dich geehrt. Erinnerst du dich?»

Ich gab schuldbewußt das Aussprechen jenes verbotenen Wortes zu – offensichtlich war das noch ein Tabuwort in dem Zusammenhang, wie ich es verwendet hatte. Und angesichts unseres vorherigen Gesprächstons erkannte ich meinen Irrtum.

«Wenn ich die Gelegenheit zu diesem höheren Lernen tatsächlich verdient habe, dann sollte ich mich nicht geehrt fühlen, sondern ich sollte...» ich fand nicht das richtige Wort dafür, «mich belohnt fühlen?» versuchte ich.

Er warf seine Lippen auf. «Wie wäre es mit ‹natürlich›? Wäre es nicht ein natürlicher Schritt weiter auf den Sprossen deiner Ausbildung? Etwa wie eine höhere Klasse in der Schule. Wenn man eine Klasse abgeschlossen hat, rutscht man natürlicherweise eine höher – in eine schwierigere, weil man sie verdient hat, man bereit ist dazu.»

«Wie kommt es denn, daß ich dies nicht als so natürlich *empfinde*?»

«Was empfindest du?»

«Aufregung. Eifer. Vielleicht auch Besorgnis.»

«Besorgnis?»

«Ja. Besorgt vielleicht, daß ich diese Klasse nicht bestehen werde.»

«Diese Möglichkeit besteht immer», sagte er mit Stirnrunzeln.

Warum mußte er dies nur sagen? Ich erwartete eine ermutigendere Antwort. Vielleicht etwas wie «mach dir keinen Kummer darüber» oder einfach «du wirst es schon recht machen». Dann überlegte ich mir, wenn dieser Lernprozeß so etwas Natürliches war, so mußte ich auch natürlich sein. Ich ließ meine natürliche Ehrlichkeit sprechen.

«Deine letzte Äußerung gefällt mir nicht.»

«Warum? Weil du etwas Bestimmtes erwartet hast, darum. Du warst enttäuscht, weil du Erwartungen bezüglich meiner Antwort gehegt hast. Richtig?»

Er hatte mich erwischt.

«Du hast mich hereingelegt.»

«Nein, das habe ich nicht. Ich war offen und ehrlich. Geht es nicht immer darum? Vollkommene Ehrlichkeit? Es *gibt* immer die Möglichkeit, daß du die Klasse nicht bestehst, daß du die Reise nicht bis zum Ziel des Wegs vollendest. Das hängt letztlich von dir ab. Ich glaube, du weißt das.»

Er nahm die Pepsidose an seine Lippen und schaute auf in den klaren Coloradohimmel. Er überließ es mir, mich aus meiner selbstgebastelten Falle herauszuwinden.

Es *ging* hier wirklich um unverhüllte Ehrlichkeit. Wie hätte ich etwas anderes erwarten können? Wünschte ich, daß er mein Verlangen nach Erfolg stillte? Wünschte ich wirklich diese Art kindlichen Trosts? Absolut nicht! Warum hatte dann seine Antwort mich so aufgestört? Ich sah ein, daß ich noch einige geistige Reifung nötig hatte. Das waren ernsthafte Dinge. Mit dem Spielen war es längst vorbei. Ich würde von nun an keine falschen Erwartungen mehr hegen. Und ich würde, komme, was komme, völlig ehrlich sein und, noch wichtiger, mit dem logischen Denkvermögen eines funktionierenden Verstandes die Ehrlichkeit meines Lehrers akzeptieren, anstatt ungezügelte Emotionen kindlich zur Schau zu stellen.

Many Hearts Stimme unterbrach meine Überlegungen.

«Es gibt noch einen andern Grund, weshalb du dich nicht geehrt fühlen solltest. Vielleicht tritt dieser Grund an die Stelle des ersten.»

Er sagte nicht mehr. Er wartete.

Ich wußte nicht, worauf er hinaus wollte.

Warten.

Das Schweigen zwischen uns wurde unerträglich. Ich hielt es nicht mehr länger aus.

«Sagst du es mir? Oder muß ich die Antwort selber finden?»

Der Mann starrte mich an. «Was hast du für ein Gefühl berühmten Menschen gegenüber?»

Ich fand dies eine seltsame Frage. «Kein besonderes», sagte ich.

«Was würdest du empfinden, wenn ein Filmstar oder berühmter Sänger dir über den Weg laufen würde und du ihn ansprechen und dich mit ihm unterhalten würdest?»

Ich zuckte die Achseln. «Ich nehme an, daß wir dann miteinander sprechen würden.»

«Wärest du nicht nervös? Aufgeregt?»

«Sollte ich es sein?»

Seine dunklen Augen glänzten. «Du mußt es sagen.»

Ich grinste und schaute tief in seine Ebenholzopale. «Ich laufe keinen Idolen nach, wenn du das damit meinst. Menschen sind Menschen. Filmstar oder Bauarbeiter. Berühmte Sänger oder Lebensmittelverkäufer; die Menschen sind für mich alle gleich – sie sind gleichrangig. Ich glaube, du weißt das», parierte ich scherzhaft.

Er milderte seine Ernsthaftigkeit. «Ja, solange du es auch weißt.»

Treffer.

«Oh, ich weiß es. Ich habe nie verstanden, wozu das große Hallo um sogenannte Stars war. In meinen Augen verdienen die berühmten und reichen Leute nicht mehr Ehrerbietung als andere, die nicht reich oder bekannt sind.»

Ich machte eine Pause und nahm einen Schluck Pepsi.

«Außerdem», fügte ich hinzu, «sind es die gewöhnlichen Leute, die in erster Linie die andern berühmt machen. Es *gäbe* keinen Ruhm ohne Fans. Menschen sind Menschen, das ist alles.»

Seine Augen wurden dunkler vor Aufmerksamkeit. «Und wie ist es mit Sehern, mit Weisen? Wie fühlst du dich in *ihrer* Gegenwart?»

Schlau, sehr schlau. Ich erkannte seinen Punkt, aber blieb mir selber treu.

«Geehrt», murmelte ich vor mich hin.

Keinerlei äußerer Ausdruck verriet seine Reaktion. Er blickte weg mit unbeweglichen Zügen.

Ich folgte seinem Blick und sah, wie die zarten Spitzen der Tannen sich unter dem Wind bogen. Ich hatte die falsche Antwort gegeben, und ich wußte es auch, aber ob richtig oder falsch, ich mußte unter allen Umständen ehrlich bleiben. Ich wollte kein weiteres Schweigen zwischen uns und gestand, daß ich mir meines Irrtums bewußt war.

Ich musterte meine Finger. «Aber ein richtiger Seher ist weit, weit entfernt von einem berühmten Sänger. Ein erleuchtetes Wesen ist etwas ganz anderes als irgendein kleiner Firlefanz-Filmstar.»

Die Brise fuhr durch meine Haare. Ich strich sie mir aus der Stirn. «Es ist nicht ehrfürchtige Scheu, die mir das Gefühl von Geehrtsein verleiht. Es ist ein enorm großer Respekt.» Ich ließ die Sache auf sich beruhen – für eine Weile.

«Respekt wofür?» fragte er, immer noch in die Bäume hinaufblickend.

«Respekt für die Jahre langen Leidens, seine ungebrochene Ausdauer, Respekt für seine Geduld und Tapferkeit, Respekt für das, was er erduldet hat, um Wahrheit und Verständnis zu erlangen.»

Schweigen.

Warten.

Many Heart beugte sich vor und stützte seine Ellbogen auf die Knie. «Respekt ist ehrenhaft, Summer, das Gefühl, geehrt zu *sein*, nicht.»

Ich grübelte darüber nach. «Erkläre mir das.»

Er setzte sich zurecht, damit er mich anschauen konnte. «Wenn du sagst, du seist geehrt, so heißt das, daß du nicht gleichwertig bist.» Unten in der Schlucht hörte ich die süße Stimme des Wassergeistes. Er sang: «Horch... horch.» Ich folgte ihm.

«Summer, hör zu, wenn du sagst ‹Menschen sind Menschen›, und sprichst dann vom Gefühl, ‹geehrt› zu *sein*, so widersprichst du dir im Grunde – die Menschen sind sich dann nicht gleich, sie stehen auf verschiedenen Stufen.»

«Ich verstehe, was du meinst. Wenn man sich geehrt fühlt in Gegenwart von jemand anderem, dann gibt man zu, daß man selber weniger wert ist als die Gesellschaft, in der man sich befindet. Man gibt zu, daß die andere Person besser ist als man selber.»

Er nickte. «Genau.»

«Aber ich glaube *wirklich*, daß ein vollendeter Seher besser ist als der Schüler.»

Er schüttelte seinen Kopf. «Du bringst die Dinge durcheinander. Du kannst nicht Sachen vergleichen, die verschiedene Bedeutung haben. Du kannst nicht die Menschheit mit Wissen, vergleichen. Du kannst Wissen mit Wissen oder Talent mit Talent vergleichen, aber nie kannst du die Grundtatsache des Seins mit dem Gedanken messen.»

Ich stützte meine Ellbogen auf die oberste Stufe ab.

«Das Sein, das Daseiende ist sich gleich. Es ist sich gleich, weil die Menschheit vorurteilsfrei geschaffen wurde. Alle Lebewesen sind untereinander gleichwertig.»

«Du näherst dich der Idee.»

«Vielleicht nicht», stöhnte ich über den komplizierten Gedankengang. «Das sind sehr feine Definitionen; es ist wie Haare spalten.» Ich zögerte, bevor ich mich in der erforderlichen Haarspalterei versuchte.

Ich setzte mich gerade und konzentrierte mich ganz auf die genaue Formulierung dieses philosophischen Gedankens. «Menschen. Menschen untereinander sind gleich, daher ist das Gefühl, *von ihnen* geehrt zu *werden*, etwas Unmögliches. Aber die *Leistungen* der Menschen kann man ehren.» Nun hatte ich es entwirrt.

«Nein.»

«Welche Aussage ist falsch?»

«Die letzte.»

Nach einiger Überlegung versuchte ich es aufs neue. «Ehre ist eine falsche Wertschätzung.»

«Nein.»

Schweigen. Ich horchte auf die mitfühlenden Einflüsterungen des Wassergeistes. Er versuchte mir eindeutig zu helfen.

«Selbst. Selbst. Von *selbst*!» flüsterte er.

Selbst? Was konnte das nur heißen? Ich wollte keine Antwort aussprechen, die ich selber nicht verstand. Was, zum Teufel, bedeutete «selbst»? Die Gegenwart meines Gefährten, der geduldig auf meine Antwort wartete, war mir deutlich bewußt. Hörte er die Andeutungen des Wassergeistes auch? Wahrscheinlich. O Gott, was bedeutete das nur alles?

Selbst. Selbst. Sich selbst ehren? Nein, das wäre aufgeblasenes Selbstgefühl – Egoismus. Sich für sich selber geehrt *fühlen*? Nein, das war auch nicht richtig. Das wäre gerade das, worüber wir eben gesprochen hatten – was wir zu vermeiden suchten.

Ehre. Geehrt. Ehren. Ehrenvoll? Die Glühbirne blinkte.

«Selbst», sagte ich leise.

«Selbst? Ist es *das*? Hast du so viel Zeit gebraucht, um dieses einzige Wort zu finden?»

«Ja», lächelte ich strahlend. «Das ist die Antwort.»

«Nun... wie ist das mit diesem ‹Selbst›? In welcher Beziehung steht es zur Ehre?»

«Nur das Selbst kann Ehre *erfahren* durch das Vollbringen ehrenvoller Taten für *andere*! Nur das Selbst kann Ehrenvolles *leisten* – aber *ohne Anerkennung* der Ehre des Selbst.»

Sein Grinsen bedeutete mir Bestätigung, mehr brauchte ich nicht.

«Es ist ein wenig kunterbunt herausgekommen, aber ich merke, du hast begriffen. Sich *selbst* geehrt fühlen ist Egoismus. Sich von andern *geehrt* fühlen ist minderwertig. Aber ehrenvolle Dinge *tun*, ohne Bewunderung von sich selbst oder andern zu erwarten, ist richtig. Die Eigenschaft, ehrenvoll zu sein, heißt nicht notwendigerweise, daß man dafür bewundert wird. Das Attribut ehrenvoll darf nur mit Ehrlichkeit und Güte in Zusammenhang gebracht werden, nicht aber mit Bewunderung.»

«So fühle ich mich also», schloß ich, «nicht geehrt, weil ich von einem erleuchteten Wesen unterrichtet werde, da ich grundsätzlich gleichwertig bin – ich habe die gleiche *Fähigkeit*, auch erleuchtet zu werden. Aber ich bin dankbar, daß ich bei einer ehrenvollen Persönlichkeit lernen kann. Ist das richtig?»

«Nah daran», grinste er. «Ziemlich nah. Vergiß nur nie, daß alle berühmten Filmstars, Sänger oder wohlhabenden Leute kein bißchen besser sind als du.»

«Und ich nicht besser als sie», fügte ich bei.

«Ja, du bist nicht besser als sie – nur ein wenig weiter fortgeschritten auf dem Weg.»

Ich brütete über diesem Gedanken.

«Was mahlt deine Mühle jetzt?» fragte er.

«Ich habe nur eben gedacht, wie sehr diese Idee die Welt verändern könnte, wenn die Menschen sie wirklich verstehen würden – wenn sie sie aufrichtig glaubten und danach leben würden.»

«Ah ja. Das ist die Krux der ganzen Geschichte, nicht wahr. Schade», er seufzte, «es ist schade, wie überheblich sie geworden sind. Sie werden unnahbar für die anderen Menschen.»

Seine letzten Worte waren bedeutungsvoller als er dachte. Oder vielleicht wußte er es und lenkte mit Absicht auf das Gebiet einer meiner sorgenvollen Anliegen. Ich glaube, daß das letztere die wahrscheinlichere Variante war angesichts seiner hohen Bewußtheitsstufe. Wie auch immer, ich benützte die Gelegenheit und nahm seinen ausgeworfenen Köder.

«Many Heart!»

«Hm?»

«Könnten wir über etwas sprechen, das ein persönliches Anliegen ist von mir?»

«Du erinnerst dich, wir haben kein festes Programm. Wir folgen dem Faden unseres Gesprächs. Was beschäftigt dich?»

«Es handelt sich um eine Person, die als berühmt gilt.»

«Mach nur weiter.»

«Weißt du, wen ich meine?»

Er nickte traurig.

Mein Herz tat mir weh. «Dann brauche ich es nicht zu erklären.»

«Es ist immer gut, es durchzusprechen.»

Ich seufzte und hob meine Blicke zum wolkenlos strahlenden Himmel. (Wenn wir über diese Person sprachen, nannten wir ihren Namen; um ihrer Privatsphäre willen werde ich es hier nicht tun.) «Many Heart, ich habe schon so oft Niederlagen erlebt im Laufe meines Lebens. Die Worte dieses Mannes kamen aus seinem glänzenden Geist und haben mich berührt. Seine tiefsinnigen Worte gaben mir zuweilen den kleinen Anstoß, den ich nötig hatte, um auszuharren.»

Das Herz war mir schwer.

«Aber das war, als er sich selber kannte – als er in engem Kontakt mit seinem Geist stand.»

«Ja, das ist lange her», bestätigte er.

«Was ist mit ihm geschehen? Wie bricht man diese wunderbare Verbindung zum eigenen Geist ab?»

Er zuckte die Schultern. «Es braucht nicht zu passieren – nicht, sofern man es nicht zuläßt.»

Ich blickte meinem neuen Freund tief in seine ausdrucksvollen Augen. «Es sind die Leute um ihn herum, nicht wahr?»

«Sie haben ihn isoliert. Sie haben ihn so vollkommen abgegrenzt, daß er in den Besitz der wenigen geraten ist, die die Kontrolle über ihn ausüben.»

«Wie kann eine solche Persönlichkeitsveränderung entstehen? Wie verliert man die Kontrolle über sein eigenes Leben und sogar die Verbindung mit dem eigenen Geist? Besonders, wenn eine solch völlige Umkehr der geistigen Bestimmung eintritt?»

«Du hast das schon beantwortet.»

«Diese besitzergreifenden Leute um ihn. Sie sind wie menschliche Blutsauger.»

«Ja.»

«Aber ich verstehe trotzdem nicht, wie jemand das mit sich geschehen läßt – es sei denn, er sei plötzlich erblindet.»

Er seufzte. «Es gibt viele Arten von Blindheit, Summer», erklärte er sanft, «wenn man so reich und berühmt wird, ist es relativ einfach, sich in der Welt zu verstricken und von jenen getäuscht zu werden, die sich als Freunde ausgeben, aber einen nur manipulieren. Jene angeblichen Freunde haben nur eines im Sinn... ihr Ego aufzuplustern durch den Umgang mit ihm.»

Das war für meine Denkweise keine ausreichend logische Erklärung.

«Damit bin ich nicht einverstanden», sagte ich kühn.

«Womit du nicht einverstanden bist, ist die Möglichkeit, so etwas könnte auch *dir* widerfahren. Andere sind nicht so gradlinig auf ein Ziel eingestellt. Weißt du, für gewisse Menschen ist es einfach, so vielbeschäftigt zu sein, so weit weg von einem häuslichen Herd, daß sie andere brauchen, die an ihrer Stelle das Heft in die Hand nehmen. Sie entfernen sich von dem, was ihnen am wichtigsten ist, und, bevor sie es merken, was passiert, sind sie völlig entfremdet – sogar von sich selber. Plötzlich haben sie die Kontrolle über alles verloren – sie werden statt dessen selber kontrolliert.»

«So geraten sie also in die Isolation. Sie werden so isoliert, daß nicht einmal die aufrichtigen Menschen sie erreichen können.»

«Genau. Niemand darf so einen Menschen anrühren, ohne zuerst die ausdrückliche Erlaubnis der Leute um ihn herum zu haben.»

Ich dachte über diesen Aspekt nach. «Wovor haben die Leute Angst, daß sie es nötig haben, alles, was sich ihm nähert, einer Zensur zu unterwerfen? Was fürchten sie so sehr, daß sie deswegen zum persönlichen Richter dieses Mannes über andere werden?»

«Sie befürchten, die Kontrolle über ihn oder das schmackhafte Stück Kuchen zu verlieren. Sie fürchten auch, jemand könnte herkommen und ihrem Gastgeber die Augen öffnen, so daß er die falschen Leute um ihn herum erkennen würde und was sie wirklich sind.»

Ich senkte meinen Kopf. «Das ist krankhaft. Es ist beinahe wie ein Akt des Einsperrens.» Mein berühmter Freund, der ja auf gleicher Ebene mit mir stand, tat mir sehr leid.

«Ja, es ist krankhaft, aber so sind habgierige Menschen. Sie fürchten auch, Summer, man könnte kommen, ihre Absperrung durchbrechen und wieder Licht in das Herz des Mannes bringen. Sie fürchten, sein Geist werde wieder frei sein und klar sehen, wie es einst der Fall war. Deshalb ist er jetzt so unnahbar.»

Ein Nebel umwölkte meine Augen. «Ich fürchte beinahe, daß es zu spät ist.»

«Ich glaube nicht.»

Ich schaute meinen Gefährten an.

«Er wird sich eines Tages wiederfinden. Er wird eines Tages jemanden finden, der ihm hilft, seinen schönen Geist und seine Bestimmung wiederzuentdecken. Er wird erneut Kontrolle über sich selber haben, und seine Augen werden nicht mehr länger verdunkelt sein. Er wird dann die Zügel zu seiner Bestimmung wieder in die Hand nehmen und zurückfinden zur Reinheit, mit der er begonnen hatte.»

«Ich hoffe es, Many Heart. Ich hoffe es inständig, weil ich so häufig von ihm abgehalten wurde. Vielleicht wird eines Tages jemand bis zu ihm durchkommen.»

Er lächelte. «Jemand wird durchkommen, Summer. Jemand, dem es bestimmt ist, die Barrieren zu überwinden.»

Mir war klar, daß der Dreamwalker wußte, wovon er sprach. Und ich hoffte, daß es nicht mehr so lange dauerte, bis diese besondere Person auf der Bildfläche erscheinen würde. Ich wollte horchen und Ausschau halten danach, wann sie in Erscheinung treten wird.

Ra, der Sonnengott, hatte seinen Arm ausgestreckt und überflutete die Holzveranda mit seinem Licht. Es wurde uns unangenehm heiß im hellen Sonnenlicht.

Mein Lehrer erhob sich und streckte seine hageren Glieder. «Willst du hineingehen?»

Ich schüttelte den Kopf. «Wie wäre es dort am Waldrand?»

Er streckte mir seine Hand hin und half mir aufstehen. Wir stiegen den Hügel hinab und setzten uns in den kühlen Schatten der Kiefern. Das Wildgras war stachlig. Ich beachtete es nicht, denn die Vögel zwitscherten vergnügt über uns und die Waldlandschaft begrüßte uns.

«Summer», sagte der Dreamwalker, «das, was wir vorhin besprochen haben, die Sache mit der Ehre, muß noch weiter geklärt werden.»

Ich wartete.

«Jetzt weißt du es besser, aber als du am Anfang die Einstellung hattest, du seist geehrt durch die Gegenwart eines Sehers – eines Weisen, bist du geistig einer Mutmaßung gefolgt. Einen Weisen soll man nicht zum Idol machen. Man darf ihn nicht auf einen hoch erhabenen Sockel stellen, denn seine Weisheit verkümmert, wenn er unzugänglich ist und sich in weiter Ferne befindet.»

«Er *ist* aber verschieden», versuchte ich.

«Inwiefern?»

«In seiner Weisheit, seinem Licht.»

«Das stimmt, aber seine Bescheidenheit und Einfachheit in der Lebensweise bewirken, daß er sich gut in den allgemeinen Strom einfügt. Seine Haltung des Hinnehmens macht aus ihm ein friedvolles Glied der Gesellschaft, jemand, der sich mühelos unter die ihn umgebenden Menschen mischt.»

Ich lächelte. «Der einfache Zimmermann.»

«Nicht so erhaben, aber du hast das richtige Bild gewählt.»

Der Dreamwalker reichte hinunter und legte seine Finger um die samtigen Blütenblätter einer Wildblume. «Erleuchtete Lehrer sind sehr ähnlich wie diese Bergblumen. Sie wachsen inmitten des groben Grases in der Wildnis. Sie haben gemeinsam teil am Wasser und der Sonne. Sie ergänzen einander und», mahnte er, «obwohl eine Art schöner scheinen mag als jene daneben, wer kann wirklich sagen, welche wertvoller ist? Die Blume oder das üppig wuchernde Unkraut, das die Feuchtigkeit im Boden für die Blume zusammenhält?»

«Sie brauchen einander», äußerte ich.

«Brauchen? Nein. Der Weise *braucht* die andern nicht – aber ist er dann nicht nutzlos ohne sie? Im Grunde ist der Weise, der sich absondert, kein Weiser mehr. Verstehst du, er *braucht* die andern nicht, aber damit sein Wissen Früchte trägt, benötigt er die Gemeinschaft mit den andern.»

Ich revidierte meine vorherige Aussage. «Sie sind sich gegenseitig nützlich.»

«Ja. Der Seher, der nur auf seinem hohen Berggipfel sitzt, verkümmert. Die große Weisheit, die er besitzt, bleibt in seinem Selbst eingeschlossen. Und zurückbehaltene Weisheit ist ranzig gewordene Weisheit. Nur durch *selbstloses* Mitteilen gewinnt sie die strahlende Schönheit ewigen Lichts und Lebens.»

Ich spürte, daß er eigentlich mehr aussagte, als seine Worte vermittelten.

«Willst du damit sagen, daß auch ich andere unterrichten sollte?»

«Nein, ganz und gar nicht. Man verlangt von dir nicht mehr als deine Bücher. Es gibt genug leibliche Lehrer für all jene, die das Bedürfnis verspüren. Ich spreche hier von Sehern im allgemeinen.»

Er schaute in den üppigen, grünen Wald und lenkte dann seinen Blick wieder auf No-Eyes' Hütte.

«Die Menschen verstehen den Seher nicht ganz. Sie glauben, er sei seltsam, eine Art komische Figur, die in langen, zerschlissenen Kleidern daherkommt und keine materiellen Güter besitzt.»

«Ich habe das Gefühl, daß es an der Zeit ist, diese Einstellung zu ändern.»

«Ja», pflichtete er bei, «das stimmt. Das Wahrnehmungsvermögen der Menschen wird sich in naher Zukunft dramatisch verändern – das ist unvermeidlich.»

Ich beobachtete, wie ein schwarzes Kaibab-Eichhörnchen durch das glänzende Kinnikinnic-Laub hindurch huschte. «Many Heart!»

«Mmm?»

«Nun, was du von Weisen und Sehern gesagt hast... wie ist es mit No-Eyes?»

«Was meinst du?»

«Es läßt mir keine rechte Ruhe.»

«Fahre fort.»

«Du weißt, worauf ich hinaus will, nicht?»

«Ich möchte es von dir hören, Summer.»

«Der Teil über die Weisen, die mit der Gesellschaft im Austausch leben, paßt nicht auf sie. Befindet sie sich auf einem Berggipfel?»

«In gewissem Sinne, ja.»

«Aber du hast gesagt, die Bescheidenheit der Weisen und ihre Einfachheit im Lebensstil bewirke, daß sie sich gut in den allgemeinen Strom der Menschen einfügten, und daß sie friedfertige Glieder der Gesellschaft seien. Many Heart, No-Eyes kann die Leute nicht ertragen.»

«Und jetzt bist du besorgt über die Widersprüchlichkeit meiner ursprünglichen Aussage über Seher.»

Ich runzelte die Stirn. «Nicht so sehr die Aussage, sondern die

Tatsachen scheinen in einem Gegensatz zu stehen. Wie reimt sich das zusammen?»

«Weißt du es nicht?»

Ich dachte eine Weile nach. Schließlich heftete ich meine Augen auf die seinen. «Die Persönlichkeit?»

Er lächelte. «Nahe daran. Aber laß es uns ‹Individualismus› nennen. Man muß daran denken, daß jedes Individuum seine optimale Kraft auf unterschiedlichen Ebenen entfaltet. Einige erreichen ihre Spitze unter Menschen, andere erreichen Vollkommenheit in der Einsamkeit.»

«No-Eyes ist keine Einsiedlerin, die es zuläßt, daß ihr wunderbares Wissen im Laufe ihres Lebens auf dem Berggipfel verkümmerte. Ja, sie ist äußerst wählerisch, aber sie teilt es doch mit.»

Die Erinnerung an unsere kostbare Zeit zusammen entlockte mir ein warmes Lächeln.

Many Heart teilte mein Gefühl, wurde dann aber wieder ernst. «Sie zieht es vor, in der Einsamkeit der Berge zu bleiben, weil wir eine niedrigstehende Gesellschaft sind, Summer. Im Licht der klaren Erleuchtung eines Sehers sind wir eine armselige, rückständige Zivilisation, die in unaufhörlichen Konflikten verfangen ist. Wir sind eine Zivilisation, die in hoffnungslosen Kriegen ihre persönlichen inneren Energien zersplittert und sich dauernd im einfältigen Streben nach weltlichen Gütern verschwendet wie einige Handvoll Sandkörner, die mutwillig hinausgeworfen werden auf das tobende Meer. Und mit diesem Akt des Wegwerfens sind wir letztlich zu Robotern mit selbst verschuldeter Blindheit, Taubheit und Unwissenheit geworden. Wir sind willige Gefangene des Negativen geworden.»

«Vergiß nicht, daß die Wahrheit für den Geist verdunkelt ist, der vollgestopft ist mit Stückwerk von Gedanken und halben Meinungen.»

Ein freundliches Lächeln umspielte seine Lippen. «Summer, No-Eyes' Armut und ihre tiefe Einsamkeit wurden in ihrem Leben zu einem machtvollen Segen, der ihr umfassende Wahrheit, klares Sehen und reine Weisheit schenkte. Unser lebendiges Band mit der Natur erhält unsere höheren Werte und grenzt unsere Spiritualität ab von den Verunreinigungen weltlicher Oberflächlichkeit.»

Ich legte meine Handflächen auf die weiche Haut der Mutter Natur. Das tat so gut.

«Ja», flüsterte ich im Licht neuer Erkenntnis. «Ich verstehe ihre Gründe für ihr Alleinsein. Ihr Herz schlägt im Einklang mit dem lieblichen Land. Dessen ungetrübte Vibrationen verschmelzen mit den ihrigen, und auf diese Weise bleibt sie oberhalb von dem, was ihr Wesen, ihren Geist verunreinigen könnte.»

Eine Reihe unausgesprochener Gedanken beschäftigte mich eine kurze Weile, bevor ich eine weitere Frage vorbrachte.

«Many Heart!»

«Ja?»

«Wie kann ein durchschnittlicher Mensch einen Weisen erkennen? Ich weiß, daß dies sich vielleicht nach mangelndem Wissen anhört, aber ich stelle fest, daß so viele Leute heutzutage die Urkunde eines Doktorexamens zu sehen wünschen, bevor sie einen Rat oder Anweisungen von jemandem annehmen. Sie müssen es von einem hohen Tier hören – einer Autoritätsperson, von der man glaubt, sie habe den nötigen Sachverstand. Was müssen normal aussehende Weise tun, um sich bei diesen Autoritätsgläubigen Gehör zu verschaffen?»

«Du hast mehr als eine Frage auf einmal gestellt, aber vielleicht kann ich beide in einem behandeln. Der durchschnittliche Mensch erkennt den Weisen an seiner heiteren Gelassenheit und der Klarheit seines Geistes. Ebenso sind es diese Eigenschaften, die die Autoritätsgläubigen aufblicken und ihm Aufmerksamkeit schenken lassen. Sehr oft braucht der Zweifler nur ein paar wenige, wohlgesetzte Worte des Sehers. Gewöhnlich sind es einfache Worte, die den negativen Kern des Zweiflers treffen.»

«Und der Zweifler wendet sich ab, nicht wahr?»

«Ja. So lange, bis er den Mut hat, seinen negativen Eigenschaften ins Auge zu schauen und sie einzugestehen. Bis dahin ist er eingesperrt im eigenen Gefängnis, das ihn am geistigen Wachstum hindert. Er ist festgefahren in Selbsttäuschung; jeder hat unrecht außer ihm.»

Wie traurig es war, sich in Selbsttäuschungen gefangen zu halten, nicht offen und ehrlich zu sein und so in einer selbstgebastelten Welt zu leben, wo kein echtes Vertrauen oder Teilnahme möglich war.

«Es gibt eine Menge solcher Leute», sinnierte ich. «Ich kenne einige. Sie trauen nur sich selber. Sie meinen, jedermann sei darauf aus, sie auszunutzen. Tief innen sind sie von einem verzehrenden Haß erfüllt, den sie nicht durchschauen; daher schlagen sie mit Mißtrauen um sich und queren Ideen.»

«So ist es, Summer.»

«Nun», versuchte ich, «wie hilft man diesen traurigen Individuen?»

Er zog seine Brauen hoch. «Man tut es nicht. Der Versuch zu helfen würde nur auf den Geber zurückfallen. Man überläßt diese engstirnigen Leute sich selber. Meistens ist es ohnehin genau das, was sie wünschen – allein zu sein mit dem einzigen, dem sie trauen – sich selber.»

«Was macht sie so mißtrauisch?»

«Meistens sind es Eigenliebe und Besitzansprüche, die damit einhergehen. Zudem sind diese Menschen unsicher und skeptisch allen denen gegenüber, die ihnen selber oder ihren Freunden nahe kommen. Oft sind sie so unsicher, daß sie die Freunde ihrer Lieben kritisieren mit der Behauptung, diese wollten ihnen ihre Lieben streitig machen.»

«Das ist krank», flüsterte ich traurig.

«Sei es, wie es wolle, so reagiert ein unsicherer Mensch. Er wird sich häufig rühmen, wie wundervoll er sei, oder im Spaß von sich sagen, er sei ein großer Mann oder eine unabhängige Frau.»

«Angeberei auf Grund unterdrückter Minderwertigkeit – ein Verschleiern der wahren inneren Gefühle – alles nur Schau.»

«Ja.»

Ich seufzte. «Kein Wunder, daß einem so traurigen Menschen nicht zu helfen ist. Sie sind wirklich meisterhafte Täuscher. Die größten Blender aller Zeiten.»

«Trotzdem sind sie sehr zu bemitleiden – allein ihren Selbsttäuschungen ausgesetzt, ihrer Aufgeblasenheit und ihrem übertriebenen unechten Selbstwertgefühl. Bis sie vielleicht eines Tages erwachen und ihr wahres Selbstbild erkennen.»

«Many Heart, sammeln solche Menschen Besitztümer? Besonders teure Dinge?»

«Fast immer. Sie sind darauf aus, der ganzen Welt zu beweisen, wie großartig oder erfolgreich sie sind durch ihren selbst erworbenen Besitz. Dank dieser ‹Dinge› fühlen sie sich groß und sicher. Diese *Dinge* sind es, die sie mit einem Wert aufplustern, der so falsch ist wie ihr Denken.»

«Ich dachte es mir. Jedenfalls bin ich aber froh zu wissen, daß ich nicht versuchen sollte, solchen Leuten zu helfen. Da könnte ich gleich versuchen, eine Klapperschlange zu streicheln.»

Er grinste über den Vergleich. «Genau.»

Ein kameradschaftliches Schweigen herrschte zwischen uns.

«Many Heart», sagte ich leise.

«Hmm?»

«Wann hört ein Weiser damit auf, andern zu helfen? Ich meine, wann zieht er die Grenze bei der Entscheidung, wer seiner Hilfe würdig ist und wer nicht?»

«Der Weise urteilt nicht über den Wert eines andern. In seinen Augen sind *alle* Menschen jeder Hilfe, die er leisten kann, würdig.»

«Wie ist es mit den Faulen oder den gewohnheitsmäßigen Zauderern? Wenn der Seher diese schädlichen Hindernisse wahrnimmt, bietet er dann immer noch Hilfe an?»

«Es wird nichts angeboten, erinnerst du dich? Wenn sie aktiv gesucht wird, ja. Psychologische oder spirituelle Hilfe muß *durch* den Suchenden beim Weisen eingeholt werden. Der Seher läuft nicht herum auf der *Suche* nach jenen, denen er helfen will.»

«Weil er dann sich direkt einmischen würde», stellte ich fest.

«Ja, ein Erleuchteter mischt sich nie ein.»

Das goldene Sonnenlicht begann die Schatten am Waldrand weiter zurück in die Wälder zu drängen. Erneut befanden wir uns im hellen, warmen Licht.

Many Heart erhob sich. «Der Wassergeist ruft uns.» Er stieg in die Schlucht hinunter, wo der Wasserlauf durch No-Eyes' Land rauschte.

Ich eilte ihm nach.

Am weidengesäumten Flußufer ließen wir uns nieder, zogen unsere Schuhe aus und kühlten unsere Füße im eiskalten Wasser.

«Das ist so schön», seufzte ich und blickte in die wirbelnde Strömung hinunter.

«Es wird kommen», sagte er zuversichtlich.

Er hatte meine Gedankengänge erraten. «Du meinst unser eigenes Land. Ja, ich weiß, daß es kommen wird. Nur sind zehn Jahre eine lange Wartezeit. Aber weißt du was, Many Heart?»

In seiner Stimme schwang ein Lächeln mit. «Was, Summer?»

Ich schaute zum hohen Bergwald hinauf, dort, wo er den tiefblauen Himmel berührte.

«Ich bin zufrieden. Ich bin es wirklich. Obwohl wir so lange darauf gewartet haben, seßhaft zu werden, und die Schattenseiten des Lebens uns viele Hindernisse in den Weg gelegt haben, weiß ich, daß es sich einstellen wird, wenn die Zeit reif ist dazu. Und ich weiß auch, daß das Stück Bergland, das wir schließlich unser eigen nennen werden, einfach perfekt sein wird.»

Ich machte eine Pause und genoß die Zufriedenheit, die mir die heitere Umgebung mitteilte. «Weißt du noch etwas?»

«Was noch?»

«Das Geld ist mir inzwischen gleichgültig. Erinnerst du dich, wie ich gesagt habe, wir brauchten Geld, um dorthin zu gelangen in den Bergen, wo wir hingehörten?»

«Ich erinnere mich.»

«Nun, das ist mir jetzt nicht mehr wichtig. Die Sorge darum ist nicht mehr da. Sie ist völlig verschwunden. Ich glaube, ich begreife endlich, daß alles, was uns bestimmt ist, zu seiner eigenen, vorgeschriebenen Zeit kommen wird – auf seine eigene Weise.»

«Was ist mit dem alten Lieferwagen? Er ist sehr alt. Wie steht es mit diesem neuen Allradantrieb, den ihr braucht?»

Ich stand auf und stapfte in das strömende Wasser. Ich watete hin und her in der eisigen Flut.

«Nein, das ist mir auch gleich.»

Ich hielt an im Fluß und blickte hinauf in die Tiefen des blauen Coloradohimmels, dann zuckte ich mit den Schultern und lächelte in die freundlich blinzelnden Augen des Dreamwalker.

«Dieser alte Wagen ist uns treu geblieben, er wird es auch weiterhin sein, bis die Zeiten sich ändern. Ich weiß, alles wird so kommen, wie es bestimmt ist.»

Mein Freund lächelte. «Nun hast du dich endlich hineingefunden.» Er legte sich in das Wildgras und starrte in den Himmel.

«Wo habe ich mich endlich hineingefunden?»

«Du weißt es», sagte er.

«Wirklich?»

Schweigen. Er schloß seine Augen.

Was immer es war, wo ich hineingefunden hatte, es hatte mit meinem neuen Gefühl der Zufriedenheit zu tun. Es stand ganz im Zusammenhang mit meinem Vertrauen, daß alles schon seinen rechten Weg nehmen würde. Es hatte mit meiner plötzlichen Gelassenheit zu tun bezüglich des Geldes, das wir für einen neuen

Lieferwagen benötigten und für das Land für unsere Berggemeinschaft. Dieses Ding, in welches ich mich hineingefunden hatte, hatte all meinen früheren Kummer und meine großen Sorgen von mir weggenommen.

Ich planschte weiter im klaren Fluß herum. Und während ich mich in meine Gedanken vertiefte, suchte ich das Flußbett nach Kieselsteinen ab. Der Wassergeist stimmte ein neues Lied an, das mich aufhorchen ließ. Er begann zu raunen.

Ich lauschte.

Dann blickte ich hinüber zu dem liegenden Mann, der mit seinen hinter dem Kopf verschränkten Händen aussah, als ob er eingeschlafen wäre. Er atmete entspannt und tief.

Meine Gedanken unterhielten sich mit dem Wassergeist. Dann begann er ein anderes Lied zu singen, ein Segenslied, das mich der Verwunderung über mich selber überließ. Wie konnte ich mich erst jetzt in den Zustand der Hinnahme hineinfinden, wenn ich die Hinnahme doch schon kannte?

«Nein, du hast sie nicht gekannt», ertönte die tiefe Stimme vom Ufer.

Ich blickte zum Dreamwalker. Ich hatte ihn beinahe vergessen. Er setzte sich auf und streckte seine Arme aus über seine Knie – er beobachtete mich.

«Nicht?»

Er schüttelte langsam seinen Kopf von der einen zur anderen Seite. «Aber jetzt bist du soweit.» Er bedeutete mir, mich zu ihm ans Ufer zu setzen.

Ich kletterte aus dem kalten Wasser heraus. Die Hosenbeine meiner Jeans waren tropfnaß, und ich breitete sie in der warmen Sonne aus, damit sie trocknen konnten. Dampf stieg von ihnen auf. Ich wartete auf eine Erklärung.

«Vorher warst du nur im Grenzbereich der Hinnahme. Wie können wir das erkennen? Wir wissen es, wegen deiner dauernden Sorge und deines großen Kummers über das Geld. Summer», sagte er sanft, «wenn man sich so großen Kummer macht, hat man sich nicht in die Hinnahme gefunden – nicht in die *vollkommene* Hinnahme. Du *glaubtest*, daß alles richtig werde, aber du hast trotzdem diese schwere Besorgnis in dir genährt. Du warst beinahe am Ziel, aber noch nicht ganz.»

«Das stimmt. Und jetzt fühle ich mich so losgelöst von allen

Sorgen; ich habe dieses Grenzland durchschritten und bin in den befreienden Raum der *völligen* Hinnahme gelangt.»

«Ja. Nun erkennst du und glaubst du, daß alle Dinge, die kommen müssen, dann erscheinen, wenn die Zeit dafür da ist.»

Das war ein zutiefst tröstliches Gefühl. Mir war, als sei ein schweres Gewicht von mir weggenommen worden. Ich fühlte mich wunderbar.

«Da gibt es noch etwas anderes», sagte er und unterbrach meine Träumerei.

«Und was?»

«Über das, worüber wir eben gesprochen haben.»

Ich zog an einer Distel und studierte ihre stachlige Blüte. «Über die wahre Hinnahme?»

«Ja.» Er sah mich an und legte seine Hand auf meine. Er wurde sehr ernst, seine Augen waren tiefschwarz.

«In der Hinnahme akzeptiert man.»

Das war eine merkwürdige Aussage. Sie schien so banal.

«Ich weiß.»

«Wirklich?»

«Das ist eine ziemlich selbstverständliche Aussage, findest du nicht?»

«Ist das wirklich so?»

Ich runzelte die Stirn.

«Summer, wenn man sich einmal in die völlige Hinnahme hineinbegeben hat wie du jetzt, akzeptiert man das, was auf einen *zukommt*. Manchmal wird es scheinen, daß diese Hinnahme deinen Neigungen zuwiderläuft, aber deine persönlichen Wünsche dürfen sich nicht der Hinnahme in den Weg stellen.»

Ich blickte feierlich und fest in seine weisen Augen. «Ich habe das Gefühl, daß du mit Absicht ausweichend sprichst. Du bist schrecklich vage. Du könntest das ganz klar ausdrücken, oder nicht? Du könntest es, aber ich möchte das wohl nicht hören, nicht wahr?»

«Nein.»

«Die Antwort ist ‹nein›, weil ich noch mehr Erfahrung sammeln muß, um diesen neuen Aspekt der Hinnahme vollständig zu verstehen, dann, wenn er eintritt – wenn die Zeit reif ist.»

Er nickte nur.

Die Sonne glitzerte auf seinem Ebenholzhaar, während der Wassergeist das trällernde Lied des Lebens sang.

Ich empfing die warme Gabe der Sonne. Auf dem Weg erklang ein Lied für den sich abmühenden Neuankömmling; es tröstete mich ebenso wie der weise Dreamwalker, der neben mir saß.

Nimm Veränderungen an. Denn ohne sie stagniert der Mensch wie ein sterbender Waldteich; er bewegt sich nicht mehr vorwärts, sondern hält sich nur fest an dem, was war – bis eines Tages... er darin auch abzusterben beginnt.

Die ewige Große Mutter

Was siehst du, wenn du in einen Teich hoch oben
in den Bergen blickst?
Siehst du das Spiegelbild deines herrlichen Geistes?
Was fühlst du, wenn du den Moosteppich
eines unberührten Waldes betrittst?
Spürst du den Herzschlag des verzauberten
Heiligen Grundes?
Was erkennst du, wenn du von Ehrfurcht ergriffen
in den dunklen, stürmischen Himmel schaust?
Weißt du dann um die machtvolle Kraft
des Großen Geistes?
Was siehst du?
Was fühlst du?
Was weißt du?

Mein neuer Lehrer hatte mir viel zu bedenken gegeben. Auch wenn ich mich nicht geehrt fühlen durfte durch seine Gegenwart, war es mir trotzdem nicht sogleich möglich, mein Minderwertigkeitsgefühl abzuschütteln, das ich in seiner Nähe hatte. Seine würdevolle Haltung war so vollkommen gelassen und sicher. Seine tiefe Weisheit leuchtete aus seinen freundlichen Augen, und seine ruhige Stimme klang sanft und nachdenklich. Seine westlichen Kleider waren abgetragen und einfach, genau wie seine unbeschwerte Art.

Er hatte recht damit, daß der Weise vom Berg heruntersteigen mußte, um unter den Leuten zu sein. Er hatte mit allem, was wir besprochen hatten, soweit recht. Das einzige bei unserem letzten Treffen, was mir immer noch rätselhaft blieb, war, als er über mein

Akzeptieren der kommenden Dinge sprach, und wie sie vielleicht mit meiner persönlichen Einstellung in Konflikt geraten könnten. Mußte ich wohl ein bestimmtes Thema neu überdenken? Würde die Zukunft mir Negatives bescheren, das es hinzunehmen galt? Ich grübelte und grübelte; ich stellte Mutmaßungen an, bis ich mir jede Art von furchterregenden Dingen als Wirklichkeit vorgestellt hatte. Am Ende aber waren das unfruchtbare Bemühungen. Ich akzeptierte seine schleierhafte Aussage und ließ sie auf sich beruhen. Ich würde es herausfinden, wenn die Zeit dazu gekommen war.

Ich weiß nicht, wann genau oder wie sich meine Hinnahme unvermittelt einstellte, aber als ich mit Many Heart beim Fluß war, wurde mir leicht ums Herz und in meinem Kopf hegte ich nicht mehr länger die schwere Besorgnis, woher das Geld für das Land unserer Mountain Brotherhood kommen sollte. Die Unruhe hatte sich einfach verzogen; ich merkte plötzlich, daß ich diesen Kummer nicht mehr hatte. Es war ein wunderbares Gefühl der Befreiung. Mir war, als ob ich endlich erkannt hätte, daß für uns gesorgt würde, wenn die Zeit dazu da war, und nun hatte ich ein blindes Vertrauen gefaßt.

Meine Tage mit dem Dreamwalker glichen bis jetzt den vielen heiteren Tagen, die ich mit No-Eyes verbracht hatte. Wir wurden so gute Freunde, daß wir offen und ohne Furcht vor Mißverständnissen miteinander reden konnten. Unterricht und Lernen wurden leicht und problemlos. Es gab keinen schwierigen Stoff zu erarbeiten oder andere Probleme wie die Bewältigung geistiger Reisen oder das Enträtseln verborgener Begriffe. Als ich auf diese eher einfachen Lektionen zurückschaute, fragte ich mich, ob ich das Glück haben sollte, daß sie im gleichen Stil weitergingen, oder ob ich plötzlich mit vielschichtigen Aspekten und neuen Dimensionen bedrückt würde. Die Zeit würde es lehren. Die Zeit würde auch klären, ob es mir gelänge, den Weg zu Ende zu gehen. Wir standen vorläufig nur an seiner breiten Schwelle. Ich wußte, daß wir sehr bald den Hauptpfad fest beschreiten würden, und ich blieb bei meinem früheren Vorsatz der vollkommenen Ehrlichkeit. Wenn ich versagen sollte, dann geschähe es durch mein eigenes Verschulden.

Als ich Bill über meinen Tag mit Many Heart berichtete, sann auch er darüber nach, was der weise Mann meinte mit meiner

Hinnahme in der Zukunft, nur dachte Bill optimistischer als ich. Er zog die Möglichkeit in Betracht, daß sich eine positive Lage einstellen könnte, die ich vielleicht nicht akzeptieren möge. Wir sprachen über mögliche Gründe, die für mein Widerstreben verantwortlich sein könnten, und stießen auf Schüchternheit und Bescheidenheit, da ich an beidem litt. Auch das würde nur mit der Zeit zutage treten.

Die Woche verlief für mich ereignislos, und meine Schulstunde stand wieder bevor. Während der Fahrt auf den frühherbstlichen Straßen hing ich ganz anderen Gedanken nach. Ich dachte an die Straßennamen, wo Bill seine Arbeit machte. Sundance Circle, Red Feather Lane, Shoshone Road. Es war richtig, daß sie nach der Person des roten Mannes und seines Volkes benannt waren. Denn ganz gewiß war und ist uns das Land äußerst kostbar. Als ich über die Straßennamen nachdachte, gingen diese ganz natürlich in die Colorado-Bezeichnungen für Ortschaften und Pässe über. Der Staat enthielt einen Schatz an Namen – Namen, die sogleich lebhafte Bilder vor dem inneren Auge entstehen ließen. Rabbit Ears Pass, Crested Butte, Telluride, Cripple Creek, Monarch Pass, Lizard Head Pass, Durango, Redstone, Glenwood Springs, Silverton – Kaninchenohren, Bergkamm, Krüppelbach, Eidechsenkopf, Roter Fels, Waldquelle. Sogar mein eigener Wohnort, Woodland Park, rief deutliche Bilder der Natur in mir hervor.

Als ich mir diese anschaulichen Namen vergegenwärtigte, mußte ich lächeln. Colorado quoll über mit farbigen Flurbezeichnungen, die mir fröhlich über die Zunge rollten – Namen, die sogleich lebendige, vielfarbige Bilder ursprünglicher Schönheit hervorzauberten oder in Metallrähmchen gefaßte Bilder der alten Tage im ungebändigten Wilden Westen oder auch solche neu gegründeter Bergwerksortschaften. Beinahe überall, wo man hinkam, verbarg sich eine spannende Geschichte. Ein Blick auf die verwitterten Grabsteine, die verstreut auf einem Hügel innerhalb der verrosteten Eisentore eines Friedhofes herumstanden, bestätigte dies. Jedes Städtchen konnte sich rühmen, einen eigenen, berüchtigten Bußhügel zu besitzen. Welch faszinierende und vielleicht sogar haarsträubende Geschichten konnten die Geister, die hier ihren Spuk trieben, erzählen!

So wanderten meine Gedanken auf meiner gemächlichen Fahrt zu No-Eyes' Hütte an diesem hellen Septembermorgen. Ich fuhr behutsam unter die ausgestreckten, schattenspendenden Äste der hohen Kiefer und stellte den Motor ab; durch die Windschutzscheibe äugte ich zum Hügel hinauf. Die Tür war fest verschlossen. Meinen Lehrer konnte ich nirgends sehen. Mir war unbehaglich zumute beim Gedanken, er könnte sich drinnen aufhalten und die Haustür vor dem herrlichen Tag verschließen. Dies paßte nicht zu dem Eindruck, den ich von ihm hatte. Ich musterte die starre Szene.

«Suchst du jemanden?» Die Stimme nah bei meinem Ohr ließ mich zusammenfahren.

Ich zuckte, als er mit seinem Finger meine Schulter berührte.

«Du bist ein wenig schreckhaft, nicht?» Er grinste, als er bemerkte, daß er mich gründlich erschreckt hatte.

Es gelang mir, gleichzeitig zu lachen und zu schelten. «Das war aber richtig fies! Keine sehr spirituelle Art!»

«Oh, wirklich nicht?»

«Nein, überhaupt nicht, und du weißt es genau», beteuerte ich.

Er hob mahnend seinen Finger. «Aber es war es trotzdem. Du hast gespürt, daß ich nicht in der Hütte war, also... wo konnte ich denn sonst sein? Du hättest sofort wahrnehmen müssen, daß ich in deiner Nähe war.» Er lächelte breit. «Auf diese Art wärest du nicht vor lauter Schreck aus den Schuhen gekippt.»

Mit einem Blick hinunter meinte ich scherzend: «Ich habe sie immer noch an. Du hast mich also doch nicht ganz so erschreckt, wie du meintest. Muß ich außerdem von nun an immer auf der Hut sein, um rechtzeitig zu merken, wann und wo du plötzlich auftauchst?»

Er hatte aufgehört zu lachen. Sein Gesicht wurde zu Stein. «Vielleicht.»

Ich nahm seine ernste Miene als Warnung für zukünftige Situationen. Ich mußte das nächste Mal aufmerksamer sein, besonders da ich ja nicht einmal wußte, wann das nächste Mal sein würde. Ich durfte mich nicht wieder so überrumpeln lassen. Ich ärgerte mich über mich selber, da ich, ohne aus dem Wagen nur auszusteigen, bereits einen sanften, aber entschiedenen Verweis erhalten hatte.

Many Heart klopfte an die Tür. «Komm, wir gehen.»

Ich sah, wie er sich umwandte und dem Wald zustrebte. Ich stieg rasch aus dem Wagen und war froh zu wissen, daß die heutige

Lektion im Freien und nicht in der Hütte abgehalten würde. Während ich den davoneilenden Dreamwalker einholte, fiel mir auf, daß auch er, genau wie ich, den Aufenthalt im Freien vorzog.

«Es tut mir leid», flüsterte ich an seiner Seite.

«Leid?»

«Ja. Ich weiß, ich hätte mehr aufpassen sollen da hinten. Ich hätte deine Nähe spüren sollen.»

«Und warum hast du es nicht?»

Schweigen. Ich hatte wirklich nicht erwartet, daß er mir diese Frage stellen würde. Aber wenn ich diesen Gedanken äußerte, so würde er erfahren, daß ich etwas Bestimmtes erwartet hatte – wiederum etwas Unerlaubtes für einen erleuchteten Menschen. Es schien, daß ich nicht nur mit dem falschen Fuß begonnen hatte heute, sondern auch weiterhin nicht im Schritt war.

Wir bummelten durch die frühmorgendlichen Schatten in No-Eyes' Wald. Ich fühlte mich unbehaglich in dieser lange währenden Stille und warf meinem Gefährten einen verstohlenen Blick zu. Er war ruhig und schien den Waldspaziergang zu genießen. Ich fragte mich, wie lange er wohl auf meine Antwort warten wollte.

«Ich habe es nicht eilig», sagte er leise.

Ich senkte meinen Kopf und starrte auf den steinigen Weg. Er war also in meinem Kopf gewesen. Nun gab es keine Gedanken mehr, die ich verheimlichen konnte. Keine heilige Privatsphäre, wohin ich mich geistig zurückziehen konnte. Es gab überhaupt keine Rückzugsmöglichkeit mehr. Die einzig mögliche Richtung, die mir offen blieb, war der Weg nach vorn, und so stürzte ich mich hinein.

«Ich habe dich nicht wahrgenommen, weil ich nicht genügend bewußt war.»

Der Mann ging weiter, ohne zu antworten.

«Mein Bewußtsein war ungenügend, weil ich mich zu sehr auf die geschlossene Haustür konzentriert hatte und auf die Frage, wo du wohl sein mochtest.»

«Das hätte deine Konzentration nicht beeinträchtigen sollen. Daß die Tür geschlossen war, hättest du unterschwellig registrieren und damit deiner scharfen Wahrnehmungsgabe unverzüglich die Zügel überlassen müssen.»

«Ich verstehe jetzt.»

«Summer», begann er sanft, aber bestimmt, «du mußt daran

denken, daß kostbare Energien mit unnützer Konzentration vergeudet werden. Wenn Energien unnötigerweise auf Konzentration verwendet werden, werden andere geistige Seiten erschöpft und ihrer Lebensenergien beraubt – andere geistige Seiten wie Bewußtheit und Sinneswahrnehmung.»

Ich versicherte, daß ich verstanden hatte, und daß ich mich daran erinnern würde bei der nächsten Gelegenheit. Aber wiederum hatte ich etwas Falsches gesagt.

«Da gibt es kein *Sich-Erinnern*», widersprach er. «Zum Zeitpunkt, wo du den *Akt* des Erinnerns ausführst, verstreichen wertvolle Sekunden – Sekunden, in denen die Wahrnehmungskraft auf optimaler Ebene hätte wirken sollen. Wenn du Zeit verwendest, dich zu erinnern, was du tun solltest, so hast du es bereits verpaßt, zahlreiche Sinnessignale aufzufangen. Verstehst du?»

«Ja. Ich sehe, daß eine spontane Reaktion erforderlich ist. Sie muß rasch und aus dem unmittelbaren Instinkt entstehen.»

«Wahrnehmung muß als schnelle und natürliche Reaktion jederzeit verfügbar sein.»

Ich dachte an den vorherigen Zwischenfall. «Aber du hast keinen Laut von dir gegeben, bevor du mich erschreckt hast. Du warst einfach plötzlich *da*.»

«Suchst du nach einer Entschuldigung?»

«Ganz und gar nicht», sagte ich und stieß an einen verirrten Stein. «Ich versuche nur, das zu verstehen. Du sagst, man müsse Sinnessignale auffangen, aber es gab da keine.»

Many Heart schob seine Hände in die Taschen. «Gab es wirklich keine?»

Ich grübelte noch mehr über diesen peinlichen Zwischenfall. Ich dachte weiter zurück und erinnerte mich an den Tag, als ich die alte Seherin in ihren Wäldern getroffen hatte, wie mein Nacken prickelte und ich Gänsehaut bekam am Kopf, als ich ihre Gegenwart plötzlich wahrnahm – ihre schweigende Anwesenheit. Sie hatte keinen Ton von sich gegeben. Sie stand nur ruhig wie eine Statue zwischen den grünen Kiefern und beobachtete mich. Ich war heute nicht so aufmerksam in Gegenwart des weisen Dreamwalker. «Ich hätte deine *Gegenwart* spüren müssen», schloß ich schuldbewußt. «Deine Gegenwart hätte die Reaktion meiner Wahrnehmung unverzüglich auslösen müssen.»

«Und warum war dies nicht der Fall?»

144

«Weil ich meine Energien fehlgeleitet hatte.»

Er lächelte. «Das war nicht so schwierig, oder?»

Schweigen. Ich fühlte mich elend und aus dem Gleichgewicht. Ich meinte, ich müßte sofort heimkehren und die Fahrt von vorn beginnen. Mein Denken schien um einen oder zwei Punkte zu langsam zu sein, und das störte mich.

Mein Gefährte blieb stehen, er wandte sich um und blickte mir in die Augen. Mit seiner Hand hob er mein Kinn, das ich niedergeschlagen hängen ließ.

Ich wandte meine Augen absichtlich ab.

«He», sagte er. «Warum machst du so ein langes Gesicht?»

Mir war zum Weinen zumute wegen meiner offensichtlichen Dummheit. Ich zuckte nur die Achseln.

«Schau, Summer, du bist zu hart mit dir selber. Das ist alles. Deshalb bist du ja hier – um zu lernen. Du kannst nicht erwarten, immer auf der Höhe zu sein.»

Ich seufzte und blickte in die Sonnenstrahlen, die hinunter in den lebendigen Wald schienen.

«Ich erwarte das nicht, aber ich erwarte wenigstens, daß ich die einfachen Dinge, die ich bereits weiß, beherrsche.» Ich drehte meine Handflächen nach oben und schaute ihm fest in die Augen. «Ich bringe die Grundlagen durcheinander. Ich sollte doch in ein erweitertes Verstehen eingeführt werden und statt dessen vermassele ich kinderleichte Sachen.»

Er lachte. «Ach komm», sagte er grinsend, «lassen wir doch das Ganze.»

Wir gingen eine Weile schweigend weiter, und die dünne Bergluft in der Höhe trug uns die Essenzen von Fichten und kräftigen Kiefern zu, die sich zu einem betörenden Duft mischten. Die Klarheit der Luft half mir, meinen durcheinandergeratenen Geist wieder in Ordnung zu bringen und meine Sinne zu schärfen. Ich atmete tief, während wir unbeschwert weiter ins Herz des sprießenden Waldes schritten. Eine weihevolle Stille durchdrang die sanfte, unberührte Landschaft.

Meine Schritte machten in ihrem langsamen Rhythmus eine Pause; ich merkte auf. Ich hatte ein leises Plätschern vernommen. Ich blickte meinen Lehrer an.

Er flüsterte. «Da vorne ist ein Teich.»

Wie eigenartig. Auf all meinen Wanderungen mit No-Eyes war

ich nie auf einen Teich in den Bergen gestoßen. Sie hatte mich früher zwar auch nie in diese besondere Gegend ihres Waldes geführt.

Das beruhigende Plätschern war jetzt deutlicher hörbar. Ich suchte im dichten Wald eifrig nach der verborgenen Quelle.

«Wo ist sie?» fragte mein Begleiter listig.

Ich schaute mich nach den verräterischen Weiden um. Ich sah keine. Ich horchte auf die sanfte Stimme des Wassergeistes. Sie widerhallte verwirrend in den hoch aufragenden Kiefern. Ich schloß meine Augen. Das Geräusch war plötzlich verstummt, als ob es ein pfiffiges Versteckspiel treiben wollte.

Ich machte meine Augen weit auf, lächelte Many Heart zu und deutete nach Norden.

Er runzelte die Stirn. «Bist du sicher?»

Ich ließ mich nicht an der Nase herumführen durch seine List, mit der er mich verwirren und in mir Selbstzweifel wecken wollte. Ich grinste, nahm ihn an der Hand und führte ihn vertrauensvoll durch den dichten Busch. Wir bahnten unseren Weg über eine Erhebung und wieder hinunter in ein Gehölz alter, kräftiger Espen. Von Flechten überzogene Felsbrocken versperrten uns den Weg; wir kletterten über dieses plötzliche Hindernis und überwanden so die natürliche Barriere, um endlich ein von der Sonne beschienenes, bewaldetes Tal zu betreten, in dessen Mitte der schimmernde Teich lag.

Mein Wandergefährte strahlte. «Was war dein Anhaltspunkt?»

Ich lachte vor Freude. «Ich habe ihn *gerochen!*»

«Das war gut», lobte er mich. «Du hast die Sinne, die du nicht brauchtest, ausgeschaltet und dich auf den einzigen verlassen, der ein Resultat zeitigte. Das war sehr gut.»

Ich lächelte ihn an und ließ meinem strahlenden Geist freien Lauf. Ich wirbelte herum im goldenen Sonnenlicht, das durch die immergrünen Bäume herunterrieselte.

«Ich *liebe* diesen Ort», sang ich.

«Du siehst wie eine Tänzerin im Scheinwerferlicht der Bühne aus», lachte er.

Meine Pirouetten kamen zu einem Stillstand. Ich starrte meinen Mentor an.

«Ich *fühle* mich wie eine Tänzerin. Ich tue es oft, wenn ich allein bin in meinem heiligen Grund. Ich schaue zum tiefblauen

Berghimmel auf und feiere seine heilige Schönheit, und ich singe dazu!»

Er lächelte freundlich. «Du singst nicht nur, du stimmst eine Kantate an.»

Seine Worte machten mich weich. Ich ging zum Ufer des Teichs und blickte tief in seine Seele hinunter.

«Was siehst du?» fragte er und stellte sich neben mich. Unser doppeltes Spiegelbild schimmerte auf der kristallklaren Oberfläche.

«Ich sehe die Seele des Lebens, die offen liegt in ihrer reinen Unschuld. Ich sehe einen zeitlosen Geist, herrlich ruhig und immerwährend in alle Ewigkeit.»

«Siehst du nicht dich selber?»

«Das, was jenseits des Sichtbaren liegt, ist am wichtigsten. Das ist es, was ich suche. Das ist, was ich sehe.»

«Das ist eine sehr tiefschürfende Philosophie.»

Ich lächelte ganz leise. «Ja, nicht wahr? Ich habe es von No-Eyes gelernt.» Ich starrte in den hoch in den Bergen gelegenen Teich. «Sie sagt erhebende Dinge für Ohren und Geist. Sie ist ein wunderbarer Quell an Weisheit.»

«Das ist sie wirklich», antwortete er fest. «Aber sie ist nicht die einzige, die eine so schöne, persönliche Philosophie besitzt.»

Ich zuckte zusammen und blickte Many Heart an. «Sie war unartig.» Ich lachte. «Sie hat dir von meinem privaten Notizbuch erzählt.»

Der Mann tat schuldbewußt. «Tadle sie nicht. Sie ist stolz auf dich und wie diese Gedanken dir zufließen.» Er zögerte und fuhr fort: «Sie hätte es wirklich gern, wenn du ein Buch daraus machen würdest», sagte er behutsam.

«Ein Buch über meine Grübeleien? Lächerlich! Wer würde das schon lesen?»

Er zuckte die Schultern. «No-Eyes sagt, sie seien sehr gut. Sie träfen die Menschen ins Herz und brächten sie zum Nachdenken. Sie meint, es wäre von Vorteil, wenn Farbfotos auf deine Gedanken und Aussagen abgestimmt werden könnten.»

Ich war völlig verblüfft. «Das ist doch nicht zu fassen, sie hat sich alles schon zurechtgelegt, nicht wahr?»

Er lachte und hob seine buschigen Brauen. «Das tut sie meistens.»

Eine seltsame Stille machte sich zwischen uns breit.

«Summer!»

«Ja?»

«Sie hat sich einen Titel ausgedacht.»

«Einen Titel? Für was?»

«Für dein philosophisches Buch.»

«Ich habe kein philosophisches Buch geschrieben, ich habe nur ein grob entworfenes Notizbuch», fauchte ich.

«Willst du ihn wissen?»

«Habe ich die Wahl?»

«Du hast immer eine Wahl.»

Ich seufzte. «Wie heißt er?»

«*Durch goldene Canyons.*»

Schweigen.

«Sie sagte, daß deine Gedanken wie eine Reise durch die goldenen Canyons deines Geistes seien. Sie hat das zu mir gesagt, Summer. Sie sagte, es berühre sie sehr, jemanden so wie du im Einklang mit der Natur zu erleben, wie du zuhörst, wenn die Berge flüstern.» Er machte eine Pause in seinen empfindsamen Betrachtungen. «Du weißt, daß sie gewisse Dinge für sich selber behält, aber sie hat nicht gezögert, einiges über dich mir weiterzugeben.»

Ich setzte mich auf das samtige Moos. «Ich bin keine Philosophin, Many Heart. Ich bin nur eine Person, die schreibt, was sie sieht und fühlt ... die Berge scheinen nur die Stimme meines Geistes herauszulocken.»

«Und deine Schriften über deine Gefühle und dein Sehen werden die Menschen dazu bringen, nachzudenken. Wenn du keine Philosophin bist, so bist du eine Denkerin», argumentierte er.

«Oh, worin besteht denn der Unterschied? Wie sind wir auf dieses verrückte Thema gekommen?»

Er lächelte. «Was du im Teich gesehen hast, hat uns auf dieses verrückte Thema gebracht.»

Ich glättete einen langen Halm eines Wildgrases zwischen meinen Fingern.

«Dann laß uns darauf zurückkommen und einen anderen Pfad einschlagen.»

«In Ordnung für mich», stimmte er bei.

Ich strich mit meiner Hand über das weiche moosige Ufer. Ich liebkoste das moosige Grün und hielt inne, um seinen sanften Herzschlag zu spüren.

Many Heart legte seine breite, braune Hand zärtlich auf das Moos neben meine. «Es schlägt wie das eines Schlafenden», flüsterte er.

«Ja. Langsam und ruhig.»

«Wie das eines Babys», fügte er hinzu.

Ich schaute zu ihm auf. «Nicht ganz, Many Heart. Ich habe die Herztöne meines Babys in meinem Bauch abhören können. Sein Herz schlug rasch, wie das eines Kaninchens.»

Darauf, glaube ich, errötete wahrhaftig mein weiser Dreamwalker.

Ich wechselte das Thema.

«Ich wünschte mir, daß mehr Menschen so den Herzschlag der Mutter Erde spüren könnten.»

«Mmm, das wäre gut», sagte er und lehnte sich gegen den glatten Stamm einer uralten Espe.

«Aber sie sind zu sehr in ihrem geschäftigen Alltag gefangen, nicht wahr?»

Er nickte und schaute hinauf durch die vergoldeten Zweige. «Sie verstehen nichts von der nährenden Nabelschnur, die sie mit der Mutter Erde verbindet. Sie wissen nicht einmal etwas über diese wunderbaren Dinge.» Seine Stimme war traurig und niedergeschlagen.

Zwischen uns herrschte Stille.

Ein Holzstück schaukelte in der Mitte des Teichs, als ein munterer Frosch vom Ufer aus darauf hüpfte. Ich blickte die hervortretenden Augen des kleinen Wesens an. Danach sprang er mühelos ins dichte Unterholz und verschwand. Schmetterlinge flatterten spielerisch da und dort durch das Kolbenschilf. Wenn sie sich niederließen, entfalteten und schlossen sie graziös ihre bunten Filigranflügel. Ein Potpourri von Vogelgezwitscher und Insektengesumm erfüllte die lichte Luft. Eine Elster ließ sich auf einem hohen Ast nieder und schaute neugierig auf uns herunter.

Ich wollte mit meinem Gefährten sprechen, aber gleichzeitig wünschte ich die Ruhe unserer Umgebung, in der wir rasteten, nicht zu stören. Ich beugte mich vor und schaute ihm ins Gesicht. Der Mann richtete seinen Blick auf mich und zeigte ein Lächeln, das keines war.

«Sie können lernen», bemerkte ich sanft.

Er seufzte.

«Man kann sie auf dieses natürliche Band aufmerksam machen.»
Mein liebenswerter Freund blickte weg, bevor er mir in die Augen schaute. Sein Blick war ernst.

«Und wer wird ihr Lehrer sein, Summer? Wer wird diesen großartigen Schritt tun und es fertigbringen, daß die Menschen ihrer Erdenabstammung gewahr werden?»

Ich wußte nicht, was ich darauf antworten sollte. Ich wußte nicht, wer den Massen Bewußtheit beibringen konnte. Verschiedene Möglichkeiten gingen mir durch den Kopf, aber keine schien mir geeignet.

Er hob seine Brauen, als ob er sagen wollte: «Nun?»

«Nun, das ist eine große Aufgabe», antwortete ich ehrlich. «Das Band zwischen Mensch und Natur umfaßt eine Menge ausführliches Wissen. Man müßte Gesundheits- und Umweltlehre unterrichten, über Art der Natur und sogar etwas über die heiligen geistigen Dinge.»

«Das ist richtig.» Er starrte mich an. Er hatte einen ganz besonderen Ausdruck, den ich schon bei meiner alten Freundin beobachtet hatte, wenn sie mich anschaute.

Ich war entgeistert. «O nein, du wirst doch nicht... Ich werde nicht das alles unterrichten. Niemals!»

Er schaute unschuldig in den wolkenlosen Himmel hinauf. «Habe ich irgend etwas von dir gesagt?»

«Du hast viel gesagt. Dein *Blick* hat alles gesagt!»

Der Mann zog darauf seine Knie hoch und legte seine gekreuzten Arme auf sie. «Du könntest ein Buch schreiben. No-Eyes würde dir helfen.»

So war das also. Die beiden Weisen hatten sich alles fein säuberlich zurechtgelegt. Sie hatten hinter meinem Rücken gemeinsame Sache gemacht. Es schien, daß sie mich für den Rest meines Lebens zum Schreiben verurteilen wollten.

«Habe ich dazu nichts zu sagen?» fragte ich halb im Scherz.

Seine weißen Zähne glänzten hinter seinem breiten Lächeln. «Natürlich. Aber nun wirst du dich fragen, warum sie all diese schriftstellerischen Wünsche für dich hegt.»

«Das ist mir tatsächlich durch den Kopf gegangen.»

«Das ist einfach. Du bist ihre einzige Schülerin, die schreibt!»

«Falsch. Ich bin ihre einzige Schülerin, die Ablehnungsbescheide der Verlagshäuser sammelt.»

«Das zeugt wirklich von einem enormen Maß an Zuversicht.»

«Entschuldigung», sagte ich in einem nicht so entschuldigenden Ton. «Wann soll ich übrigens angesprochen werden, wegen dieser wunderbaren literarischen Werke?»

«Sei nicht so aufgebracht deswegen.»

«Ich bin es nicht. Wer braucht schon einen weiteren Aktenschrank, der angefüllt ist mit schlampigen Formularen etwa des Inhalts: ‹Es tut uns leid, Ihr Werk paßt nicht in unser Angebot… wir wünschen mehr Glück mit einem anderen Verlag.›»

«Das klingt in meinen Ohren wie saure Trauben.»

«Mit *deinen* Ohren ist alles in Ordnung. Wann werde ich also daraufhin angesprochen?»

Er zuckte die Schultern. «Das ist ihre Sache. Es ist ihr Kind, nicht meines.»

«Nun», gestand ich, «um die Wahrheit zu sagen, glaube ich, es ist besser, wenn die Leute von einer Vielfalt von Lehrern unterrichtet werden. Jeder soll seinen eigenen Gesichtspunkt erläutern, um dem Publikum breit gefächerte Ansichten zu vermitteln.»

«Absolut richtig.»

Ich blickte Many Heart an. Er grinste.

Ich seufzte. «Ich bin also nur ein Fisch im Meer der Lehrer, habe ich recht?»

«Das ist eine seltsame Art, es auszudrücken; aber die allgemeine Idee trifft ungefähr zu.»

Das glänzende Gefieder einer Blaudrossel erregte meine Aufmerksamkeit. Meine Augen folgten ihr, bis sie in die Tiefen der Wälder entschwand.

«Aber am Ende», sann ich, «müssen die Menschen gezwungen werden, ihre Lebensweise zu ändern. Sie müssen das Wissen um ihre Verbindung mit der Natur erwerben, um zu überleben.»

«Ja», nickte er, «das stimmt. Aber wenn viele Lehrer über dieses lebendige Band jetzt sprechen, wird der Weg in die Zukunft geebnet, und es wird weniger anstrengend sein.»

Ich hatte meine Zweifel.

Jetzt schaute er sich erstaunt um. Er beugte sich vor und musterte mein Gesicht. «Summer!»

«Was?»

«Du bist nicht einverstanden?»

«Die Menschen sind störrisch. Sie wehren sich gegen Veränderungen.» Ich seufzte tief. «Ich frage mich, ob nicht alle Bücher und Lehrerworte auf der Strecke bleiben. Es gibt so viele, die meinen, diese Art Anschauungen seien radikal oder ‹im Trend›. Die Menschen wechseln ihre Überzeugungen wie Kleider. Sie suchen sich das aus, was gerade zu ihrer Laune paßt.»

«Und welche Laune wird die der Zukunft sein? Sie wird sich ins Unabänderliche der Notwendigkeit fügen und Einfallsreichtum zum Überleben sein. Die Menschen werden keine Gelegenheit haben, etwas zu verändern, außer ihrer eigenen, grundlegenden Beziehung zur Natur. Es wird dann keine Alternative geben.»

«Das ist *dann*», betonte ich. «Aber im Augenblick sehen sie es nicht ganz so.»

Er grinste. «Wir haben den Kreis geschlossen, meine Freundin. Sie sehen es jetzt nicht so, weil man es ihnen noch beibringen, sie unterrichten muß.»

«Das war sehr klug von dir, alles so herumzudrehen», neckte ich ihn.

Er zwinkerte. «Es braucht zwei für einen von No-Eyes' berühmten verbalen Kreistänzen.»

Many Heart erhob und streckte sich in der Sonne, die durch die feinen Nadeln der Bäume blinzelte. Er schlenderte unbeschwert auf der mit Sonnenkringeln übersäten Erde zwischen den Kiefern und dem Teich hin und her. Das war ein zauberhafter Ort der Ruhe, und während ich meine Augen umherwandern ließ, konnte ich mir leicht zarte Feenflügel vorstellen, die gerade jenseits meiner Sichtweite flatterten. Eine Traumwelt, wo Gnomen ihre Köpfe mit den roten Mützen aus dem Gebüsch rund um uns herausstreckten und schnell verschwanden... wo das Ende eines Regenbogens sich langsam von der Erde weg nach oben bog und weit in die Tiefen des blauen Coloradohimmels drang.

Ich blickte zu Many Heart hinüber. Er saß jetzt da mit gekreuzten Beinen. Seine Augen waren geschlossen. Die Handflächen auf den Knien nach oben gedreht. Rauch. Nebel. Der Schleier einer wirbelnden Kraft umhüllte ihn – eine Lebenskraft umgab ihn.

Ich schloß rasch meine Augen. Ich versuchte, den Dreamwalker auf seiner Wirklichkeitsebene einzuholen.

Langsame Atmung. Die Aufnahme von Sinneseindrücken verminderte sich. Körperliches Schweregefühl. Leichtigkeit der Seele. Freiheit der Essenz.

Rauch. Nebel. Eine verschleierte Kraft schwebte vor mir und wogte mit jedem seiner sanften Atemzüge.

Ich schlüpfte in das freundliche Wesen hinein. Ich schaute mich um, während sich das sanft bewegende Wesen mit mir als Neuankömmling verschob. Es paßte sich angenehm all meinen Bewegungen an. Ich lächelte über seine anmutige Gestalt.

Ich bewegte mich erneut.

Wieder machte das nebelhafte Wesen eine ähnliche Gebärde.

Wieder und wieder bewegte ich mich mit meinem zauberhaften Partner, bis wir richtig tanzten. Ich lächelte und lachte dann, als wir herumwirbelten und uns verbeugten in gemeinsam erlebter Lebensfreude. Mein befreiter Geist hatte nie zuvor ein solch vollkommenes Glück erlebt. Wir beide waren eingetaucht in eine Welt der höchsten Freiheit, und mein Herz jubelte über die Reinheit der Seele, die das Wesen verströmte.

Tanzen. Freiheit. Glück. Freudiges Lächeln. Warme Gefühle.

Ich war eins mit dem Wesen. Wir teilten nun Herz und Verstand. Unser Geist war ein leuchtendes Band. Ich verlor mich ganz in seine Natürlichkeit. Ich war nicht mehr abgetrennt. Ich selber *war* das schwingende, perlende Wesen. Ich *war* seine eigentliche Seele. Nun wirbelte der Nebel in seiner einheitlichen Erscheinung der doppelten Energien. Eine *neue* Bewußtheit bereicherte sein Leben. Er tanzte und drehte sich. Anmutig schwebte und senkte er sich und neigte und streckte sich. Er war das Symbol gegenseitiger Liebe. Er pries die tiefe Liebe zu allem Lebendigen. Er *war* die Lebenskraft alles Lebenden. Und er kannte nichts anderes als vollkommene Herzensseligkeit und Heiterkeit im Geist.

Ein schwach wahrgenommener Ton störte die Fröhlichkeit des Wesens – seinen ewigen Tanz des Lebens. Der Ton lenkte ab und riß die zwei Energien auseinander. Das Wesen hatte nun wieder eine Gefährtin.

Ich sah meinen Partner, wie er wirbelte. Ich war wieder getrennt und ich selber.

Töne. Rhythmische Klänge, nun deutlicher hörbar, drangen ins feine Gefüge unseres intimen Pas de deux. Das Wesen verlangsamte sein munteres Tempo. Es wurde immer langsamer… und hielt an.

Ich stand allein da. Verwirrt bemühte ich mich, seinen sanften Atem zu hören. Die Klänge von außen wurden lauter.

Singen. Gesang.

Ich öffnete meine Augen.

Der Dreamwalker besang die Mittagssonne, die wie ein Goldklumpen im türkisfarbenen, herbstlichen Himmel hing. Sein Ton war klar, seine Stimme tief. Sie trug seinen Geist auf den federleichten Flügeln des Gesangs hinauf.

Schweigen hüllte uns ein. Der Gesang war zu Ende. Das verborgene Tal war in tiefe Stille getaucht. Sogar das Wasser im Teich hielt seinen Atem an, die Oberfläche war ein glatter, glasklarer Spiegel. Die Zeit gefror.

Schweigen.

Ein durchdringendes Zirpen. Ein ferner Schrei. Eine sanfte Brise. Geplätscher. Der Mann drehte sich um. Seine dunklen Augen ruhten ernsthaft auf mir.

Ich hielt meinen Atem an.

Er lächelte leise und gesellte sich zu mir im Schatten der alten Espe. Mein Lehrer hielt mir seine Hand entgegen. Sie war fest verschlossen.

Ich blickte erst auf die breite, braune Faust, dann sah ich ihn an. «Was hast du da?» flüsterte ich.

«Etwas für jemanden mit dem Namen Summer Rain», antwortete er mit schimmernden Augen, die fest auf mich geheftet waren. «Man könnte es sogar als *Sendung durch Boten* bezeichnen.»

Ich wandte den Blick zögernd weg von der magnetischen Tiefe seiner Ebenholzaugen und lenkte ihn auf die geschlossenen Finger. Er drehte die Hand und die Finger streckten sich… langsam.

Azurblaue Lichter. Scharlachrote Strahlen. Topas. Purpurfarbene Pfeile. Lichtstrahlen schossen aus dem Gegenstand in seiner geöffneten Hand. Der Kristall atmete.

Meine Augen wurden groß wie Suppenteller. «Aber… woher hast du das?» fragte ich ehrlich überrascht.

Er lächelte nur. «Spielt es eine Rolle?»

«Nun… ich glaube nicht.»

«Fragst du den Schenkenden danach, woher das Geschenk stammt? Wie er es beschafft hat?»

Ich starrte auf den glitzernden Stein. «Nein.» Ich schaute schüchtern in sein gelassenes Gesicht und dann zurück auf den neuen Gegenstand. Mit unsicherer Bewegung suchte ich ihn zu berühren.

«Darf ich?» fragte ich.

«Natürlich», nickte er mit einem Freudenfunken in seinen blitzenden Augen.

Ich legte meine Finger auf den Stein.

Er vibrierte.

Schnell zog ich meine Hand zurück.

Das Gesicht des Dreamwalker leuchtete auf vor Belustigung. «Er beißt nicht!» Er streckte den Arm aus und hielt ihn mir hin, damit ich ihn nehme. «Hier, er gehört dir.»

Ich schaute ihn bloß an. «Aber er enthält eine machtvolle Medizin. Er ist *magisch*!»

«Ja.»

Zögernd blickte ich zwischen dem Mann und dem heiligen Gegenstand hin und her.

«Mach nur. Nimm ihn, Summer.»

So nahm ich ihn also. Ich hielt ihn fest zwischen meinen gekrümmten Fingern und schloß meine Augen. Meine Handfläche wurde sofort warm.

«Was spürst du?» erkundigte sich der Schenkende.

«Wärme. Körperliche, ich spüre seine intensive Wärme.»

«Wie ist es mit der geistigen Wärme?»

«Geistig spüre ich großes Alter, ein Alter so alt wie die Erde selber.» Dann verbesserte ich mich. «Nein. Älter.»

«Summer», flüsterte er neben meinem Ohr, «und was erfaßt du spirituell?»

Mit geschlossenen Augen spannte ich meinen Griff um den rauhen Gegenstand und lockerte ihn wieder. Die Eindrücke vermehrten sich, als meine Finger ihn nur lose umschlossen. Wenn ich ihn nur so leicht hielt, schien es, als ob der Stein dann frei sei, um sich selber auszudrücken; wenn ich ihn fest hielt, war seine Persönlichkeit beengt und eingegrenzt.

Ich lockerte meinen Griff und ließ seiner Persönlichkeit freien Lauf. Alle Arten von Sinneseindrücken stellten sich ein.

Der intensive Geruch von frischem Heu. Kühle Brise hoch in den Bergen. Blaue Schatten von Neuschnee. Das Echo rauschenden Wassers in der Schlucht. Milchweiß schimmernder Mond. Salzige Seeluft. Holzrauch. Hitzewellen auf den zinnoberroten Mesas. Nebel. Tanzen.

Ich riß meine Augen auf.

Many Heart grinste und nickte.

«Der... der Stein», stammelte ich aufgeregt, «der Stein ist die *Mutter Erde*!»

Mein Lehrer lachte. «Nicht ganz. Der Stein enthält nicht nur *ihre* Essenz, sondern sogar jene einer noch älteren – der Ewigen *Großmutter* Erde. Man könnte sagen, er besitzt ein rares Stück *ihres* alten Geistes.»

Ich schaute auf meine Hand hinunter. Ich öffnete langsam meine Finger. Was da drin lag, war wunderschön.

«Es ist bezaubernd», flüsterte ich voll tiefer Ehrerbietung. «Es ist einfach zauberhaft.»

Dann schaute ich meinem Freund fest in die Augen. «Und du sagst, er gehört mir? *Mir* ganz allein?»

Er nickte langsam. «Ich sagte es doch, oder nicht?»

Ich schloß meine Hand um das kostbare Geschenk. «Woher ist er denn eigentlich, Many Heart?»

«Weißt du es nicht?»

«Doch», antwortete ich leise, «ich weiß.»

«Und weißt du auch, wofür er ist?»

«Für meine Medizintasche. Ich werde ihn immer hoch schätzen.»

«Wann und zu welchem Zweck wirst du ihn brauchen?»

Ich dachte einige Minuten über diese Frage nach. Ich lächelte in der sanften Brise und antwortete: «Im Moment habe ich nicht die leiseste Ahnung, aber ich werde es wissen, wenn die Zeit dazu gekommen ist. Dann werde ich wissen, wie und wofür ich ihn benötige.»

Mein Lehrer schien mit dieser Antwort zufrieden. «Steck ihn jetzt besser weg.»

Ich suchte rasch nach einem sicheren Ort, um ihn aufzubewahren, aber fand keinen geeigneten. Ich gab ihn meinem Freund zurück. «Es sieht so aus, als ob ich kein gutes Versteck hätte. Macht es dir etwas aus, ihn in deiner Hemdentasche zu behalten, bis ich heimgehe?»

Er nahm den Stein und steckte ihn vorsichtig in seine Brusttasche. Er klopfte sanft das sich vorwölbende Klümpchen. «Sicher und wohlbehalten.»

Ich lächelte meinem Freund zu, der der besondere, mystische Bote der Ewigen Großmutter war.

Wir machten es uns unter den Espen bequem. Die stärker werdende Brise fuhr mir durchs Haar. Die sanften Wellen des Teichs streichelten zärtlich die hohen Schilfhalme. Der Ochsenfrosch quakte, und die Kiefern wisperten.

«Many Heart!» sagte ich und brach die Reinheit der Waldstimmen.

«Mmmm?»

«Ich habe vorhin versucht, bei dir zu sein.»

«Ja, ich weiß.»

«Aber du warst nicht da.»

Er lehnte seinen Kopf an die graue birkenähnliche Rinde. Seine Augen heftete er auf ein kriechendes Insekt.

«Bist du dir sicher?»

Ich zweifelte. «Nicht ganz, nein.»

«Schau mal», sagte er und lenkte meine Aufmerksamkeit auf die fruchtbare Erde neben uns. «Ich habe dieses kleine Ding beobachtet. Und siehst du jetzt? Ein anderes ist zu ihm gekommen.»

Ich hörte seiner Lektion zu, die er offenbar begann.

«Die beiden sind zusammen. Jedes bemerkt das andere. Und doch», mahnte er, «sitzen wir hier und schauen auf die beiden kriechenden Wesen hinunter, die glauben, sie seien allein zusammen. Aber sind sie wirklich allein, weil sie uns nicht sehen? Weil sie keine Möglichkeit haben, uns wahrzunehmen? Oder sind sie nicht ein Teil einer zahlreicheren Menge von Lebewesen? Heißt das, daß wir *nicht* da sind, nur weil sie uns nicht wahrgenommen haben? Daß sie allein sind?»

«Natürlich nicht», grinste ich.

«Also?»

«Du hast meine Reise beobachtet, aber dein Geist war nicht wirklich da. Darum habe ich dich nicht gesehen.»

«Genau.»

«Und warum warst du nicht da?»

Er hob eine Braue. «Ich glaube, du weißt schon warum.»

«So konnte ich meine Verbindung mit der Mutter Erde und der

Ewigen Großmutter erleben. So konnte ich eins werden mit ihrer freudigen Freiheit... ihrem reinen zweifachen Geist.»

«Du hast es gut gemacht, meine Freundin, wirklich gut.»

Ich lächelte im warmen Schein der lieben Erinnerung. Ich lehnte mich zurück an den Baumstamm und schloß meine Augen, um die Herrlichkeit des spirituellen Erlebnisses vor meinem inneren Auge zu sehen... meine Vereinigung im Tanz mit ihrem Geist.

Many Heart überließ mich rücksichtsvoll der stillen Träumerei. Er gestand mir das Vergnügen zu, nochmals allein die herrliche Reise zu den Doppelseelen der Natur zu erleben.

Als ich zurückkam, wartete mein Lehrer geduldig. «Das ist wahrhaftig ein wunderbarer Ort, nicht?»

Ich überblickte die friedvolle Landschaft. «Es gibt kaum etwas, das nur im entferntesten damit vergleichbar wäre. Ich wundere mich, warum No-Eyes mich nie hierher geführt hat.»

Er schielte zu mir hinüber. «Mach nicht den Versuch, ihre Gründe herauszufinden. Aber ich weiß zufällig genau, daß sie oft hierherkommt, um zu singen und besondere Gebete zu sprechen.»

«Hat sie dich schon hierher geführt?»

«Nicht mich. Ich glaube nicht, daß sie überhaupt jemanden hierher zu ihrem heiligen Ort geführt hat.»

Ich machte mir Sorgen. «War es dann richtig, daß wir gekommen sind? Vielleicht ist das *ihr* geheiligter Grund.» Ich hatte plötzlich das Gefühl, daß wir unbefugt eingedrungen waren.

Mein Mentor machte eine Bewegung zu mir hinüber, um mich abzuhalten aufzustehen.

«Sei ruhig, Summer. Ich sagte, sie bringe nie jemanden hierher, weil sie hier *allein* sein will. Es war nie ihre Absicht, daß solche Schönheit unbemerkt bliebe oder anderen, die sie zu schätzen wissen, vorenthalten würde.»

Ich machte es mir bequem nach dieser beruhigenden Erklärung. «Many Heart!»

«Ja?»

«Weißt du viel über sie? Ich meine, weißt du *alles* über sie?»

Mein Gefährte lachte über die Frage. «Ist es dir ernst?»

Ich hatte es geglaubt. Mein niedergeschlagener Gesichtsausdruck beantwortete seine Frage.

«Dir *ist* es ernst! Summer», sagte er weicher. «Niemand weiß alles über die kleine Dame, was es zu wissen gäbe. Ich würde wetten, wenn durch irgendeinen launigen Zufall all ihre Schüler zusammenkämen und ihre Unmengen von Aufzeichnungen verglichen, daß wir dann immer noch nur über einen kleinen Teil des Lebens und der Visionen dieser Frau Auskunft hätten.»

Ich mußte lachen. «Gut, das verstehe ich. Es scheint, daß ich jedesmal, wenn wir zusammen sind, neue Einsichten über sie gewinne. Sie erweist sich als ein Quell des Wissens. Es kommt unablässig hervor – es strömt einfach aus ihr heraus.»

«Ich weiß, was du meinst.»

Ich wurde ernst. «Eines allerdings ist ganz eindeutig, nämlich ihre tiefe Liebe zum Land und seinen natürlichen Bewohnern.»

Er fing den plötzlichen Wechsel zu einer ernsteren Stimmung auf. «Ja. Das ist offensichtlich. Man kann es auch gut begreifen. Es ist das einzige Thema, wo ich es erlebt habe, daß sie die Beherrschung verlor.»

Ich pflichtete bei. «Die Erde und ihr Schutz stehen ihrem empfindsamen Herzen sehr nah. Sie wird äußerst zornig über die Dummheit der Menschheit hinsichtlich Ökologie und der Nutzung von schädlichen Energieformen.»

Many Heart blickte mich an. «Hat sie dir schon vom Phönix erzählt?»

Ich lächelte schwach. «Ja. Wir haben viel Zeit mit diesem Thema verbracht.»

Eine tiefe Stille hing über uns.

Während ich über jene schwierigen Tage nachdachte, als die alte Seherin mir über das Wiedererwachen des Großen Phönix erzählte, und wie dieses mit den Veränderungen in der Menschheit übereinstimmen und den neuen Zyklus verkörpern würde, begann ich jetzt eine Angelegenheit aus einem anderen Blickwinkel zu sehen.

«Many Heart!»

«Mmmm?»

«Ich dachte gerade an die Wochen, in denen No-Eyes mir über die Phönixtage berichtete, und mir ist irgendwie traurig zumute, daß sie das Ergebnis am Ende nicht erleben wird.»

«Du meinst, wenn der Ring wieder vollständig ist?»

«Ja. Wenn der Heilige Baum wieder ganz ist, wenn er wieder

wächst und gedeiht. Sie sollte hier sein, um diese Umkehr zu erleben, das würde ihren Geist erfreuen.»

Sein Lächeln war zärtlich und voll mitfühlenden Verstehens.

«Oh, wird sie denn *nicht* hier sein bei uns?»

Ich runzelte die Stirn. «Ich meine nicht im Geist, Many Heart.»

Er zwinkerte mit den Augen. «Ich auch nicht, Summer.»

Ich schaute von den geheimnisvollen, dunklen Teichen meines Freundes weg. Er hatte eine schleierhafte Bemerkung gemacht, über deren mögliche Bedeutung und Wahrscheinlichkeit ich rätselte.

Der goldene Wagen hatte die hohe Himmelsbahn durchquert. Die Nachmittagssonne neigte sich ihrem westlichen Bestimmungsort zu. Wie Zimt im Kuchenteig änderte das Licht seine Farben nun zu Rost- bis Gelbbraun; seine längerwerdenden Strahlen wurden durch die Zweige gefiltert.

Was hatte der Dreamwalker gemeint mit No-Eyes? Würde ich sie wieder in einer jugendlicheren Erscheinungsform treffen in der Zukunft? Hätte sie wirklich den Wunsch zurückzukommen, wenn die Menschheit auf indianische Art... nach Art von Mutter Erde lebte?

«Möchtest *du* dann nicht zurückkommen wollen?» fragte er leise. Der plötzliche Ton von Many Hearts Stimme unterbrach mein Sinnen.

«Was?» fragte ich. «Was hast du gesagt?»

«Ich sagte, würdest *du* dann nicht zurückkehren wollen?»

«Doch», lächelte ich. «Doch, ich möchte es, besonders, nachdem ich mit den Menschen so viel Schlechtes im Umgang mit der Mutter Erde erlebt habe. Ja, ich möchte bestimmt zurückkehren, um das Leben in Harmonie und Frieden zu teilen.»

«Warum bist du denn so überrascht beim Gedanken, daß die Alte es tun könnte?»

Ich zuckte die Schultern. «Ich bin überrascht darüber, daß ich sie vielleicht wiedersehen würde – daß ich sie körperlich würde betasten können. Ich habe mir das einfach nie so vorgestellt.» Ich wurde ernst. «Ich weiß, daß sie uns eines Tages verlassen wird, und ich fürchte mich sehr davor. Ich werde sie entsetzlich vermissen.»

«Die Menschen kommen und gehen, Summer. No-Eyes hat ihre Arbeit eine lange Zeit getan. Sie ist müde.»

«Ja. Ich sehe es ihren Augen an und höre es am Knacken ihrer Gelenke, wenn sie sich bewegt.»

Er langte herüber und tätschelte mein Knie. «Summer», beschwichtigte er mich, «ganz unabhängig von ihrer äußeren Hülle wird sie – ich weiß, das ist Tatsache – immer bei dir sein. Ich glaube, du weißt das.»

Ich brachte ein schwaches Lächeln zustande und nickte. «Ich weiß das natürlich, aber ich weiß auch, daß ich, wenn es soweit ist, es kaum ertragen werde vor Kummer.»

«Du wirst weitermachen müssen – wichtige geistige Arbeit. Sie ist in dein Leben getreten, weil sie erkannt hatte, wer dein alter Geist war. Sie hat dich unter ihre Fittiche genommen und dich die schönen Dinge gelehrt. Sie erwartet von dir, daß du stark bist und weitermachst; ihre Liebe zu dir und deine zu ihr verlangt eine so entschlossene Anstrengung, das Werk zu tun, zu dem sie dich hingeführt hat.»

«Das klingt so bei dir, als ob ich alles fallen lassen würde, wenn sie stirbt. Ich werde das nicht tun, Many Heart. Ich würde das meiner lieben, alten Freundin nicht antun.»

«Ich weiß.» Er machte eine Pause, bevor er weitersprach. «Deine zukünftige Arbeit wird außerdem geistige Dinge betreffen, die du noch nie in Betracht gezogen hast.»

Wieder eine verschleierte Bemerkung. Diesmal wollte ich ihn aber nicht ungeschoren lassen. «Erkläre.»

Er drehte seine Handflächen nach oben und zog seine Brauen hoch. Seine Unschuldsgeste strafte das Wissen, das sich hinter seinen blitzenden Augen verbarg, Lügen.

Ich näherte mich ihm drohend. «Du weißt verdammt gut, welche zukünftige Arbeit mir bevorsteht, nicht wahr!»

Er unterdrückte ein Grinsen. «Summer nicht fluchen», machte er zum Spaß die Alte nach.

Meine plötzliche Empörung reizte ihn zum Lachen.

Ich entgegnete: «Ich glaube, Many Heart hat vorlautes *Mundwerk!*»

Wir lachten zusammen über die liebevoll-dumme Nachahmung unserer gemeinsamen Lehrerin. Obwohl wir abgelenkt waren, blieb ich bei meinem Gedanken. Mein Lächeln erstarb.

«Many Heart, von welcher zukünftigen Arbeit hast du gesprochen?»

«Deine Bücher. Erinnerst du dich, du hast ihr versprochen, sie zu schreiben?»

Er hatte recht, aber etwas an seiner raschen Antwort ließ mich aufhorchen. Er hatte etwas ausgelassen.

«Die Bücher und *was* noch?»

«Vielleicht steht es mir nicht zu, es zu sagen, Summer. Vielleicht will es die Alte dir selber mitteilen. Wir werden sehen.»

«Hat es mit Unterrichten zu tun?» drängte ich.

Sein verzweifelter Blick sagte mir, daß ich mit meiner Aufdringlichkeit eine schlechte Schülerin war. Er seufzte.

«Unterricht nur mittels deiner Bücher und Antworten auf die Leserfragen, die an die Mountain Brotherhood gerichtet werden. Die Mountain Brotherhood ist nur für die Korrespondenz zuständig... ein spirituelles Informationszentrum.»

«Ja, ich verstehe, aber ich habe dich gefragt, ob ich *tatsächlich* werde etwas unterrichten müssen.»

Er schüttelte seinen Kopf. «Meinst du nicht, du seist genügend beschäftigt? Deine Arbeit hat nichts zu tun mit wirklichem Unterricht oder Vorlesungen oder Reisen durch das Land – überhaupt nichts von alledem. Soviel *kann* ich dir sagen.»

Erleichterung. «Das wurde nie so ausgesprochen. No-Eyes ist immer sehr vage über diesen Aspekt.»

Er lächelte im geheimen Wissen um das, was unausgesprochen blieb. «Nun, ich habe das Gefühl, daß sie von nun an nicht mehr vage sein wird. Du wirst genau wissen, was sie von dir erwartet. Keine Zweifel werden mehr übrig bleiben in deinem Kopf.»

Mein Gefährte hatte nichts Besonderes gesagt, aber ich hatte plötzlich das dunkle Gefühl, daß etwas sehr Wichtiges mit absichtlicher und genau bemessener Leichtigkeit umgangen worden war. Ich hatte das Gefühl, ich sei mitbeteiligt gewesen, das Gespräch vom mir wichtigen Thema wegzulenken im Moment, als ich mich über den Unterricht erkundigte. Wie wir nun so friedfertig dasaßen, merkte ich meinem Freund an, daß er sich freute, darum herumzukommen, mir genauere Angaben über das Wesen meiner zukünftigen Arbeit zu machen. Der Moment war verpaßt.

Der scharlachrote Ball sank herab und sandte flammende Pfeile über das Land. Schiefergraue Schatten krochen über den weichen Teppich des verborgenen Tals. Der Windgeist wisperte sein Abendlied, und die ganze Natur lauschte still seinem Wiegenlied.

Ich verließ Many Heart, der im orangefarbenen Licht auf No-Eyes' Veranda stand. Ich hatte einen herrlichen Tag verbracht. Er hatte mit einem Mißklang begonnen, aber als ich mich verabschiedete, merkte ich, wie harmonisch er trotz allem verlaufen war.

Ich hatte an diesem wunderbaren Herbsttag viel erfahren und gelernt. Ich hatte eine Reise gemacht tief ins Herz der Natur, wo ich in ihrer Ungebundenheit tanzte und eins wurde mit dem reinen Geist der Mutter Erde und der Ewigen Großmutter. Mir wurde die kostbare heilige Medizin ihrer schimmernden Wesen zuteil. Und ich hatte einige wichtige Antworten erfahren.

Als ich die hohe Kiefer erreicht hatte, wandte ich mich um und winkte dem Dreamwalker zum Abschied zu. Er lächelte, ich glaube sogar, er lachte.

Ich blickte auf in das vielfarbene Alpenglühen, das die hohen Bergspitzen umhüllte, und mein freudiges Herzklopfen sagte mir, daß sein Lachen ein sehr gutes Zeichen war – es war eine gute Medizin.

Das Licht der Morgenröte dringt in mein Herz und beflügelt die Lebensfreude.

Der Schleier der Abenddämmerung senkt sich auf meinen Geist, und er reifte für die tröstliche Wahrheit.

Die Vergessenen

Der bedächtig sprechende rote Mann,
sein schweigender Bruder.
Der grinsende Indianer,
seine langsam schlurfende Schwester.
Einfältig?
Vielleicht.
Oder womöglich eine einfache, aber geschickte Fassade,
die wirksam ihre alten Geheimnisse verbirgt.
Vielleicht nur ein Schild, der ihr Wissen beschützt –
denn Erleuchtung, vom Auge verdeckt,
strahlt hell im Geiste des Bescheidenen.

Es war die dritte Septemberwoche, und ein belebender, neuer Duft lag in der Bergluft – das feine Aroma des Herbstes in den Bergen. Bis jetzt hatte der Sommer mit festem Griff und eiserner Entschlossenheit standgehalten. Aber jetzt wurde sein warmer Atem schwächer, seine Energien nahmen ab im verzweifelten Kampf um die jahreszeitliche Vorherrschaft.

Der Anflug frischer Luft, ihre winterliche Kühle, kündigte die heimliche Ankunft einer neuen Größe an – eine Gestalt in königlicher Robe, gesponnen aus schimmernden Fäden von reinem Gold, flammenden Rubinen und glänzendem Kupfer. Das Vorrücken dieser strahlenden neuen Größe war machtvoll – es würde zu keinem Kampf kommen zwischen ihm und dem alten Machthaber, dessen Zeit der Abdankung nahe war.

Die Zeichen, daß nun der Herbst formell regieren würde, waren klar und deutlich in dieser kleinen Ortschaft, die sich einschmiegte in die Berge auf beinahe dreitausend Metern Höhe. Und während der abtretende Herrscher gezwungen war, sich den Paß abwärts in die tiefere Gegend von Colorado Springs zu verziehen, rüstete sich das Hochland von Woodland Park voll Freude, den Sieg zu feiern und den glanzvollen neuen Monarchen zu ehren – den Herbst.

Als ich am Rand der gewundenen, abschüssigen Straße entlangfuhr, blickte ich den steilen Abhang hinunter. Die zarten Spitzen der Espen waren schläfrig. Ihre Lider wurden schwer von der Anstrengung, so lange wach zu bleiben.

Sachte bog ich in eine schmale Ausweichstelle und stieg aus, um mich unter die Weymouth-Kiefern zu setzen, die gefährlich am Rande des Abgrunds wuchsen. Der weiche Atem des Herbstes berührte mich zärtlich. Er kam zu mir und liebkoste mein empfängliches, nach oben gewandtes Gesicht. Ich lächelte und hieß ihn in meiner Welt willkommen.

Das Wesen hob sanft meine Haarspitzen und sang einen freudigen, feierlichen Psalm. Ich stimmte in die Zeremonie der Andacht mit ein. Ich sang leise und sandte den Hymnus weit durch den hohen Raum über dem steilen Berghang. Ich schloß meine Augen und befreite wie Many Heart meinen Geist, so daß er auf den gefiederten Flügeln des Gesangs flog. Auf dem Lobgesang dahinfliegend, betete ich zum erhabenen Sein – demütig bezeugte ich dem ursprünglichen Wesen des Großen Geistes meine Ehrfurcht.

Als ich meine Augen wieder öffnete und das weite, schöne Panorama betrachtete, hatte die Natur ihre Stimmung verändert. Ich spürte eine elektrisierende Spannung, die von ihrer Seele ausging. Ich atmete tief ein. Die dünne Höhenluft trug mir Schwaden durchdringender Herbstgerüche zu. Der aufdringliche Duft brachte lebendige Bilder hervor; schimmernde Ansichten vibrierender Farben, transzendenter Schönheit und mystischer Erscheinungen – alles außergewöhnliche Seiten der klassischen Würde des Herbstes und seiner facettenreichen Persönlichkeit. In jeder Minute absorbierten meine Zellen die eingeatmete Energie, und ich wurde erfüllt von der Mystik des Herbstes. Ich war eins mit ihm. Ich war eins mit seinem glorreichen Schöpfer.

Der belebende Wohlgeruch wehte durch die Bergluft, und als ich hinunter auf die baumbedeckten Berghänge blickte, konnte ich deutlich die wachsende Erregung der hohen Stämme fühlen, denn die hohe Zeit näherte sich, wo die wahre Größe ihrer Seele offensichtlich wurde. In wenigen Wochen würden sie buchstäblich in einen einzigen, feierlichen Choral einstimmen, und jedermann würde mitgerissen von der Freude an ihrer herrlichen Schönheit. Und heute in dieser glänzenden, frischen Bergfrühe hatte ich den mystischen Beginn des Kommenden miterlebt.

Ich stieg wieder ein in den Wagen und steuerte ihn auf das schmale Band der Straße zurück. Aufwärts ging es zur fast unsichtbaren Abzweigung, die in No-Eyes' Tal hinunterführte. Die Vögel zwitscherten und erfüllten die Luft mit ihrem vielstimmigen Gesang. Kleine Vierbeiner tollten im hellen Sonnenlicht des frühen Morgens herum. Die Berge waren von erfrischendem Medizinzauber belebt, und ich war glücklich, ein lebendiger Teil von ihnen zu sein. Ich liebte das wunderbare Gefühl von Leichtigkeit, das die Natur mir verlieh. Dieses erweiterte Bewußtsein, das aus den Tiefen meines Herzens quoll, überflutete meinen Geist, als ich unter dem alten Baum parkte; ich rannte den Hang hinauf zur ärmlichen Hütte oben auf der sonnigen Kuppe.

Many Heart erschien unter der Tür. Sein Lächeln teilte etwas von seinem eigenen inneren Glücks mit, und er hob eine Hand zum freudigen Gruß. «Froher Herbst!» brüllte er.

Ich zwinkerte mit den Augen. «Ist es nicht einfach wunderbar?» rief ich aus, auf der obersten Stufe angekommen.

Wir umarmten einander, ohne überhaupt etwas zu denken dabei. Es war nur ein liebevoller Ausdruck unseres Herzens – nicht mehr, aber gewiß nicht weniger. Ich pflege jene Menschen, denen ich mich geistig nahe fühle, häufig zu umarmen; ob Mann oder Frau, das macht keinen Unterschied. Es ist einzig der äußere Ausdruck von kameradschaftlicher Verbundenheit und Freundschaft.

In meiner Aufregung ließ ich den Dreamwalker los und begann über mein Gefühl des Einsseins mit der Erscheinung des Herbstes heute morgen zu plappern. Ich war noch völlig von dieser Erfahrung eingenommen, als ich ihm in die dunkle Hütte folgte.

Der Dreamwalker drehte sich mit einem Lächeln um. Auf seinem Gesicht lag der Ausdruck vollkommenen Verstehens. Er legte sanft seine Hand auf meine Schulter.

«Ich hatte dich früher erwartet», sagte er. «Als du nicht kamst und der Zeitpunkt für das Wesentliche da war, begrüßte ich den Tag allein.»

Mein Herz wurde schwer wie Blei. Ich hatte nicht gewußt, daß er mich zur Segnung des Tagesanbruchs erwartet hatte. Ich wollte mich eben entschuldigen, als er mich unterbrach.

Er lächelte. «Aber du hast es genauso gut gemacht. Als ich den Wohlgeruch in der Luft heute morgen wahrnahm, stellte ich mir vor, du habest dich von ihm irgendwo unterwegs aufhalten lassen. Dein eigenes Erlebnis der Einheit war eine wunderbare Form des Gebets. Mach dir keinen Kummer, daß du nicht hier warst.»

Er ließ mir keine Zeit für eine Antwort; statt dessen warf er rasch einen Blick auf meine Kleidung und griff nach seiner Jeansjacke, die über einem Stuhl hing.

«Wir gehen heute wieder hinaus, aber wir werden unsere Wanderung nicht zu Fuß machen.»

O weh. Dies bedeutete, daß heute eine geistige Reise bevorstand. Mir wurde ganz flau in der Magengegend beim bloßen Gedanken daran. Ich blieb wie versteinert stehen.

Der Weltenwanderer drehte sich um. «Kommst du?»

«Ich... ich habe gemeint, das stehe nicht auf dem Programm. Wohin soll die Reise führen?»

Mit unbewegter Miene wandte er seinen Kopf zur Sonne und ging zur Tür hinaus.

Ich brachte schnell meinen leichten Wollumhang in Ordnung und eilte hinter ihm her. Als ich ihn, der mit langen Schritten losstiefelte, eingeholt hatte, waren wir oben auf No-Eyes' Hügel angelangt. Unter uns in der üppig bewachsenen Schlucht sang der Wassergeist, während er unbeschwert auf dem glitzernden Wasser des Flusses dahinglitt. Seine muntere Stimme stieg zu uns herauf wie eine beruhigende Hintergrundmusik.

Mein feierlich gestimmter Lehrer musterte den Himmel. Er war wolkenlos und von tief türkisfarbener Tönung.

«Wir wollen uns nach Westen richten», erklärte er, kreuzte seine Beine und ließ sich graziös im stachligen Wildgras nieder.

Ich tat das gleiche. Dann entsann ich mich der Ermahnung der alten Seherin, ich solle mich nicht mit gekreuzten Beinen hinsetzen. So streckte ich sie also vor mir aus, lehnte mich zurück und stützte mich auf meine Handflächen.

«Setz dich auf», befahl er entschlossen.

«No-Eyes hieß mich, die Beine nicht zu kreuzen, weil...»

«Kreuze deine Beine. Du kannst die Reise nicht in dieser Lage durchführen, sonst fällst du rückwärts hin, und du darfst dich auch nicht hinlegen. Kreuze deine Beine – so.»

Er legte meine Beine so hin, daß sie nicht fest verschlungen waren, sondern eher wie ein gestrecktes Kreuz aussahen. Zu meiner Überraschung war es mir in dieser Lage sogar wohl.

Mein Lehrer setzte sich dann vor mich. Die aufgehende Sonne schien voll in sein wettergegerbtes Gesicht.

«Ich dachte, wir müßten uns nach Westen ausrichten», sagte ich.

«*Du* schaust nach Westen. Ich schaue nach Osten und werde dich wie die Sonne in die Richtung des Sonnenuntergangs führen. Ich hätte es vorgezogen, dich auf einer leiblichen Reise zu jenem Ort zu führen, aber da es zu weit wäre hinzufahren, müssen wir auf andere Art gehen. Auf *diese* Art.»

Ich hatte eine Sorge. «Many Heart!»

«Ja?»

Ich blickte auf den unebenen Boden. «Muß der leibliche Körper nicht vollkommen entspannt sein, wenn der Geist sich auf die Reise begibt?»

«Du bist in der Furcht gefangen, Summer.»

Ich brauchte ihm nicht zu antworten, weil wir beide wußten, daß dies stimmte. Ich fürchtete, ich würde nach hinten fallen und vielleicht mit meinem Kopf auf einem der kantigen Granitsteine, die hier herumlagen, aufschlagen.

«Laß die Angst los, Summer.»

Himmel, das war neu – etwas, wovon ich keinen Schimmer einer Ahnung hatte, wie ich es bewerkstelligen sollte.

«Laß die Angst los», ermahnte er mich nochmals sanft.

Ich wußte nicht, wie ich die Angst loswerden sollte, und anstatt nur so zu tun, fragte ich: «Wie muß ich das machen?»

«Jedermann muß das auf eigene Weise herausfinden. Es gibt keine festen Angaben dafür. Du wirst deine eigene Art schon finden. Wir können nicht weggehen, bevor du es getan hast. Ich werde warten.»

Ich wandte meine Augen von seinen durchdringenden Blicken ab und versuchte, mich darauf zu konzentrieren, die Angst loszuwerden. Ich versuchte es während mehrerer Minuten ohne Ergebnis. Daher hörte ich mit der Willensanstrengung auf.

Ich horchte auf die leisen, aber klaren Klänge des Lieds vom

Leben, das der Wassergeist heraufsandte. Ein scharfer Schatten zerriß das sonnig goldene Gewebe der friedvollen Berglandschaft, und ich schaute auf in den leuchtenden Himmel. Unser Falke hatte sich in seinem weiträumigen Reich in die Lüfte geschwungen, und ich wünschte so sehr, ihn auf seinem Flug in die Freiheit zu begleiten.

Ich schaute ihm nach, aber die strahlende Helligkeit blendete mich. Ich schloß meine Augen, und ich sah noch immer den prachtvollen Vogel. Die Federn schillerten an den graziös ausgespannten Flügeln. Seinen vornehmen Schnabel streckte er hoch in die Luft. Ich spürte ein Stechen in den Lungen von der dünnen Bergluft. Sachte stiegen wir bis über die gezähnten Bergspitzen, die von eisigen Schneekristallen bedeckt waren. Aufwärts, hinauf ins Jenseits schnellten wir.

Eine Pause hoch oben machten wir, als wir einen Augenblick lang im Himmel hingen, wie aus der Zeit entlassen, ein Haltemanöver, das uns eine eindrückliche Vorausschau gewährte. Herzklopfen. Hochstimmung.

Hinunterkippen. Unsere Augen hefteten sich auf den Boden tief unter uns. Die Flügel angewinkelt. Dann ein atemberaubender Sturz; mein Herz tauchte in die Magengrube, während sich der tollkühne Sturzflug der Lichtgeschwindigkeit näherte.

Abwärts. Hinunter ging es. Schneidende Luft. Mit unglaublicher Leichtigkeit jagten wir kopfvoran der Erde zu. Die Luft pfiff um unsere Ohren, strömte durch unsere Nasenöffnungen und versengte unsere empfindlichen Atemwege. Es war eine brennende Hitze. Trockenheit der Wüste. Eine einsame Hitze, aus einem verlassenen Land emporsteigend.

Ich riß meine Augen auf.

Many Heart befand sich wie vorhin mit gekreuzten Beinen vor mir. Aber wir thronten jetzt auf einer hohen, zinnoberroten Mesa. Was war geschehen? Wo waren wir? Wie gelangten wir in dieses trostlose Land der Verzweiflung?

Die Höhe machte mir Angst. Ich beugte mich ganz wenig vor, um über den gefährlichen Rand aus rotem Stein hinunterzuspähen.

Der Magen drehte sich mir. Wüste breitete sich aus weit unter uns. Wüste so weit das Auge reichte, von einem Horizont zum andern. Der Atem blieb mir weg bei diesem Anblick.

Ich richtete mich auf und schirmte meine Augen ab, als ich in der flimmernden Hitze in den Himmel schaute. Ich sah, wie mein hoch fliegender Freund sich in einem sanften Bogen senkte und sich geschickt auffing, um dann im kühleren Schatten eines Terrakotta-Turmes in der Wüste zu verschwinden.

Fasziniert ließ ich meinen Blick von meinem gefiederten Reisegefährten hinüber zu Dreamwalker gleiten.

Seine Augen glänzten vor Aufmerksamkeit. Er war ruhig. Kühl.

Ich schwitzte stark. Der leichte, gewobene Wollumhang, der angenehm war für das Wetter im Frühherbst war plötzlich zu einer juckenden, erstickenden Hülle geworden in dieser brütenden Hitze. Ich rutschte hin und her unter seinem nun hinderlichen und drückenden Gewicht.

Many Heart starrte. Ausdruckslos starrte er in mich hinein. Durch mich hindurch.

Ich hatte drängende Fragen, die nach einer sofortigen Antwort verlangten. Ich blickte fest in die dunklen Augen meines Lehrers. Sie waren wie kühle, schwarze Spiegel, die mein eigenes Bild reflektierten und jenes der brennenden Sonne über und hinter mir. Ich beachtete das Bild der blendenden Scheibe nicht und blickte durch die Oberfläche der glänzenden Augen hindurch.

«Wie sind wir hierhergekommen?» flüsterte ich.

«Ist das so wichtig?» fragte er sanft.

«Nicht so wichtig wie wo wir überhaupt sind.»

Ich ließ meinen Blick über den verdorrten Horizont hinter ihm schweifen. «Wo sind wir Many Heart? Was für ein seltsames Land ist das?»

«Seltsam? Ich glaube, es ist nicht seltsam, Summer Rain.» Er machte eine Pause und schaute über die öde Landschaft. «Vielleicht wäre ‹vergessen› der passendere Ausdruck dafür.»

«Vergessen? Aber», meinte ich unschuldig, «wer würde je solch trostlose Kargheit der Natur, diese äußerste Einöde vergessen?»

«Der Mensch. Der Mensch hat diese Orte vergessen. Und doch», sagte er und blickte um sich, «es mag öde und kahl sein, ist es aber nicht gerade diese einfache Schmucklosigkeit, welche seine zauberhafte Schönheit bewirkt, Summer Rain?»

Ich zweifelte nicht an seiner Aussage, aber ich hatte dennoch keinen rechten Zugang zu einer Landschaft ohne hohe Schneeberge mit ihren rauschenden Bächen nach der Schneeschmelze inmitten üppiger, grüner Kiefern. Ich hatte mich noch nie zuvor mit der kargen Strenge der Natur abgegeben. Ich war mir auch nicht sicher, ob ich dazu imstande war. Und weshalb nannte er mich nicht Summer, wie er es früher immer tat? Warum sagte er dauernd ‹Summer Rain›?»

«Weil du Summer Rain bist. Summer Rain *kann* zu diesem Ort einen Zugang finden.»

«Ich bin *Mary* Summer Rain, und wie willst *du* wissen, daß ich zu diesem gottverlassenen Land einen Zugang finden werde, wenn *ich* noch nicht einmal weiß, ob ich es kann?»

«Das ist einfach. Du gibst deinem Geist die Möglichkeit, diesen Ort zu erkennen mit dem, was er wirklich darstellt – was diese Gegend *ist*. Und», erklärte er weiter, «während dieses besonderen Zeitabschnittes ist der ‹Mary›-Teil deines Namens nirgends vorhanden. In diesem Augenblick bist du nur Summer Rain. Du wirst dies bald einsehen.»

Er war der Weltenwanderer. Ich hatte kein Recht, seinem Vorauswissen zu widersprechen. Oder doch? Ich war die Schülerin hier, die lernte. Und eine Schülerin lernt nie rascher, als wenn sie ihrem weisen Lehrer Fragen stellt. Aber die eigentliche Frage war, *sollte* ich?

«Was ist es an diesem Ort, das ich wiedererkennen sollte?»

Uralte Weisheit leuchtete aus seinen strahlenden Augen. «Wenn ich es dir sage, wie kannst du dann je *wissen*, daß du es selber erkannt hast?»

«Durch deine Reaktion.»

«Wie bist du so sicher, daß ich diese *erwartete* Reaktion auch zeigen werde?»

Schweigen. Meine vorschnelle Antwort hatte meine Erwartungshaltung zum Vorschein gebracht.

Er erklärte weiter. «Ich warte auf deine *eigene* Reaktion, die zum Erkennen führt. Deine Reaktion wird das Wiedererkennen dieses Ortes zum Ausdruck bringen.»

Ich kam auf meinen zweiten Sorgenpunkt zu sprechen. «Warum hast du gesagt, ich sei zu diesem Zeitpunkt nur Summer Rain?»

«Weil du es bist.»

Ich war darauflos gegangen und hatte die zwei Fragen gestellt, aber keine befriedigenden Antworten bekommen. Ich hatte den deutlichen Eindruck, daß diese Antworten nur in mir selber gefunden werden konnten.

Ich drehte meinen Kopf und schaute über die verbrannten, orangefarbenen Felswände des ausgetrockneten Canyonlandes; ihre leuchtend zinnoberroten Mesas gleißten kahl im einsamen, saphirfarbenen Himmel. Ich blickte nach allen Richtungen und sah eine trauernde, brennende Gegend, ein kahles, verwüstetes Land, das bewegunglos dalag, gezeichnet von der Verheerung nie endenden Fiebers.

Schweißperlen sickerten aus den Poren meiner Stirn. Kleine Bächlein liefen mir den Rücken hinunter, und mein Colorado-T-Shirt klebte an mir. Der Wollumhang war eine unerträgliche Hitzepackung.

Ich blickte meinen Freund an.

Er war beneidenswert trocken.

«Wieso schwitzt du nicht?» fuhr ich ihn gereizt an.

«Sollte ich?»

Er war nicht nur körperlich kühl, sondern auch emotional.

Ich senkte meinen Kopf. Das Salz brannte in meinen Augen. Tröpfchen fielen von meinem Gesicht. Ich begann langsam zu kochen, nicht nur körperlich wegen der glühenden Hitze, sondern auch wegen meiner sich steigernden Gereiztheit. Verärgert über die frustrierende Nässe wischte ich mir über mein tropfnasses Gesicht. Mißbilligend und murrend rutschte ich hin und her und rieb mir das rieselnde Bächlein zwischen meinen Brüsten trocken.

«Du bist frustriert», war sein überflüssiger, weiser Kommentar.

«Dazu braucht es keinen Dreamwalker, um dies festzustellen!» gab ich zurück. «*Natürlich* bin ich frustriert! Ich *hasse* es, wenn mir so heiß ist. *Schau* mich doch um Himmels willen einmal an! Ich bin *tropfnaß*!»

«Laß dein Gefühl des Frustriertseins los, Summer Rain», sagte er ruhig.

«*Loslassen!* Verändere diese scheußliche *Landschaft!* Gib mir meinen kühlen *Bergwald* zurück! Führ uns zu einem eiskalten *Bach!* *Dann* laß ich es sehr schnell los!»

Sein Ausdruck blieb gelassen. Mein Ausbruch hatte keine negative Antwort hervorgerufen. Er starrte nur.

«Laß die Frustration los.»

Wo fand ich jetzt einen Ausweg? Wo war mein mich befreiender

Falke? Ich seufzte und schaute erneut tapfer über den Rand in den schwindelerregenden Abgrund. Tief unten konnte ich nun die zerklüfteten, gezackten Linien versengter Schluchten erkennen, die unbarmherzig schartige Narben in das trockene Angesicht der empfindlichen Erde schnitten. Gott, wie häßlich war dieser Ort.

Die Stimme sprach sanft und liebevoll. «Du siehst vor dir eine Seite der Ewigen Großmutter. Findest du sie unansehnlich? Häßlich?»

Voller Angst über die Tiefe, die mir Übelkeit bereitete, rückte ich nervös von der Kante weg. Ein Stein hatte sich gelöst und stürzte hinunter. Ich horchte auf die leisen, sanften Laute seiner Worte, die mein Herz schmerzlich berührten.

«Ist sie für dich nicht mehr als ein Ärgernis? Eine Quelle körperlichen Mißbehagens? Erkennt Summer Rain nicht ihre innere Schönheit? Ihre eigene Seele? *Spürt* dies Summer Rain nicht?»

Obwohl mir heiß und unbehaglich war, seine Worte waren für mich schmerzhaft. Sie schnitten tief hinein. Sie ließen meine Seele bluten.

Ich lehnte mich zurück auf meine Handflächen. Sie ruhten auf einem brennend heißen Stein, aber ich beachtete es nicht. Ich mußte ernsthaft nachdenken.

Die sengende Luft strich mir über das Gesicht. Der Atem der Natur war heiß, aber es war trotzdem Atem, und es schien mir, als ob er kurz meine feuchte Haut trocknete. Dann war er vorbei. Die erdrückende Stille war wieder da und mir schien, es sei sogar heißer als zuvor. Ich schloß meine Augen, aber die verbrannten Farben erschienen lebhaft vor meinen dünnen Augenlidern.

Poliertes Kupfer. Zinnober. Umbrabraun und Bronze. Rostrot und Ocker. Sie waren alle da. Nicht mein bevorzugter Farbton der Natur, aber dennoch eindrucksvoll.

Mein Kopf brannte. Im Geiste stellte ich mir eine rote, sonnenverbrannte Linie vor entlang der Mitte meines Kopfes, wo mein Scheitel war. Meine Augen waren halb offen, und ich schaute über das stille Canyonland, über das Ödland, wo die einzige erkennbare Bewegung unter der hochstehenden Mittagssonne jene der glühenden Hitze war, die in Schichten über dem staubigen Horizont flimmerte. Ein wogender Dunst. Der Stoff, aus dem die Trugbilder gemacht sind. Vielleicht war dies alles nur eine geschickt aufgemachte Fata Morgana. Vielleicht war es sogar nicht einmal Wirklichkeit.

Meine Phantasien wurden durch etwas Unbekanntes gestört. Etwas Nebelhaftes drang in meine Gedanken ein. Ich konzentrierte mich. Ich bemühte mich zu horchen.

Zuerst glaubte ich, das Blut pulsiere in meinen Ohren, denn der regelmäßige Rhythmus paßte genau zum Klopfen meines Pulses, den ich in meinen Handflächen auf dem heißen Stein spürte. Ich schloß meine Augen erneut, um die visuellen Reize auszuschließen. Ich *konnte* ein Pulsieren spüren, aber es kam nicht von meinem Herzschlag. Und ohne auf meinen wartenden Gefährten zu achten, streckte ich meine Arme vor mir aus und beugte mich weit vor – so daß ich meine Hände auf die brennend heiße Oberfläche der hohen Mesa legen konnte. Der Pulsschlag war kaum spürbar, aber er war da. Drinnen im Stein, er war da.

«Summer Rain spürt ihn wirklich.»

Ich bewegte keinen Muskel. «Was ist das?» flüsterte ich voll Ehrfurcht.

«Summer Rain weiß.»

Ich lächelte auf den Stein hinunter.

«Ja», gab ich leise zu, «Summer Rain kennt wirklich den Herzschlag einer edlen Nation. Summer Rain erkennt diesen hohen heiligen Ort.»

Ich war von ehrfürchtiger Scheu erfüllt, als ich mich an eine weit entfernte Zeit erinnerte, da ich genau diesen Ort besucht hatte, diese hochgelegene, heilige Stelle. Die kostbaren Erinnerungen überfluteten in einem Schwall meinen nun offenen Geist.

Ich reckte mich und stand auf. An diesem eben noch schwindelerregenden Abgrund stand ich nun furchtlos; ich stand in meiner ganzen Größe und betrachtete die Gegend im Osten mit neuen Augen. Lächelnd schaute ich hinaus auf die kühn dastehenden Monolithen aus rotem Stein, die wie aufragende Grabsteine das Vergehen von Äonen markierten. Ihre ominösen Schatten krochen leise auf brennenden Füßen über das verdorrte Land. Längst vergessene Erinnerungen jagten durch meinen Geist und flackerten in tausend erleuchtenden Funken. Und ich begriff, auf welchem Wunder meine bescheidenen Füße jetzt standen.

Sonnenuhren der Götter. Heilige Totems der alten Völker.

Sie standen da, groß und stolz, und hielten Wache.

Unerschütterlich. Ewig. Düsterer Schleier der Pyramide kollektiver Weisheit.

Wiedererkennen quoll aus meinem Herzen, und ich wandte mich gegen Westen. Die hohen, imposanten Obelisken des Canyonlandes waren von den flammenden Fackeln des Sonnengottes Ra entzündet. Das narbige, kantige Aussehen ihrer scharlachroten Gesichter zeugte von ihrem Durchhaltevermögen – ihrer Unverwundbarkeit.

Sphinxartige Überreste. Zurückgelassene Zeichen von den Alten. Ewigkeit hält Wache über das, was vor ihren Augen geschieht – Wache über das, was sie weiß. Sie schützt den Schatz verborgener Weisheit hier zu meinen Füßen.

Ich besaß nun eine ganz neue Perspektive. Ich wußte, daß ich Summer Rain, der Sommer-Regen, war, von dem Dreamwalker sprach. Ich wußte, weil ich mich erinnerte. Ich erinnerte mich an eine andere Frau aus einer längst vergangenen Zeit, die Sequanu hieß – Sequanu des Spirit Clans, der die heiligen, mystischen Geheimnisse behütete, die inmitten der katakombenartigen Tiefen dieser Mesa liegen.

Mein Wiedererkennen war vollkommen. Die Gefühle berührten mich tief – schmerzhaft tief, denn als ich mich wieder auf den Stein setzte, war meine Haut kühl und mein Geist abgekühlt von einem Bewußtsein über andere Dinge, die die Mittagssonne nicht zerstreuen konnte.

Ein heftiger Schauer rann über meinen Rücken, als ich erneut die kahle Gegend musterte, denn dies war auch ein verwunschener Ort. Es war ein verwunschener Ort, wo der Wind das leise Klagen verlorener Geister herbeitrug, die zwischen den Zeiträumen gefangen waren. Ein Ort, wo der Boden vibriert unter den rhythmischen Schritten von den Füßen Tausender von Tänzern, die die alten Zeremonien aufführen. Eine entfernte Begeisterung klang mir klar und schrill in den Ohren. Gespenstische Gestalten schwankten genau an der Grenze meiner Einbildungskraft. Ich drehte mich herum, um mich umzusehen, aber die sorgenvollen Gespenster waren verschwunden. Das war ein besonderer Ort – ein verwunschener Ort.

Ich starrte in die melancholischen Augen meines Lehrers. «Warum hier?»

Er hob seine schweren, schwarzen Brauen.

«Welch besseren Ort gibt es, um über das vergessene Volk zu sprechen, als im Land der Vergessenen?»

Er ließ seinen Blick über die Mesas aus rotem Stein schweifen, die hinter mir die Linie des Horizonts durchschnitten. «Welch besseren Ort, um über ein trostloses Volk zu sprechen, als im Land der Trostlosigkeit? Ein ausgebrannter Ort für ein ausgebranntes Volk.»

Seine ernsten Worte wogen schwer in meinem empfindsamen Herzen. Ich war zutiefst gedemütigt wegen meines vorherigen schlechten Benehmens und meiner großen Unhöflichkeit.

«Many Heart», begann ich zögernd und musterte meine Finger, «wegen vorhin...»

«Kein Grund, dies nochmals durchzukauen», sagte er freundlich.

«Doch, ich glaube, es gibt einen Grund. Ich empfinde es zumindest so. Mir wäre um einiges wohler zumute, wenn wir es besprechen könnten. Ich habe mich miserabel benommen, und es tut mir sehr leid, wenn ich dich enttäuscht habe.»

«Ich war nicht enttäuscht. Denk daran, Summer Rain, jemand, der keine Erwartungen hegt, kann nie enttäuscht oder überrascht werden. Du hast ehrlich, offen und ohne Zurückhaltung reagiert. So sollte es sein.»

Ich lächelte mit einem Seufzer der Bewunderung für meinen verständnisvollen Mentor. «Bei dir hört sich mein kindisches Geschimpfe an, als ob es da nichts gäbe, worüber man besorgt sein müßte.»

Er grinste verlegen. «Nein, ich wußte, daß es mit der Zeit aufhören würde, sobald die Erkenntnis sich einstellte. Ich wußte, daß du dadurch aus deinem Zustand der Frustration herauskommen und in einen Zustand des vollkommenen Verstehens geleitet würdest.»

Ich warf ihm einen tadelnden Blick zu. «Du bist im Vorteil.»

Mein Lehrer lächelte nur. Ich hatte das Gefühl, daß er es nicht gern hatte, wenn ich uns in eine reine Lehrer / Schüler-Kategorie einteilte. Ich glaube, er zog es vor, wenn wir als Freunde auf gleicher Ebene miteinander umgingen. Ich wollte daran denken, daß ich solche Anspielungen auf seinen «Vorteil» der Erleuchtung mir gegenüber in Zukunft unterließ.

«Dennoch», sagte ich zum Schluß, «ich war unhöflich, und ich

möchte dich nur wissen lassen, daß ich mich dafür entschuldige.»
Ich versuchte, ihm eine Art des Akzeptierens zu entlocken, und
warf ihm einen spaßhaft flehenden Blick zu. «Es tut mir leid,
Many Heart. Verzeihst du mir?»

Der Mann wurde sichtlich weich. Er grinste und schüttelte seinen Kopf.

«Du bist wirklich etwas Besonderes», lachte er. «Ich sehe nun,
wie leicht du die arme No-Eyes um deinen kleinen Finger wickelst.»

Ich war entgeistert. «So etwas mache ich nicht...»

Er grinste. «Doch, du machst es, und du weißt es auch. Das
Erstaunliche ist, daß sie es auch weiß und es liebt.»

Ich errötete und lächelte. Der Gedanke daran, wie die alte Seherin und ich scherzten und plauderten versetzte meinem Herzen
einen freudigen Stoß.

Einige Minuten tiefen und bedeutungsvollen Schweigens legten sich über uns beide, die auf der hohen Mesa aus rotem Stein
saßen im Herzen des leeren Landes der Trostlosigkeit.

Die glühende Sonne hatte den Zenit erklommen.

Meine Augen glitten über das heiße Land der Einsamkeit.

Verbrannte Erde, rissig und durstig. Weiße Hitze. Trommeln.
Blutrote Mahnmale der Zeit. Alte Grabsteine, hoch aufragend,
durch die Hitzewellen aufsteigend, damit man sie erkenne. Leiser
Gesang. Angesengte Mastabas, die sich kupferglänzend gegen den
kühlen, türkisfarbenen Himmel abhoben. Turmspitzen aus rotem
Stein, versteinerte Finger, die aufwärts zeigten zum Weg. Stillstehende Luft, ein Land ohne Atem. Ein Geisterland.

«Ist es das, was du meinst?» ertönte sanft die Stimme.

Ich drehte langsam meinen Kopf weg von der brennenden Landschaft und blickte meinen Freund an.

«Das ist es, was ich *glaube*, weil ich das wahrgenommen habe.
Das sagen die Stimmen, das sprechen die Trommeln, das fühle ich
hier», sagte ich und klopfte auf meine Brust.

«Was für Trommeln?»

«Jene der Geister, die dieses verdorrte Land bewohnen. Jene der
Geister, die uns jetzt gerade umgeben.»

Er sprach leise, aber mit Nachdruck. «Was ist es, was die Geister
sagen?»

«Sie jammern mit einem lauten, schrillen Wehklagen.» Ich

machte eine Pause, um zu horchen. «Sie scheinen keine Ruhe zu finden. Sie sind verzweifelt und untröstlich.»

Er flüsterte: «Warum?»

Ich wandte meine Augen ab und blickte über das sepiabraune Land.

«Weil auf ihren einst starken Rücken und Herzen herumgetrampelt worden ist. Weil sie in der staubigen Erde zermalmt wurden unter dem Absatz der Habgier. Und weil sie ihr kostbares Land nicht mehr finden können – es wurde von den Eroberern bis zur Unkenntlichkeit verwüstet.»

Meine Augen schwammen in Tränen. Ich sah die Umgebung nur noch verzerrt, das Bild verschmolz mit der flimmernden Hitze. Ich starrte auf den bewölkten Horizont, und ich kümmerte mich nicht um die Träne, die mir über die Wange lief.

Many Heart kam an meine Seite. Seine Arme umfingen mich, und er zog mich an seine Brust. Er streichelte mein Haar, während ich dem Brunnen des Mitleids, der überfloß, freien Lauf ließ.

«Warum verfolgen sie uns immer noch?» schluchzte ich. «Warum treiben sie uns immer noch herum wie Viehherden?»

«Schsch», beschwichtigte er und streichelte mich.

Aber ich ließ mich nicht so rasch beruhigen. Störrisch zog ich mich zurück. Mein Kummer und mein Mitleid hatten sich zu ungeheurer Entrüstung ausgewachsen.

«*Wir* waren zuerst hier! Der Große Geist hat der indianischen Rasse *dieses* Land zugewiesen. Wir sind die *wahren* Amerikaner. Aber die Eindringlinge haben uns getötet und unser herrliches Volk zunichte gemacht. Sie haben unser lebendiges Erbe *aufgegessen*. Nur weil sie unsere Verehrung des Großen Geistes und unser heiliges Band mit der Mutter Erde nicht verstehen konnten, nannten sie uns wilde Heiden! Dann entrissen sie unsere Kinder ihrer Heimstatt und versuchten, ihre Sprache, Kultur und heiligen Glauben zu übertünchen!»

«Beruhige dich», mahnte er mitfühlend.

«Nein, verdammt noch mal, ich *will* mich nicht beruhigen. Ich muß nicht! Versteh doch, man macht zu Recht viel Aufhebens um das, was Hitler getan hat, aber die Leute hierzulande sind so verdammt blind, daß sie nicht einmal merken, daß das gleiche sich hier abgespielt hat auf ihrem *eigenen* Boden! Aber nein, das *zählt* einfach nicht! Unsere ganze *Rasse* ist beinahe ausradiert worden in diesem Land. Wir wurden umgebracht und ausgehungert. Das Wasser unseres Volkes wurde umgeleitet zu großen Städten – wir müssen Durst leiden, da man unser Wasser stiehlt – und es immer noch *wegnimmt*! Wir wurden von unserem fruchtbaren Land vertrieben auf verdorrte, karge Prärien und ödes Canyonland, damit sie das beste, das schönste Land für ihre *Parks* haben konnten! Danach wurden wir erneut vertrieben, weil sie jetzt nach dem verlangen, was *unter* unserem leblosen, dürren Land liegt – sie wollen uns aus dem Weg haben, damit die großen Elektrizitätsfirmen unsere Rohstoffe ausgraben können! Sie bauen uns Häuser ohne fließendes Wasser, ohne Strom und dann brüsten sie sich damit und klopfen sich auf ihre dünne Brust, wie großzügig sie uns Häuser zur Verfügung gestellt haben. Sie…»

«*Summer!*»

«NEIN! Sie beklagen den Hunger in Äthiopien, während Tausende von Indianern kaum ihre Kinder ernähren können. Sie machen ein großes Geschrei wegen der Apartheid in Südafrika und wenden ihre Augen ab von der *indianischen* Apartheid, die seit Generationen besteht und immer noch *existiert*! Genau *da* auf ihrem eigenen *Boden*! Wo bleibt die *Gerechtigkeit*? Der gesunde *Verstand*? Sind wir bloß Tiere, die in menschlichen Augen nichts gelten? Wo sind Verstand und Ohren, Augen und Herz der Menschen? Wo ist das Mitgefühl *hingekommen*? Hm, Many Heart? *Wo?*» Die Tirade war zu Ende. Die Skorpione in meinem Herzen hatten ihr Gift erschöpft.

Mein Lehrer erhob sich schwerfällig und schritt bis zum Rand der Mesa. Er stand stolz da und blickte über das trostlose Territorium der zerstörten Hoffnungen. Er sandte seine sanfte Stimme hinaus über die feurige Einöde zu den aufragenden Grabsteinen, aber er sprach zu mir.

«Deine Empörung ist gerechtfertigt, Summer Rain. Dein Schmerz ist so echt und tief wie der meine.»

Ich schaute auf zu seinem breiten Rücken, der in den blauen Himmel ragte. Er ließ seine Hände an den Seiten hinunterhängen. Das blauschwarze Haar schimmerte im Glanz der flammenden Sonnenfackel. Die staubigen Stiefel waren müde, so müde. Das Herz war schwer, so unendlich schwer.

Vielleicht hätte es mir leid tun sollen, daß ich ihn so traurig gestimmt hatte. Vielleicht hätte ich aufhören sollen, als er mich so anschrie. Aber schließlich teilten wir gemeinsamen Kummer, und ihn auszusprechen, half oft, den Schmerz zu lindern.

Ein leises Stöhnen unterbrach mein Sinnen. Eine sanfte Brise hob meine losen Haarsträhnen.

Ein Wesen machte sich bemerkbar.

Ich schaute erneut auf zu Dreamwalker. Er hatte seine Arme zum Himmel erhoben.

Das leise Stöhnen wurde lauter und verwandelte sich in einen Gesang, der mir einen kalten Schauer den Rücken hinunterjagte. Die Brise wurde stärker, und Staub begann herumzuwirbeln.

Many Heart sang sich sein Herz aus dem Leib über das glühende Land. Der Wind blies in Stößen und peitschte mein Haar ins Gesicht. Der Staub wirbelte herum wie wogende Rauchschwaden.

Ich starrte den Mann am Abgrund an. Mein Herz klopfte heftig, ich war von Ehrfurcht ergriffen vor der Stärke seiner unglaublichen Kraft. Der Takt seines faszinierenden Gesangs stimmte mit der Stärke des Windes überein. Wäre ich mit jemand anderem hier gewesen, hätte mich das Grauen gepackt; aber ich war nicht mit irgend jemand hier, sondern mit dem Weltenwanderer – meinem Freund.

Das dröhnende Requiem war nun kaum mehr vom Wind zu unterscheiden; der Windgeist hatte eingestimmt und heulte das mitempfundene Herzweh um die kantigen Felsentürme. Er gellte durch ihre erodierten, gähnenden Augenhöhlen. Und darüber ertönten die vereinigten Stimmen der Gespenster, die das Canyonland bewohnten und ihre Klagelieder tiefer Verzweiflung und Trauer sangen.

Herzzerreißender Gesang. Peitschender, heulender Wind. Qualvolle Schreie. Der Gefühlsausbruch riß mich fort mit seiner ganzen Macht.

Ich warf meine Arme hoch. Eine laute, qualvolle Totenklage entrang sich meiner tiefsten Seele. Und mein Jammer stieg hinauf auf die verlassenen Flügel des Winds.

Dann... Stille.

Die Geister flüsterten. Der Wind seufzte in mein Ohr. Sanft streichelte er mein Haar. Dann war er weg.

Stille, süße Stille.

Many Heart blickte mich an. Erschöpft brachte er ein Lächeln zustande.

Ich ließ mich auf meine Fersen zurückfallen und schaute hinaus in die Stille, die zu glimmen schien. Ich blickte in alle Richtungen. Auch ich lächelte befriedigt.

Dreamwalker hatte seine Energien gebündelt, um sie auf den Sacred Way zu schicken. Er hatte unsere gemeinsam erlebte Verzweiflung zerstreut, das angestaute Elend des Landes freigesetzt, und wir alle atmeten auf vor Erleichterung.

«Danke», flüsterte ich.

Der Mann atmete tief aus und nahm seine Stellung westlich von mir, mir gegenüber, wieder ein. Sein Gesicht war nun im Schatten der niedergehenden Sonne.

Ich lockerte meine Beine und streckte sie, um sie wieder lose zu kreuzen wie zuvor. Wir sahen einander an.

Seine Stimme unterbrach den bedeutungsvollen Augenblick. «Ich mußte das tun, bevor wir weitergehen können.»

«War ich so außer Kontrolle geraten?»

«Nein», sagte er halb lächelnd, «*alle* waren.» Er schaute kurz hinaus zu den einsamen Sandsteinspitzen, bevor er seine Augen wieder auf mich richtete. «*Sie* mußten erlöst werden. Sie mußten zu spüren bekommen, daß wir sie nicht vergessen haben. Ich... du und ich bezeugten ihnen nur unser Mitgefühl, unsere Empathie und unser Verständnis. Wir ließen sie wissen, daß sich jemand kümmert.»

«Wann werden die Dinge sich ändern?» fragte ich traurig.

«Du hast gehört, was die Alte sagte über die Phönixtage. Es mag immer noch ein paar Jahre dauern, aber am Ende wird es sich ändern.» Er lächelte. «Unsere Leute wissen das, Summer Rain. Sie sind sich bewußt, was kommen wird. Sie wissen es seit Jahrhunderten. Sie warten nur auf den rechten Augenblick.»

Ich dachte an die Gegenwart, die sie zu ertragen hatten. Das beständige Vertriebenwerden. Die soziale Grausamkeit. Die Blindheit der Herzen.

«Es ist demütigend, den rechten Moment abzuwarten.»

Er zuckte mit den Schultern. «Aber sie sind darauf vorbereitet. In ihren Herzen sind sie bereit, weil sie die alten Prophezeiungen kennen. Sie ehren diese heiligen Worte, und obwohl sie immer noch unmenschlich behandelt werden, halten sie sich fest an der herrlichen Wahrheit, die für die Menschheit vorausgesagt wurde. Sie schätzen die Wahrheit des Geistes hoch. Es sind diese kostbaren geistigen Offenbarungen, für die sie weiterleben. Während der Rest der Menschheit materielle Dinge liebt und deren Besitz sucht, halten die Indianer ihren geistigen Glauben und das Wissen um ihre Prophezeiungen hoch.»

Mir waren diese Dinge bekannt. Aber als er von Prophezeiungen sprach, wurde die Erinnerung an die Lektionen mit No-Eyes wieder in mir wach. Als sie vom Wiedererwachen des Großen Phönix sprach, besonders als sie geheimnisvoll eine Prophezeiung erwähnte, hatte ich Zweifel. Nun fragte ich mich, ob mein Lehrer Licht in diese vage Angelegenheit bringen konnte oder, genauer, *wollte*. Wenn ich nicht wenigstens fragte, würde ich es nie erfahren.

«Many Heart!»

«Ja?»

«Als No-Eyes vom Phönix und der wiedererwachenden Nation sprach, hatte ich Zweifel.»

«Ja, ich weiß. Aber jetzt stellst du fest, daß die Qualität des Indianertums eine Größe ist, die nicht auf den Eigenschaften der biologischen Erbfaktoren oder Genen beruht, sondern viel eher von jenen hohen Idealen, die im Geiste wohnen, und von einem reinen Herzen gespeist werden. Das Indianertum ist ein heiliges Erbe des Geistes allein.»

Ich nickte. «Ja, diese Idee habe ich endlich in mich aufgenommen, aber ich habe noch eine andere Frage.»

«Fahr fort.»

«Nun, sie hat etwas gesagt, was ich nicht ganz verstanden habe. Ich habe damals nicht daran gedacht, sie zu bitten, es mir zu erklären. So hat sie es also nicht getan, aber als mir Zweifel kamen, spielte sie geheimnisvoll auf eine alte Prophezeiung an. Weißt du vielleicht, was das war? Könntest du es vielleicht mir erklären?»

«Ich weiß, was es war.»

«Nun?» bedrängte ich ihn.

«Es hat mit Dingen zu tun, die viele verschiedene Stämme erwarten. Manche erzählen alte Geschichten, welche weissagen, daß jemand anderer als ein Indianer erscheinen und Licht in die verdunkelten Herzen der Menschen bringen würde – jemand, der die trennende Kluft unter den Rassen überbrücken würde. Die Geschichten eines anderen Stammes wollen von einem Wiederauftauchen eines fehlenden Teils eines heiligen Gegenstandes wissen. Aber No-Eyes sah voraus, daß dieser fehlende Teil in einem veränderten Zustand wieder erscheinen würde. Mit anderen Worten, dieser erwartete Teil wird tatsächlich in einer völlig unerwarteten Form zurückkehren.»

Mein Interesse war angefacht. «Was für eine veränderte Form wird dieser heilige Teil annehmen? Hat sie das gesagt?»

«Ihre genauen Worte waren: ‹Sie erwarten nur *einen* fehlenden Teil – einen Gegenstand. Aber er ist verändert. Er ist in *Teile* des *Einen* Ganzen zerfallen. Er wird als *viele* Teile *innerhalb* des Einen, den sie erwarten, erscheinen.›»

«Das ist verwirrend», sagte ich und dachte über diese mysteriöse Weisheit nach.

Er zwinkerte mit den Augen. «Findest du?»

«Ja, für mich schon. Wenn ich wüßte, welches dieses Eine ist, das fehlt, wäre ich wahrscheinlich weniger verwirrt.» Ich neigte meinen Kopf zu ihm. «Du weißt nicht etwa zufällig, welches dieser Eine fehlende Teil ist?»

Seine lebhaften Augen bohrten sich in meine. «Ein Teil einer Tafel.»

Schweigen.

«Du hast es immer noch nicht erraten, nicht wahr?» sagte er belustigt und verwundert.

Ich schaute an ihm vorbei in die Abendsonne.

«Nein. Vielleicht steht es mir nicht zu, es zu erraten.» Ich zuckte die Achseln. «Vielleicht spielt es auch keine Rolle.»

«Vielleicht nicht», pflichtete er bei. «Aber andere werden es erraten.»

«Ich hoffe es. Es wäre jammerschade, wenn sie nicht erkennen würden, worauf sie warten.» Ich machte eine Pause und ließ es mir durch den Kopf gehen. «Glaubst du, sie werden ihren heiligen Teil erkennen, der als transformierte Teile wieder erscheinen wird?»

«Ich zweifle nicht daran.»

Ich war befriedigt. Ich lächelte. «Gut. Das erfreut mein Herz für sie.»

Mein Freund blickte mich zweifelnd an. «Bist du denn überhaupt nicht neugierig auf dieses Geheimnis?»

Ich zog meine Brauen hoch. «Doch.»

Er nickte wissend. «Nun?»

«Was stellen dieser heilige Teil, diese Teile für sie dar?»

Er schüttelte seinen Kopf. «Das war nicht die Frage, die ich glaubte, von dir zu hören.»

«Tz-tz», gluckste ich zum Spaß. «Das war nicht richtig. Du hattest eine Erwartungshaltung.»

Er drehte seine Handflächen nach oben. «Bekenne mich schuldig. Aber nachdem du das gefragt hattest, war das meine Antwort.»

Er beugte sich nahe zu mir und verengte seine Augen. Er flüsterte: «Die erwarteten Teile der Tafel werden den großen Beginn des Endes darstellen... den Beginn eines großen neuen Kreislaufs.»

Ich starrte in seine Augenschlitze und verengte auch meine Augen. «Oh.»

Er kicherte ungläubig. Lachte.

Ich runzelte die Stirn. «Habe ich etwas verpaßt?»

«Nein, nein», lachte er, «du hast es ganz gut gemacht.»

Ich begriff nicht, was so unglaublich lustig war an unserem Gespräch.

«Wenn ich es recht gemacht habe, warum lachst du dann und ich nicht?»

«Du bist eine Freude», sagte er und ließ seiner Heiterkeit freien Lauf.

Ich schüttelte meinen Kopf. «Ich weiß nicht, worüber du sprichst. Was habe ich gesagt, was habe ich getan?»

«Nichts. Es ist nichts», er wischte es mit wenigen beiläufigen Handbewegungen weg. «Wie auch immer. Das Wichtige hier ist, daß der Phönix, sobald diese Prophezeiung als Wirklichkeit erkannt wird, sich selber bemerkbar macht – die Phönixtage werden dann gekommen sein – und die Menschen werden bereit sein für ihre letzte Umsiedlung.»

Ich grinste über seine Wortwahl. «Meinst du nicht ihre letzte *Einteilung*?»

«Genau. Du hast ganz recht. Genau wie wir es während Jahrzehnte getan haben, werden wir geduldig abwarten. Und wenn die Zeit gekommen ist, wird der Neubeginn da sein und der Ring wird für immer geschlossen sein. Der Heilige Baum wird wieder erstarken... auf immer.»

Das Leuchten in den Augen meines Freundes paßte nicht zu

meinen. Meine Augen hatten sich verdüstert. Es war nicht schwer, meine Reaktion zu erkennen.

«Was ist los?» fragte er mit tiefer Besorgnis in der Stimme.

«Ich dachte nur, unser Volk ist gegenwärtig so bedrückt, daß es nichts hat, worauf es sich freuen kann. Vielleicht wissen viele von der erfreulichen Zukunft, die in Sicht ist, aber ich glaube nicht, daß die Mehrheit es weiß. Die meisten sind niedergedrückt über die Lebensumstände, zu denen sie gezwungen werden. Sie sind damit geschlagen, daß ihnen ihr Land entrissen wird, ihre Rohstoffe und Menschenrechte genommen werden. Many Heart», seufzte ich, «sie *brauchen* etwas *Hoffnung*... JETZT.»

Der frühere Funken tauchte wieder auf in seinen Augen. «Ja! Hoffnung! Siehst du nicht?»

Ich verstand nicht.

«Die Prophezeiung! Die zurückgekehrten *Teile*!»

«Ist das alles, was sie brauchen?»

«Ja!»

Ich grinste. «Und dann *wissen* sie, daß sie bald frei sein werden?»

«JA!»

Mein Herz machte einen Luftsprung über die Freude, die endlich auf die Menschen zukommen sollte.

Many Heart erhob sich und streckte seine Hand aus.

Ich ergriff sie und stellte mich neben ihn.

«Es ist Zeit», sagte er leise und wandte sein Gesicht zur untergehenden Sonne.

Das goldene Licht der schrägen Sonnenstrahlen tauchte die Mesas in flammendes Purpur. Die Schatten wurden länger und streckten ihre dunklen Glieder weit über den sich abkühlenden Boden. Das ganze Canyonland loderte auf. Ein Inferno von scharlachroten Flammen schoß in den dunkel werdenden Himmel. Rote Erde. Rote Obelisken. Rotes Blut. Eine rote Nation brannte in einem ewigen Feuer.

Wir schauten zu, wie die Nacht herbeikam und mit ihrer Decke das heilige Land rettete und erhielt.

Die Flammen wurden schwächer. Die Gluten glimmten. Sie verblaßten und schwelten unter der kühlen Hülle des Abends.

Die Schatten wurden dunkler. Ihre ebenholzfarbenen Umrisse bewegten sich im Mondlicht über den Canyons. Sterne glitzerten herab. Die silbrigen Steinspitzen waren von tiefem Schwarz umgeben. Weiße Grabsteine schimmerten grell wie Skelettfinger, die aus antiken Gräbern herausschauten. Ein kalter Wind peitschte um die steinernen Wahrzeichen.

Und die Nacht war erfüllt von gespenstischen Lauten unruhiger Geister, die trommelten... sangen... und auf ihre Zeit warteten.

Ich schauderte und schaute auf zur silbrigen Scheibe hoch oben im klaren Nachthimmel. Es war kein Kadavergesicht, das ausdruckslos herunterstarrte auf das gespenstische Canyonland. Es war das schimmernde Opalgesicht eines Bergmondes, das hell über einem silbernen Wald glänzte.

Eine Brise von den Bergen strich mir über das Haar. Ein Käuzchen schrie. Der Bach summte sein Schlaflied. Das milchige Mondlicht beleuchtete Many Hearts Gesicht. Er war in Nachdenken versunken.

«Wie sind wir zurückgekommen?» fragte ich sanft.

Er öffnete seine Augen. Zwei dunkle Höhlen wurden sichtbar. «Den gleichen Weg, wie wir gegangen sind.»

Das sagte mir überhaupt nichts. «Ich flog auf Falkenflügeln dorthin», sagte ich.

«Wirklich?»

«Ja.»

«Und bist du auch auf Falkenflügeln zurückgekehrt?»

Unten im Wald schwieg der Windgeist. Unten in der Schlucht kicherte der Wassergeist.

«Ich *weiß* nicht, wie ich zurückgekommen bin. Darum frage ich dich.»

Der Mann machte eine Gebärde mit den Händen. «Summer, der Falke war nur eine Hilfe. Erinnerst du dich, du versuchtest die Angst loszulassen? Der Falke lenkte nur deine Aufmerksamkeit auf sich und zerstreute sie. Dein Bewußtsein wurde sie dann selber los, aber der Vogel hat dich nicht dorthin getragen.»

«Was war es dann?»

Ich sah, wie in der Dunkelheit der Berge seine regelmäßigen Zähne das Licht auffingen. Er lächelte.

«Es gibt viele Wege, die an viele Orte führen. Heute wählten wir nur einen weniger begangenen Pfad – einen weniger bekannten – den eines Weltenwanderers.»

Ich wußte nichts zu antworten. Ich konnte nicht eine Erklärung eines so heiligen und geheimen Wegs verlangen. Ich war immer noch die strauchelnde Novizin, die nicht fortgeschritten genug war, um in solche erhabene geistige Dinge eingeweiht zu werden.

Mein Lehrer nahm meine Gedanken wahr. «Möchtest du diesen besonderen Weg kennen und verstehen lernen?»

Das konnte ich nicht leugnen. «Ja, das möchte ich, aber nicht durch deine Erklärungen. Ich wünsche mir sehr, ihn kennenzulernen, aber nur von selbst. Ich möchte auf natürliche Art zu diesem Wissen gelangen.»

Schweigen. In der Dunkelheit der Nacht konnte ich seine Reaktion nicht sehen.

«Many Heart!»

«Ja?»

«Ich möchte gerne das beenden, worüber wir heute gesprochen haben.»

Dreamwalker beugte sich vor, seine Ellbogen ruhten auf seinen Knien. «Beenden?»

«Ich möchte über unser Image sprechen, nicht gerade deines oder meines, sondern über das Image unseres Volkes.»

«Mach weiter.»

Ich machte eine Pause, um dem Wind in den hohen Tannen und Kiefern zu lauschen.

«Es tut mir weh, daß die Leute denken, die Indianer seien nur Nichtsnutze und Trunkenbolde. Sie glauben, die Indianer *müßten* nicht so leben, wie sie es tun. Sie glauben, sie seien nur eine faule Rasse.»

«Aber wir wissen es besser, nicht wahr?»

«Natürlich. Wir wissen, wie verzweifelt nötig sie es haben, in ihrem eigenen Kreis zu bleiben, um die kleinen Überreste ihrer großen Kultur und ihres Erbes zu bewahren. Wir wissen, wenn sie sich dem Durchschnitt der Gesellschaft anzupassen versuchen, daß dieser liebenswürdige Schmelztiegel sie nicht zuläßt. Aber ich will nicht über das sprechen, was wir wissen. Ich möchte darüber sprechen, was die Gesellschaft als Ganzes *nicht* weiß, gemessen an dem, was sie *meinen* zu wissen.»

«Ich verstehe, was du sagen willst», versicherte er, «mach weiter.»

Ich war nicht sicher, ob ich mich richtig verständlich machte.

«Nun, dieses negative Image, dieses Bild ist falsch und sollte verändert werden. Wird es sich ändern und, wenn ja, wie?»

Er schlenkerte seine Hände hin und her. «Warum ist dieses Image so wichtig für dich?»

«Weil der Durchschnittsleser, der Durchschnittsmensch, sich ein eigenes gemacht hat. Der betrunkene Indianer. Der Faulenzer. Der einfältige, herumschlurfende Indianer, der kaum redet. Die Menschen müssen die Wahrheit dahinter sehen lernen – den Zweck der Kultur, die alte Weisheit, den herrlichen Geist im Körper. Und jetzt kann man diese wunderbaren Eigenschaften nicht sehen, weil die Indianer eingeschlossen sind in die Einsamkeit ihrer Reservate, wohin man sie vertrieben hat.»

In seinem Ton lag die Andeutung einer Warnung. «Gibst du da nicht wieder deinem Zorn nach?»

«O nein! Überhaupt nicht. Ich will nur sagen, daß die eigentliche Schönheit durch die traurigen Lebensumstände und die Unterdrückung verdunkelt ist. Das ist die reine Tatsache. Und ich möchte wissen, welcher Art die Veränderungen sind, damit die Menschen die indianische Rasse so sehen, wie sie wirklich ist.»

Ich hörte einen tiefen Seufzer. «Dies scheint dir sehr wichtig zu sein, Summer», sagte er zögernd, «aber äußere Erscheinungen sind oberflächlich. Ich glaube, du weißt das.»

Natürlich. «Aber…»

«Du bestehst darauf, daß das Image unseres Volkes sich ändern muß, damit die Menschheit klar sieht – damit sie den wahren Charakter, das Ziel und die Weisheit der Indianer schätzen lernt.»

«Ja! Genau das!»

«Nicht genauso. Das ist völlig falsch», verbesserte er mich.

Schweigen.

«Summer, seit Beginn der Zeiten, als die indianische Rasse vom Großen Geist auf diesen Kontinent gesetzt wurde, haben die Indianer ihre alte Weisheit verehrt und ihr wunderbares geistiges Band mit der lebendigen Ewigen Großmutter hochgehalten. Sie verehrten sie tief. Sie beteten immer zur erhabenen Macht. Und so haben sie die Heiligkeit als Schatz betrachtet.

Heute ist es nicht anders. Obwohl sie ihres Lands beraubt wurden, ihre Nation gelitten hat durch Massaker, Völkermord, Entwürdigung, Umsiedlung und Verzweiflung bleibt ihr herrlicher

Glaube rein und unangetastet. Ihre uralte Weisheit bleibt erhalten und ihr strahlender Geist behält seinen Glanz.

Wer braucht eine Veränderung, Summer? *Was* muß sich ändern? Unser Volk bleibt sich gleich. Seine Menschen sind sich selber, ihrem Erbe und ihrem Geist treu. Sie kümmern sich nicht um die oberflächlichen, äußeren Wertmaßstäbe der Menschen, denn in ihrem leuchtenden Geist erinnern sie sich der alten Worte, und das ist alles, was sie benötigen.»

«Bis die heiligen Teile wieder erscheinen», fügte ich hinzu.

«Ja, bis die heiligen Tafeln wieder erscheinen und den Geist der Menschen befreien – den Geist *aller* Menschen.»

Es gab nichts mehr zu sagen. Mein Lehrer hatte mit beredten Worten alles erklärt. Ich hatte keine Fragen mehr. Alles war aufgehoben im Trost von Many Hearts Worten. Ich wurde nicht mehr gequält von dem ungerechten Image, das durch grausame Umstände von meinem geliebten Volk entstanden war, denn es erwartete den glorreichen Tag, an dem die uralte Prophezeiung erfüllt würde; der geheimnisvolle, fehlende Teil würde wieder erscheinen und es ... und die Welt befreien.

Es wartete.

Und ich auch.

Die Seele des Indianers bleibt ursprünglich.

Ihr inneres Licht ist makellos klar mit ihrem messianischen Erbe. Ihre alten Geheimnisse bleiben geheiligte und verehrte Überlieferungen, die hell leuchten inmitten der dunklen Roheit der Unwissenheit heutigen Denkens.

Eine Handvoll Magie

Magie schläft im Herzen der inneren Achtsamkeit
Aber die Magie ist lebendig...
in vollkommenem Verstehen und weiser Verwendung!

Ich war mir selber ein verwirrendes Rätsel.

Während meiner schwierigen Kindheit, wo ich unter dem Alkoholismus meines Vaters und seiner häufigen Gewalttätigkeit litt, fand ich oft Zuflucht und Heiterkeit in der Kraft meines Geistes. Das verängstigte kleine Mädchen flüchtete sich in den sicheren Winkel des kleinen Wandschranks in ihrem Schlafzimmer und verstopfte sich die Ohren, um nicht länger das Schreien und Poltern, sondern eine sanfte und beschwichtigende Stimme zu hören. In diesem verdunkelten Raum verschloß sie die Augen vor der traurigen Szenerie und erlebte wunderbare Visionen. Die sanfte Stimme und die herrlichen Visionen blieben als Sinneswahrnehmungen erhalten – sie schwanden nicht dahin, nein, sie wuchsen durch natürliches Hinnehmen, Reife und später durch Weisheit.

Ich bin nicht mehr dieses kleine Kind, das sich versteckt.

Als Erwachsene wurde ich magnetisch angezogen von der Kultur der amerikanischen Ureinwohner. Ich hatte lebhafte Träume von friedlichen Tagen, als ich eine Vollblut-Shoshonin war. Obwohl ich keinen persönlichen Kontakt mit Indianerfreunden hatte, litt mein Herz entsetzliche Pein, und mein Geist sehnte sich dauernd nach etwas, das ich nicht fassen konnte. Mein Geist war von großer Leere geplagt, bis ich No-Eyes in ihrem Bergwald begegnete. Ihre Anerkennung und ihre Weisheit, ihr Mitgefühl und ihre Liebe vertrieben die Leere und erfüllten mich; meine verlorene Identität wurde mir wieder zurückgegeben.

Ich war indessen eine Einzelgängerin, da ich erst so spät von meinem richtigen Erbe erfahren hatte. Ich hatte das Gefühl, ich gehöre weder hierhin noch dorthin. Weder Weiße noch Indianerin, aber eine einmalige Mischung von beiden. Meine Hautfarbe verhinderte meine Assimilierung an die indianische Kultur, und mein Geist verbot die Übereinstimmung mit der der Weißen. Ich schlängelte mich immer vorsichtig zwischen beiden hindurch... und gehörte nie ganz weder zur einen noch zur andern.

Wie soll man einen hellolivfarbenen Teint außen und ein indianisches Herz und ebensolchen Geist innen begründen? Hatte mein indianischer Geist auf dieser Reise sein Ziel verpaßt und ein falsches Gefährt bestiegen? Ich zermarterte meinen Kopf über diese Diskrepanz. Ich war am falschen Ort, ein Außenseiter, ein bizarres geistiges Rätsel. Ich hatte das Gefühl, ich gehörte zu keiner Rasse dieser *Erde*.

Ich war mir ein verwirrendes Rätsel.

Diese schmerzlichen Erinnerungen und Gedanken beschäftigten mich unterschwellig und kamen immer wieder an die Oberfläche, als ich Bill meinen Tag mit Many Heart schilderte, denn die Tatsache, daß ich von der Prophezeiung nichts Genaues wußte, traf mich hart.

Mein Lebensgefährte versuchte, mich zu besänftigen und die Dinge zurechtzusetzen.

«Du erinnerst dich an so vieles», mahnte er mich mitfühlend. «Du kannst nicht erwarten, alles zu wissen. Außerdem hat No-Eyes dir gesagt, du sollst nicht zu viele Geschichtsbücher studieren, weil sie wollte, daß dein Überträgergeist dich in die Gegenwart hineinführe.»

Ich brachte ein schwaches Lächeln zuwege. «Ich weiß», sagte ich in der Hoffnung, seine Worte dadurch hilfreich erscheinen zu lassen. «Ich weiß, was sie gesagt hat, aber ich wünschte mir, mehr davon zu verstehen. Many Heart schien darüber erheitert zu sein, daß ich nicht mehr wußte.»

«Er hat dich nicht ausgelacht, mein Liebes», versicherte er mir.

«Ich weiß, aber er hat sich doch über *irgend etwas* amüsiert.»

«Nun, es ist doch wie immer; wenn es dir bestimmt wäre, die ganze Geschichte dieser Prophezeiung zu erfahren, würdest du es auch auf irgendeine Weise.»

Ich seufzte. «Ja, ich würde – aber ich werde es nicht.»

«Warum bist du dir da so sicher?»

«Gefühle, einfach starke Gefühle. Ich werde es wahrscheinlich nie erfahren.»

Auf meinem Weg in den Pike National Forest an diesem letzten Septemberwochenende ging mir das Gespräch, das ich mit Bill hatte, nochmals durch den Kopf. Ich dachte, daß ich vielleicht viele Bücher über die Kultur und Gesellschaft der amerikanischen Ureinwohner oder Bücher über Geschichte und Religion lesen sollte, um so schließlich auf die Spur der mysteriösen Prophezeiung zu stoßen, auf die No-Eyes und Many Heart anspielten. Und vielleicht würde ich dann auch herausfinden, was dem Traumwandler so komisch erschien. Sollte ich es versuchen?

Frische Herbstluft blies in meinen Pickup. Ich atmete tief ein, und plötzlich wurde mir klar, daß ich dies besser bleiben ließ. War es denn so wichtig, dieses Wissen? Wenn die beiden Seher es auf sich beruhen ließen, so würde ich es auch tun. Ich hatte alle Hände voll zu tun, und meinen Kopf brauchte ich für all das Neue, das es zu lernen galt. Ich wollte das Wissen um die Prophezeiung denen überlassen, die sie geduldig erwarteten. Ich wollte sie denen überlassen, die sie kannten und ihrer neuen Verwirklichung hingebungsvoll harrten.

Nachdem ich dies nun so entschieden hatte, war mein Geist befreit, und meine Sinne waren bereit, das Wesen des Herbstes aufzunehmen. Es war ein herrlicher Morgen in den Bergen, und ich vergaß nicht, dem Großen Geist zu danken, daß er ihn mir geschickt hatte. Ich dachte immer daran, dem Schöpfer meine Dankbarkeit auszudrücken.

Als ich die schmale, kurvenreiche Bergstraße hochfuhr, erinnerte mich die grandiose Landschaft an ihr Gegenstück am letzten Wochenende. Solch scharfen Kontrasten begegneten wir in der Natur. Eine Seite war frisch und lebendig, während die andere öde und verdorrt war. Eine Seite war grün und blau, während die andere kupfern und scharlachrot war.

Flüsse, Wüsten, Berge und Abgründe. Prärien und Weideland.

Alle waren charakteristisch für die schlichte Schönheit der Mutter Erde und die hinreißenden Seiten ihrer Persönlichkeit. Erfaßte man einmal vollständig die Ganzheit ihrer Erscheinung, welch herrlichem Wesen stand man gegenüber! Ich dankte Gott für meine Kraft der Wahrnehmung und Wertschätzung dieser Ganzheit.

Ich fuhr an der Stelle vorbei, wo ich am vorigen Wochenende angehalten hatte, und folgte der gewundenen Straße, um dann in den unkrautbewachsenen Weg einzubiegen. Hier, weit oben in den Bergen, waren die Espen erregter als in den unteren Regionen. Ich konnte buchstäblich ihre erwartungsvolle Spannung spüren im Hinblick auf den letzten Tanz des Jahres. Sie machten sich bereit. Bald würden sie die mit Pailletten besetzten Roben anziehen und sie im goldenen Sonnenlicht schillern lassen. Die ganze Berglandschaft würde dann unter der Energie ihres Tanzes erbeben. Heute war ihre Erregung groß.

Als ich den Wagen parkte und nach der Fensterkurbel griff, mußte ich leise lächeln.

«Morgen, Many Heart», sagte ich und drehte das Fenster hoch.

Er trat hinter dem mächtigen Baumstamm hervor und drückte seine Befriedigung aus.

«Du hast heute morgen keine Zeit verloren und es nicht verpaßt, dich zu konzentrieren. Das war gut. Hast du dich erinnert?»

Wirklich eine sehr gute Frage, aber doch nicht klug genug.

«Ich verliere keine wertvolle Zeit mit Erinnerungen. Es war Instinkt; reiner, natürlicher Instinkt.»

Er senkte seinen Kopf und blickte mich dann fest an. «Ich habe nicht versucht, dich aufs Glatteis zu führen. Ich meinte die Frage ehrlich.»

«Und ich antworte ehrlich, daß ich instinktiv reagierte, ohne mich daran zu erinnern, was ich tun sollte.» Aus meinen Augen sprang ein Freudefunken über das gewonnene Wortgefecht.

Er bemerkte es. «Dann hast du es sehr gut gemacht. Du hast auf natürliche Art angewendet, was du gelernt hast.»

Er atmete die Herbstluft ein und streckte seinen Arm gegen den Wald aus. «Nun? Sollen wir beginnen?»

Ich liebte seine Art, die Lektionen mit mir im Freien abzuhalten, und ich sagte es ihm auch.

Er lachte und meinte, daß wir in dieser Hinsicht sehr ähnlich seien. Wir schlenderten weiter.

Als ich ihm durch das dichte Unterholz folgte, fragte ich mich, ob mein Lehrer für heute ein bestimmtes Thema vorgesehen hatte. Mit Ausnahme der Reise ins Canyonland letzte Woche schien es, daß die Lektionen sich aus unsern spontanen Gesprächen ergaben. Meine ins Blaue gesprochenen Gedanken oder ernsthaften Bedenken bewirkten meistens eine Lektion über Logik oder die Enthüllung einer bestimmten Weisheit.

«Es ist schon fast Oktober», begann ich.

«So ist es», sagte er und blickte hinauf zu den schläfrigen Blattspitzen.

«No-Eyes sagte mir, sie würde mich wahrscheinlich um den ersten November wieder sehen.»

«Wahrscheinlich.»

«Nun», deutete ich an, «das heißt, daß ich nur noch vier Wochen mit dir zur Verfügung habe.»

Schweigen.

«Was ich meine ist, daß ich nur noch vier Wochen habe, um den Weg zu beenden.»

«So ist es.»

Das Gespräch ging nicht gut voran. Seine Antworten waren einsilbig. Ich hatte den Eindruck einer einseitigen Konversation, und so versuchte ich, sie weiterzuspinnen.

«Vielleicht benötige ich mehr Zeit. Vier Wochen sind nicht mehr sehr viel.»

«Nein, das stimmt.»

«Es könnte sein, daß ich mehr Zeit benötige», wiederholte ich.

«Vielleicht.»

Schweigen.

Wir schritten aus durch den Wald. Many Heart hatte den Fußweg verlassen und fing an, sich einen eigenen Weg zu bahnen. Ich folgte ihm und suchte mir meinen Weg durch das Gestrüpp.

«Nun, wie lange kannst du hier bleiben, um mich zu unterrichten?» fragte ich und bog die Zweige auseinander, die zurückgeschnellt waren, nachdem er hindurchgegangen war.

«So lange wie nötig.»

Sein kurzangebundener Ton begann mir auf die Nerven zu gehen. «Bist du heute ungehalten?»

«Nein.»

«Habe ich etwas falsch gemacht?»

«Das mußt du mir sagen», war seine Antwort, die mein Herz sinken ließ.

«Hätte ich Bill nicht alles erzählen dürfen über die Tage, die ich bei dir verbrachte?»

«Nein, das ist okay.»

«Hätte ich diese Prophezeiung besser verstehen sollen?»

Er wartete mit seiner Antwort. «Es wird nicht verlangt, daß du alles völlig verstehst.»

Wir kamen zu einer Lichtung, unser «Folge mir nach-Spiel» war nun beendet; ich stellte mich neben ihn und blickte ihm gerade in die Augen.

«Sag mir, was ich falsch gemacht habe.»

«Rede immer offen, Summer. Äußere dich *direkt*!»

«Aber ich spreche doch offen!»

«Wirklich?»

«Ja. Aber du hast mir keine rechten Antworten gegeben. Ich habe zu dir gesprochen, seit ich aus dem Wagen gestiegen bin, und alles, was ich von dir zu hören bekommen habe, waren sehr kurzsilbige Antworten.»

Er runzelte die Stirn. «Vielleicht hätten dir die Antworten besser zugesagt, wenn die Fragen wahrhaftig gewesen wären.»

Schweigen.

«Summer», erklärte er freundlich, «seit du davon gesprochen hast, daß der Oktober vor der Tür steht, wußte ich, was du in deinem Kopf hattest. Ich wartete und wartete darauf, daß es aus deinem Mund herauskäme, aber vergeblich. Das einzige, was ich statt dessen zu hören bekam, waren lose Fadenenden der Hauptfrage – der unausgesprochenen; und was du als Rückantwort bekommen hast, sind abgeschnittene Antwortfäden.»

Er hatte vollkommen recht. Ich hatte um den heißen Brei herumgeredet in der Hoffnung, eine Antwort zu bekommen auf eine Frage, die ich nicht geradeheraus zu stellen wagte. Ich senkte meinen Kopf. «Wie habe ich es bis jetzt gemacht?»

Mit seinem Finger stupste er mich sanft am Kinn. «Wie bitte?»

Ich sah ihm gerade in die Augen. «Wie habe ich es bis jetzt gemacht?»

Er hielt seinen Kopf schräg. «Ich habe dich nicht zurückgeschickt, stimmt's?»

«Nein», sagte ich und senkte meinen Blick.

Er hob nochmals mein Kinn. Ich schaute wieder auf, als er sagte: «Du bist immer noch da, oder nicht?»

Ich grinste. «Ja.»

«Also gut, ich nehme an, daß dies doch zählt. Ich glaube, dies sagt ungefähr alles.» Er wandte sich um und ging weiter.

«Danke, Many Heart», sagte ich und kam an seine Seite.

«Du hättest uns viel Zeit sparen können, wenn du deine Frage direkt gestellt hättest. Du brauchst keine Leimrute zu legen, um deine Beute zu bekommen. Denk daran!»

«Ich werde es tun.»

Einige sanft gestimmte Augenblicke vergingen zwischen uns, bis mir eine weitere Frage einfiel. Diesmal vergeudete ich keine wertvolle Zeit mit dem Auslegen von Ködern.

«Ich habe eine Frage über diese Sache mit der Prophezeiung letzte Woche.»

«Mmmm.»

«Können wir jetzt darüber reden?»

«Natürlich.»

«Nun, wie viele Menschen glauben daran?»

«Ein ganzes Volk glaubt daran.»

Ich dachte darüber nach.

«Ist dies eine ausreichende Antwort auf deine Frage? Bist du befriedigt?»

«Ja, beides.»

«Also?» fragte er und deutete damit an, daß ich wohl noch mehr über das Thema zu sagen hatte.

«Es gibt also eine Menge Menschen, die glauben – viel mehr, als ich gedacht hatte.»

«Aha, du hast dir also vorgestellt, diese Prophezeiung sei nur wenigen bekannt und vertraut. Vielleicht dachtest du, daß nur die machtvollen Seher und einige Schamanen und Medizinmänner und -frauen dieses vorausgesagte Zeichen erwarteten.»

Ich lächelte verlegen.

«Summer, ein ganzes *Volk* erwartet sie!»

Ich atmete tief aus. «Das ist wirklich wunderbar.»

«Erkläre diese Aussage», befahl er mir.

«Ich finde es einfach schön, daß so viele Menschen an eine Prophezeiung glauben. Nicht nur einer, sondern *wirklich* alle.»

«Das indianische Volk hat immer an die Wirklichkeit solcher Dinge geglaubt. Ich glaube, du weißt das.»

«Ja, natürlich, aber da ich mit der Durchschnittsbevölkerung in

Berührung komme, sehe ich, wie viele nicht glauben. Die Skeptiker finden immer irgendwelche Gründe, um alles abzutun, besonders jene Dinge, die sie nicht verstehen, oder sie finden fadenscheinige Erklärungen dafür – technischer oder wissenschaftlicher Art.»

Seine Stimme war weich und voller Verständnis. «Das stimmt, Summer, aber auch das wird sich in Zukunft ändern.»

Ich schüttelte widerwillig meinen Kopf und stieß mit dem Fuß an einen Granitstein. «Ich weiß, es wird sich ändern, aber es fällt mir schwer, jetzt die Mentalität eines eingefleischten Skeptikers zu akzeptieren, nachdem ich mein ganzes Leben mit paranormalen Fähigkeiten gelebt habe. Wenn *sie* das nämlich nicht erfahren haben, existieren diese Dinge für sie einfach nicht.»

«Ich weiß, wovon du sprichst, und du hast recht, aber was macht das schon aus? Willst du irgend etwas beweisen? Versuchst du, jeden zu überzeugen?»

Ich lachte über diese lächerlichen Fragen.

«Nun?» fuhr er fort. «Welche Bedeutung kommt denn schon den Skeptikern zu? Du bist du. Du hast damit *gelebt*. Du *weißt*, daß es eine Realität, daß es natürlich ist. Warum kümmerst du dich also um jene, die nicht glauben?»

Ich zuckte nur die Schultern. «Ich verstehe dein Argument. Ich glaube, ich ertrage einfach Unwissenheit nicht. Ihre angebliche Logik vermittelt mir den Eindruck, wir seien in der Steinzeit. Sie machen mich oft glauben, ich gehöre nicht in diese rückständige Gesellschaft. Ich meine, diese Zivilisation sollte viel fortgeschrittener sein, und wenn ich um mich blicke, wundere ich mich fortwährend, warum ich eigentlich hier bin. Die Haltungen und der Entwicklungsstand dieser Gesellschaft sind weit niedriger, als sie sein könnten... ich fühle mich darin einfach deplaciert...»

«Fahre fort.»

«Das hemmungslose Streben nach materiellen Werten und gesellschaftlicher Stellung ist primitiv. Dem Sinn für spirituelle Dinge bleibt wenig Platz. Ein Begreifen universeller Wahrheiten ist höchstens in Ansätzen vorhanden. Es gibt immer noch zu viele, die in den entwürdigenden Aspekten einer unentwickelten Gesellschaft befangen sind... Mord, Hinterlist, Verbrechen. Ich werde eines Tages diese unglaubliche Realität nicht mehr aushalten können.»

Schweigen.

Dann grinste ich breit.

«Was ist?» fragte er mit einem plötzlichen Lächeln.

«Oh, nichts Besonderes», sagte ich und versuchte, das dumme Grinsen zu unterdrücken. «Ich habe nur an etwas denken müssen, das ich in einem Geschäft gesehen habe.»

Seine Neugier war jetzt natürlich angestachelt. «Komm schon, erzähle!»

Es war mir peinlich, es zu sagen. «Nun, ich sah ein T-Shirt mit einem witzigen Spruch darauf. Als ich es erblickte, da zündete es bei mir – es war wie für mich gemacht, weil es meine eigene Haltung ausdrückte.»

«Was stand darauf?»

«Es hieß: ‹Beam mich hoch, Scotty, es gibt kein intelligentes Leben hier unten.›»

Sein Lächeln verschwand.

«Ich habe dir gesagt, es sei nichts Besonderes.»

«Wirklich?» fragte er feierlich.

Wir blickten einander ernsthaft an. «Nein.»

«Du hättest das T-Shirt kaufen sollen.»

Ich lächelte leicht. «Vielleicht kaufe ich es.»

Ein Bach sang in der Nähe, wir machten eine Pause und setzten uns auf ein paar Felsbrocken, die hier eine natürliche Gruppe bildeten. Wir lauschten ruhig der süßen Stimme, die in den hohen Bergen widerhallte.

«Summer›», begann er und nahm den Gesprächsfaden wieder auf, «ich glaube, ein großer Teil deiner Besorgnis gilt den Schwindlern und den Betrügern, die andern etwas vormachen.»

«Möglich», sinnte ich.

«Die Schwierigkeit liegt darin», sagte er, tiefer darauf eingehend, «daß diese Wichtigtuer in der Öffentlichkeit viel zuviel Aufmerksamkeit erhalten. Sie tun und sagen alles, um rasches Geld zu machen. Ihre Behauptungen der paranormalen Fähigkeiten grenzen ans Lächerliche, ihr Geist besteht nur in der Phantasie, und sie sind am Ende selber von ihren wunderbaren Fähigkeiten überzeugt.»

Ich seufzte über diese häßliche Tatsache. «Und sie haben die herrlichen Gaben des Geistes besudelt und verunstaltet, die Gaben, die rein und wahrhaftig sind – die natürlichen Gaben.»

«Ja.»

Meine Gedanken eilten zu den Büchern, die ich schaffen mußte – die Bücher, die ich der Alten zu schreiben versprochen hatte.

Mein scharfsinniger Lehrer bemerkte meine Sorgen. «Mach dir keine Sorgen», beruhigte er mich, «alles wird gutgehen. Du wanderst ja nicht herum und behauptest, Wunder zu tun oder Dingen eine andere Form zu geben mit deinem Geist. Der große, offensichtliche Unterschied ist der, daß du dich nicht verkaufst. Du wirst einfach die Überbringerin von No-Eyes' Botschaft sein. Du wirst ihr ein wunderbares Vermächtnis machen. Da liegt eine Welt des Unterschieds zwischen dir und dem eben Besprochenen.»

Wir ließen den Wassergeist unser Gespräch weitertragen, während wir die friedvolle Umgebung betrachteten. Wir erfreuten uns an der Unberührtheit des Bergwaldes. Das Sonnenlicht fiel durch die hohen, immergrünen Bäume und vergoldete alles, was es berührte.

Die Stimme meines Lehrers unterbrach die Träumerei. «Es ist eigenartig», sagte er, «daß jene Menschen, die die Macht des Geistes erkennen, meistens auch der Erde am nächsten sind. Ihre Beziehung schafft das natürliche geistige Band, durch welches die Mächte offenbar werden. Die Indianer haben Macht. Die Natur hat Macht. Alle, die der Natur nahestehen, glauben an ihre Macht, weil sie ihre Realität be-greifen können.»

Ich stellte meine Füße auf einen breiten Findling, schlang die Arme um meine Beine und stützte das Kinn auf die Knie.

«No-Eyes erzählte über die Zukunft und wie der Glaube an das Paranormale sich ändern werde. Sie sagte, das Paranormale würde im allgemeinen akzeptiert werden, aber ein gewisser Teil der Bevölkerung suche biologische Erklärungen dafür, anstatt spirituelle. Ich fand, dies sei ein Rückschritt.»

«Manchmal ist ein gewisser Rückschritt notwendig, um wieder Schritte vorwärts zu machen. Es gibt Zeiten, da bewegt sich die Gesellschaft zu weit in die falsche Richtung, und sie müssen ein Stück des alten Wegs nochmals abschreiten, um den richtigen Pfad zu entdecken.»

«Das ist wahr», bemerkte ich. Jedoch bei mir selber dachte ich, dies sei doch ein klares Zeichen für die vorsintflutliche Denkweise der Menschheit.

«Hast du einem Baum zugehört?» wechselte er plötzlich das Thema.

Ich hob meinen Kopf und blickte in den dichten, grünen Wald. Ich lächelte. «Ja», antwortete ich leise.

«Was hat der Baum gesagt?»

«Er hat nichts *gesagt*. Er hat *übermittelt*.»

Ich dachte daran, wie häufig ich mich genötigt fühlte, die Bäume zu umarmen, und erzählte es meinem Lehrer.

«Ich umarme oft die Bäume. Dann spüre ich jeweils, wie ihre Lebenskraft nahe an meinem Herzen klopft. Ich spüre ihren lebendigen Herzschlag. Ihr Blutstrom pulsiert in meinen Ohren, und ich weiß, daß wir tatsächlich durch das Lebensband verbunden sind. Ich fühle ihre Zufriedenheit, ihre Traurigkeit, ihre Erregung. Sie teilen ihre Hilfsbereitschaft dem Menschen mit. Sie feiern den Akt des Lebens, des Teilens und des Gebens. Ich bin dankbar für ihr Dasein und weil mir so zumute ist, umarme ich sie, um ihnen dieses tiefe Gefühl der Liebe zu zeigen.»

«Hast du die Erde auch schon umarmt?»

«Ja, aus dem gleichen Grunde. Mutter Erde sorgt großzügig für uns. Lebensmittel, Arzneien, Wasser, Nährstoffe, alles ist vorhanden, und ich bin wirklich dankbar. Ich liebe sie von ganzem Herzen.»

«Und die Bäche?» fragte er mit gehobenen Brauen.

Ich wurde rot. «Sie auch.»

Er lächelte, da er meine Gewohnheit, oft nachts zu baden, kannte.

«Du brauchst dich nicht zu schämen. Nie. Kleider beeinträchtigen gewöhnlich das Erlebnis der totalen spirituellen Verbindung. Es gibt da nichts Unrechtes in dem, was du manchmal tust.»

Er war äußerst ernst.

«Wenn mehr Menschen ihr Wesen mit den Flüssen, den Bäumen und der Erde in Berührung brächten, gäbe es vielleicht nicht so viel Verschmutzung und weitverbreitete Zerstörung, wie es heute der Fall ist. Sie würden ihre kostbare Verbindung wahrnehmen und wohl weniger Chemikalien und Abfall abladen. Sie würden es nicht wagen, sich je wieder mit ihrem Taschenmesser an einem Baum zu vergreifen.»

Many Heart rutschte von seinem Felsen herunter und reichte mir seine Hand.

Ich kletterte hinunter und streckte mich, bevor wir weitergingen.

Wiederum vermied er No-Eyes' Fußweg und bahnte sich einen eigenen Pfad einen Abhang hinauf. Ich ging an seiner Seite.

«Hat die Alte mit dir über die Kraftpunkte gesprochen?» fragte er.

Ich nickte. «Sie erwähnte den Ausdruck, aber sie hat ihn nur kurz gestreift. Wir haben uns nie richtig damit befaßt.»

«Weißt du, was sie sind?»

Ich wich einem tiefhängenden Kiefernast aus. «Haben sie mit den Energiezentren der Natur zu tun?»

«Ja, das ist die eine Seite davon. Grundsätzlich sind Kraftpunkte jene geographischen Regionen der Erde, welche physikalisch stärker magnetisch sind als andere. Große Kraft wird von diesen Zentren ausgestrahlt, und sie kann für gute Zwecke genutzt werden, wenn man weiß, wie das zu bewerkstelligen ist.»

«Du hast gesagt, daß dies die eine Seite sei. Welches ist die andere?»

«Nun? Die eine Seite der Kraftpunkte ist magnetisch, während die andere sich spirituell manifestiert.»

Ich folgte seinem Gedankengang. «Du meinst wie psychische Abdrücke?»

«Nein. Die sind unverrückbar für alle Zeiten. Ich beziehe mich hier auf *lebende* Manifestationen.»

Ich versuchte nochmals. «Spirituelle Erscheinungen menschlichen Geistes.»

«Oder?» drang er weiter in mich.

«Oder lebendige Naturgeister.»

«Ja», rief er etwas überrascht aus. «Wieso weißt du das?»

Ich grinste. «Ich umarme Bäume, erinnerst du dich?»

Er hatte vom lebendigen Geist der Natur gesprochen, der immer vorhanden ist innerhalb einer geographischen Region, die vollkommen gesund ist. Er hatte jene Regionen gemeint, die ursprünglich waren und unangetastet von zerstörerischen Kräften wie Campern, Holzfällern, Verschmutzung und saurem Regen. Ursprüngliche Gegenden besaßen einen vitalen Lebensgeist, der große Kraft ausstrahlte, die von einem empfindsamen Menschen leicht wahrgenommen werden konnten.

Wir waren eben an einem solchen Kraftpunkt angekommen.

Der Boden vibrierte geradezu von seiner reinen Energie. Die Luft schien sogar elektrisch geladen.

Ich schritt vorsichtig und langsam, damit ich seinen Strom durch mich pulsieren fühlte.

Many Heart an meiner Seite tat dasselbe, und obwohl unser Bewußtsein die Gegenwart des andern nicht mehr als Hauptsache registrierte, erfuhren wir unsere Gemeinschaft, die wir miteinander teilten, als etwas Tröstliches. Wir saßen im Mittelpunkt des Energiezentrums und zogen uns in uns selber zurück, um unsere eigenen Energien zu erneuern.

Dieser Ort war so herrlich voll vibrierenden Lebens. Die Bäume waren so grün, wie ich sie schon lange nicht mehr gesehen hatte. Ihre Jade- und Smaragdfarben sprangen uns beinahe in die Augen. Die Luft war erfüllt vom würzig exotischen Wohlgeruch der Berge. Das Sonnenlicht leuchtete hell, und seine warmen Strahlen wurden vom Waldboden reflektiert. Ein Glücksgefühl herrschte hier an diesem heiligen Ort der Kraft. Hier gedieh Zufriedenheit, und ihre heitere Gelassenheit erfüllte mein Herz.

Als ich meine Augen öffnete, wartete Many Heart auf mich. «Man fühlt sich gut hier, nicht wahr?»

«Ja», lächelte ich zufrieden, «sehr gut.»

Der Lehrer schaute sich um und erspähte auf dem Boden einen kleinen Stein, den er aufhob. Er musterte ihn, während er ihn unablässig in seinen Fingern herumdrehte.

«Was hast du gefunden?» fragte ich und streckte neugierig meinen Hals, um zu sehen.

Er starrte mich an und öffnete langsam seine Finger, um mir zu zeigen, was in seiner Hand lag.

Ich schaute es an. «Ein Stein?»

Ohne seine Augen von mir abzuwenden, flüsterte er: «Ein Stück Magie.»

Ich starrte auf den von Quarzadern durchzogenen Granit. «Magie?»

Er betrachtete ihn. «Ja, Magie.» Er hielt ihn mir hin. «Halte diesen Stein in deiner Hand, wir werden darüber sprechen. Wir wollen uns über besondere Zentren der Erde unterhalten. Wir werden über die Magie dieses Steines sprechen und über die Kraft.»

Ich nahm den unauffälligen Stein und schloß meine Finger um ihn. Er war noch warm von der Hand des Dreamwalker.

Er sagte: «Spürst du seine Hitze?»

«Ich spüre die Wärme deiner Hand», antwortete ich ehrlich.

«Ja, diese Wärme ist auch da. Auch die Wärme deines eigenen Blutes wird jetzt da sein. Aber vielleicht wirst du *seine* Hitze auch spüren.»

Wie konnte ich unterscheiden, wenn ich den Stein länger in meiner Hand hielt, welches meine eigene Körperwärme war, die von meiner Hand ausging, und was die Wärme des Steins war? Ich wollte abwarten und sehen.

«Summer», begann er, «als du vorhin über deine Bücher und die Skeptiker sprachst, was meintest du wirklich damit? Was war deine eigentliche Besorgnis?»

Ich drückte den Stein und bemerkte, wie seine Augen dieser Bewegung folgten. «Many Heart», seufzte ich, «bevor ich No-Eyes begegnet war, hatte mein Leben keine wirkliche geistige Richtung. O ja, ich hatte einen starken Geist und eine gewisse unleugbare Stimme, die mir den richtigen Weg wies. Aber sie hat mir erst die Kraft gegeben und die endgültige Richtung.»

Ich knetete den Stein.

«Mir ist elend vor Angst, daß vielleicht einige Menschen von ihr nicht berührt sein könnten. Sie ist so liebenswert, so weise... so alt.»

«So bist du also immer noch bekümmert wegen der Skeptiker.»

«Nur weil ihre Härte für mich wie ein Schlag ins Gesicht wäre. Ich glaube nicht, daß ich mich gefaßt dem stellen könnte.»

Der Lehrer runzelte die Stirn. «Eine solche Reaktion wäre nicht nur eine Beleidigung für No-Eyes selber, sie wäre auch ein schmachvoller Angriff auf das indianische Volk als ganzes und seinen heiligen, uralten Glauben. Seine Religion selber würde dadurch angegriffen, weil No-Eyes sie verkörpert – die geheiligten Überzeugungen.»

Ich blickte in die Sonnenstrahlen hinauf, die auf den stachligen Spitzen der immergrünen Bäume tanzten.

«Sie verkörpert noch viel mehr. No-Eyes verkörpert die Erde und ihre reichen Gaben. Sie ist gleichbedeutend mit gutem und richtigem Leben, mit Ökologie und brüderlicher Liebe unter den Menschen. Ihre weisen Worte lehren natürliche Gesundheit und Wohlergehen. Ihre grundlegende Philosophie kann ohne weiteres mit jener der größten Denker der Geschichte verglichen werden. Ihr Grundsatz ist Liebe zum Großen Geist und all seinen großartigen Gaben für die Menschheit.»

Ich seufzte. «Wenn ein Skeptiker No-Eyes' Weisheit anzweifelt, so kommt das einer Kritik an all den wunderbaren Idealen gleich, die sie verkörpert. Das wäre traurig und erbärmlich.»

«Ja, das stimmt, aber vergiß nicht, daß die bevorstehenden Zeiten Veränderungen mit sich bringen. Die Menschen werden begreifen, wie wichtig sie ist. Sie werden ihre Weisheit als tief und wahr anerkennen. Am Ende werden sie No-Eyes genauso lieben wie du und ich.»

Ich riß meine Augen auf bei dem schönen Gedanken. «Das erhoffe ich von den Büchern. Das hoffe ich am allermeisten. Ich möchte, daß alle von ihrem guten Leben, ihrem Ziel und ihrer großen Bescheidenheit erfahren.»

Er grinste. «Sie schätzt ihre Einsamkeit wirklich sehr.»

«Ja», lächelte ich, «sie ist in keiner Weise selbstsüchtig. Sie hat große Kraft, und sie trägt ihr Sorge.»

«Sie ist ihr eben eine kostbare Gabe.»

Ich öffnete meine Finger und blickte auf das einfache Bruchstück aus Rocky-Mountain-Stein.

«Für mich ist sie auch kostbar, Many Heart.»

«Ich weiß», sagte er sanft. «Darum verachtest du die Schwindler – jene, die nur sich selber am nächsten sind. Du schätzt deine Kräfte, die Gaben wie seltene Edelsteine sind und geschützt und nicht zur Schau gestellt werden müssen. An Hand persönlicher Merkmale wie diesen werden in Zukunft die Schafe von den Wölfen getrennt werden.»

Ich blieb still, als ich über meine natürlichen, spirituellen Gaben nachdachte, die mir, als ich ein kleines Kind war, mitfühlend verliehen worden waren. Ich dachte daran, wie herrlich sie waren und welch unerhört persönlicher, eigener Besitz sie waren. Meine Gedanken schweiften zu denen, die solche Gaben erhalten hatten, sie aber zu persönlicher Bereicherung oder Selbstbefriedigung mißbrauchten.

«Many Heart!»

«Ja, Summer?»

«Was veranlaßt einen spirituell begabten Menschen, damit in der Öffentlichkeit hausieren zu gehen? Ich meine, welche Motive verleiten ihn, seine Gaben zu Sensationszwecken zu mißbrauchen?»

«Emotional schwache Persönlichkeiten merken, daß ihre traurige Berühmtheit beiträgt, ihren Quell an obskurem Wissen aufzufüllen. Sie versuchen, andere glauben zu machen, daß sie über alle physikalischen und esoterischen Antworten auf die geheimnisvollen Fragen und Rätsel des Lebens verfügen.»

«Das ist aber dumm. *Niemand* kennt alle Antworten. Nur *Gott* kann vollständiges Wissen und Weisheit für sich beanspruchen!»

«Das stimmt, Summer, aber wenn sie *behaupten*, diese Kräfte zu besitzen, können sie erleben, wie andere schwache und orientierungslose Menschen ihnen huldigen.»

«Das ist *krankhaft*! Niemand außer *Gott* verdient Huldigung!»

Er grinste. «Auch das stimmt. Aber denk daran, daß Huldigung in vielerlei Formen ausgedrückt werden kann. Sie kommt in einer Anzahl von attraktiven Paketen vor, die als unwiderstehlich gelten – eines davon ist Geld. Die Leute sind begierig darauf, ansehnliche Summen zu zahlen für den Rat eines ‹allwissenden› Hellsehers.»

Ich schüttelte angewidert nur den Kopf. «Das ist genau, was ich meine. Wahre spirituelle Gaben sind da, um sie selbstlos zu *teilen*. Many Heart, wenn ich die hohen Beträge sehe auf den Preisschildern, die man an der Vermittlung von Erleuchtung befestigt, werde ich sehr mutlos... ich würde am liebsten aufgeben und nach Hause gehen.»

«Jetzt weiß ich, daß ich dieses T-Shirt für dich finden muß», warf er humorvoll ein, bevor er wieder eine ernste Miene aufsetzte. «Aber Tatsache ist, daß alle jene, die für spirituelle Unterweisung etwas verlangen, falsch liegen... grundfalsch. Summer, es gibt einen großen Unterschied zwischen einem bewußten Menschen, der für seine Einsichten etwas in Rechnung stellt, und einem, der es nicht tut. Weißt du welchen?»

«Ja», grinste ich, «der eine ist reich und der andere arm wie ein Präriehund.»

«Nein», lachte er, «der eine ist *erleuchtet*. Der Präriehund ist der erleuchtete. Es gibt einen enormen Unterschied zwischen den beiden, weil du überhaupt *gar nie* einen spirituell erleuchteten Menschen antreffen wirst, der Bezahlung verlangt für die Anwendung seiner Gaben. Zu wissen, daß er einem Mitmenschen helfen konnte, ist genug Belohnung für ihn.» Er zögerte einen Augenblick. «Wenn nun der dankbare Empfänger dem erleuchteten Menschen etwas schenken möchte, ist das in Ordnung, da er seine Wertschätzung durch eine freiwillige Gabe zeigen kann. Ein Geschenk gegen ein Geschenk. Aber Preise festsetzen? Nie!»

«Das ist die Art, wie Menschen miteinander umgehen sollten», sagte ich nachdenklich. «Menschen geben Geschenke aus der Güte ihres Herzens, aus Dankbarkeit, und erwarten nie eine Gegenleistung. Es wäre auch eine Beleidigung für den Schenkenden, wenn der Empfänger das Geschenk *nicht* annehmen würde. Das wäre unhöflich.»

«Ja, du hast recht.»

Der Bach nebenan sang dem Großen Geist seine Hymne. Er zollte ihm seine einfache Huldigung. Er gab sein einziges Geschenk, das er anzubieten hatte. Und ich lauschte ihm dankbar.

«Das ist ein schönes Lied», sagte ich und drehte den Stein zwischen meinen Fingern hin und her.

«Der Wassergeist ist glücklich heute; vielleicht weil wir gekommen sind, um ihm ein bißchen Gesellschaft zu leisten auf seinem Weg.»

«Vielleicht ist er glücklich, weil dies so ein Ort der Kraft ist und er sich wohl fühlt, wenn er hier vorbeikommt.»

Er zuckte die Schultern. «Wer weiß das schon? Er trägt viele Geheimnisse mit sich.»

Meine Blicke richteten sich auf ihn. «Ja, viele Geheimnisse, so viele wie das Volk hat.»

Mit einem Seitenblick auf mich sagte er: «Du kommst vom Thema ab.»

«Wirklich? Verehren die Indianer nicht ihre Geheimnisse und Macht? Sprechen wir hier nicht über Kraft?»

«Ja, natürlich, aber die Kraft der Indianer kommt von ihrer Nabelschnur, die sie mit der Natur verbindet. Sie haben ihren alten, religiösen Glauben behalten und die uralten Naturgesetze nicht aus den Augen verloren. Ja, Summer, einige unter ihnen haben große Macht durch ihre enge Verbindung mit der Natur, da die Natur selber mächtig ist. Eines Tages werden angesehene Ärzte einen großen medizinischen Durchbruch erzielen. International anerkannte Wissenschafter werden auf dem Gebiet der Technologie Geschichte machen. Die angesehenen Ärzte und anerkannten

Wissenschafter werden das einzigartige Band des Menschen mit der Kraft der Erde entdecken – eine Kraft, mit der wir dummen Indianer schon seit Jahrhunderten gearbeitet haben.»

Ich seufzte. «Und die Ärzte und Wissenschafter werden den ganzen Ruhm dafür einheimsen.»

«Ja. Aber was macht das aus? Ist nicht die universelle Nutzung von etwas so Bedeutungsvollem das, was wirklich zählt?»

Schweigen.

«Du willst die Ungerechtigkeit von alledem nicht zulassen, Summer, aber du mußt einsehen, daß darin die Machtgier gründet. Jene Leute, die über das Wissen verfügen, haben auch Macht. Die einheimischen Menschen hier haben das Wissen, aber sie wollen dieses Wissen nicht selbstsüchtig in Macht umwandeln. Sie wollen keine groteske Zurschaustellung von etwas so Wunderbarem veranstalten. Sie *haben* die Macht und beschützen sie. Sie pflegen und hüten sie, sie verbergen sie vor den Geldraffern, die Mißbrauch mit ihr treiben oder schlechten Nutzen aus ihr ziehen würden.»

Er legte beide Handflächen neben sich auf die Erde und hob seinen Kopf zur Sonne. «Das ist ein guter Ort, Summer. Das ist ein machtvoller Platz der Heilkunst.»

Ich ließ in ähnlicher Weise meine freie Hand neben mich gleiten. Meine Finger berührten die Erde; ich spreizte sie, bis meine Hand flach lag. Der Herzschlag war stark spürbar.

Der Weltenwanderer schloß seine Augen und blickte mich dann durch enge Schlitze an. «Euer Land wird wie dieses hier sein.»

Ich riß meine Augen auf vor Aufregung. «*Weißt* du, wo unser Land sein wird? Many Heart, *weißt* du es?»

Er hatte einen konzentrierten Ausdruck. «Ja.»

«*Wo?*»

Er schüttelte seinen Kopf. «Das kann ich dir nicht sagen, denn *du* mußt es selber erkennen. Du wirst es erkennen, wenn du es siehst, weil du seine Richtigkeit *spüren* wirst, seine heilige Kraft.»

«Kannst du mir sagen, ob es in der Umgebung von Woodland Park liegt?»

«Nein.»

«Nein was? Was für ein Nein?»

«Ich kann dir sagen, nein, es liegt nicht bei Woodland Park. Ich glaube, du weißt das bereits von deinen Phönixtage-Lektionen.»

Ja, ich hatte mir das zurechtgelegt aus dem, was No-Eyes vorausgesagt hatte. Aber da er gerade am Reden war, wollte ich nicht den geschmeidigen Faden der Fragen verlieren, weil einige der Antworten endlich herauskamen. Mein Herz klopfte wie verrückt.

«Ist es in Colorado?»

«Ja.»

«Welche Gegend?»

«Hoch. Sehr nahe an der kontinentalen Wasserscheide, in der näheren Umgebung von einer der höchsten Ortschaften Colorados.»

Ich suchte fieberhaft nach Möglichkeiten in meinem Kopf. Leadville war eine der höchsten Ortschaften Colorados. Ich konnte es mir nicht leisten, Zeit zu verlieren mit Grübeln.

«Abgelegen?»

«Ziemlich.»

«Gibt es dort Wasser?»

«Es gibt dort einen großen Fluß. Er rauscht das ganze Jahr von der kontinentalen Wasserscheide herunter.»

Meine Gedanken jagten. «Viele Kiefern?»

«Die Kiefern stehen so dicht, daß sie wie Moos aussehen aus der Ferne. Die Bergespen bedecken die Berge mit orange und kupfernen Farbtupfern. Fichten und Tannen. Pumas, Bären, Elche und Rehe. Frieden.»

Ich ließ plötzlich den Stein fallen. Er brannte in meiner Hand.

Die Augen des Dreamwalker flackerten. Seine schwarzen Opale schimmerten. «Hast du so heiße Hände?» fragte er wissend.

Ich betastete meine Hände. Sie waren weder heiß noch kalt.

«Sie fühlen sich normal an», sagte ich und blickte verwundert auf den Stein, den ich rasch fallen gelassen hatte.

Er grinste. «Magie.»

Es war wirklich magisch. Die Erde war voller Zauber. Es war eine starke Kraft mit magischen Eigenschaften. Das indianische Volk wußte von diesen geheimnisvollen Reizen der Mutter Erde, und sie verehrten sie in ihren zarten, reinen Herzen. Sie waren die stillen Beschützer der unglaublichen Kraft der Erde.

Ich beugte mich hinunter und küßte die Mutter Erde in ihrer Zartheit. Ich streckte meine Arme aus und schaufelte vorsichtig etwas Erde in meine Hände. Ich hob meine Belohnung in die

Höhe. Die Erde rieselte durch meine Finger, und das goldene Sonnenlicht ließ winzige Stückchen von glänzendem Glimmer und Pyrit aufleuchten. Die herunterfallenden Sandkörnchen schimmerten wie ein reicher Schatz. Ich schloß meine Finger um die verbleibende Erde und drückte sie an meine Brust. Ich schaute fürsorglich auf sie hinunter und erblickte die eigentliche Seele der Erde. Ich sah eine lebendige, atmende Handvoll reiner Magie.

Sei nicht stumpf oder taub den vielen Facetten der Natur gegenüber, denn ich sage, der Baum, der Fluß ... der Stein, alle sind wirklich lebendig und haben große Kraft!

Oktober

Zeit des Silbermondes und des
Weltenwanderers

Schatten der Gespenster

Daß der Tod der bittere, öde Winter des Lebens sei, ist nur eine Täuschung. Überschreiten wir nämlich seine weiß schimmernde Schwelle, so nehmen wir den Tod als erquikkenden Quell des Ewigen Lebens wahr.

Nachdem ich Bill praktisch alles über meinen Tag mit Many Heart erzählt hatte, überraschte ich ihn mit der guten Nachricht über unser Land. Er blieb still in Gedanken versunken.

«Was ist los?» fragte ich besorgt.

«Colorado hat mehr hohe Gipfel als irgendein anderer Rocky-Mountain-Staat. Leadville ist eine der höchstgelegenen Ortschaften im Staat, es ist über dreitausend Meter hoch.»

«Auf dieser Höhe lag unsere Hütte», erinnerte ich ihn. «Drei Jahre dort oben zu wohnen hat uns nicht im geringsten etwas ausgemacht. Im Gegenteil, entsinnst du dich, wie klar der Nachthimmel war und wie die wilden Tiere in unsere Nähe kamen? Überhaupt hat Many Heart nicht gesagt, daß wir in Leadville selber sein würden, sondern irgendwo in seiner *näheren* Umgebung. Dies kann viele, viele Kilometer verfügbaren Landes einschließen.»

Seine Augen leuchteten auf. «Hol die Karten.»

Wir schauten auf beiden Karten nach, auf der Straßenkarte von Colorado und auf unserer Kunststoffreliefkarte. Beim näheren Hinschauen fanden wir, daß diese Möglichkeiten zu zahlreich waren, um sie genauer einzukreisen. Es gab mehrere Flüsse, die von hoch oben, von der Wasserscheide herkamen und das ganze Jahr Wasser führten – aber die meisten waren auf der westlichen Seite. Wir hatten nicht damit gerechnet, so weit wegzuziehen, und wir

fragten uns nun, ob wir diese Möglichkeit in Betracht ziehen mußten. Die abgelegenen Gegenden waren gewöhnlich nur über Stra
ßen erreichbar, auf denen man Vierradantrieb benötigte und die
weit oben auf dem Continental Divide als Sackgasse endeten.

Nach einem gründlichen Blick auf die Karten war ich enttäuscht.

«Ich hätte wissen müssen, daß er mir nicht genügend Hinweise
geben würde», stöhnte ich. «Er sagte, es sei nicht an ihm, es mir zu
sagen. Ich hätte es einfach besser wissen müssen.»

Bill zog mich an sich und streichelte mich am Hals. «Ich kann
dir wirklich keinen Vorwurf machen, daß du so aufgeregt bist.
Dies sind die ersten festen Anhaltspunkte, die wir erhalten haben.» Er zog noch eine weitere Karte hervor. Diese war kreuz und
quer von roten Linien durchzogen, mit denen wir alle Gegenden
markiert hatten, die wir bereist hatten.

Als ich sie wieder ansah, war ich verblüfft über die vielen Orte,
zu denen wir gereist waren auf der Suche nach unserm besonderen
Ort der Ruhe, der für unsere Berggemeinschaft bestimmt war. Die
kräftig hervorgehobenen Straßen traten deutlich hervor... das
gleiche galt aber auch für die *freien* Flächen. Wir konzentrierten
unsere Blicke darauf, und zu unserer Überraschung konnten wir
nun, Many Hearts Worte gegenwärtig, ein Rechteck einzeichnen,
das unsere Möglichkeiten und Anhaltspunkte umfaßte. Unsere
Blicke trafen sich; ein Grinsen breitete sich auf unseren Gesichtern aus beim gemeinsamen Gedanken, die Wochenendausflüge
wieder aufzunehmen, da wir nun deutlich in die richtige Richtung
gewiesen wurden.

Bill erklärte unsern Plan. «Schau hier», sagte er und zeigte auf
die Karte mit den roten Linien. «Auf Grund Many Hearts Aussagen haben wir die Wahl zwischen diesen zwei Ortschaften auf der
Ostseite der Wasserscheide.» Er deutete auf Buena Vista und
rückte dann seinen Finger auf Leadville. «Wir haben die Möglichkeit, Land an einem dieser beiden Orte zu bekommen.»

Dann bewegte er seinen Finger nach Westen auf der Interstate
Landstraße und hielt in Glenwood Springs an, von wo er sich gegen Süden vortastete zum McClure-Paß.

«Dies sind die Möglichkeiten auf der westlichen Seite des Continental Divide», sagte er und klopfte auf das Papier, «diese und
alles, was auf der Strecke hinauf zu den Bergen liegt.» Als er den

Finger gegen den Continental Divide zu bewegte, stoppte er wie zufällig in Aspen.

«Wir gehen aber nicht *dorthin!*» rief ich aus.

«Auf keinen Fall. Ich habe dir nur die Richtung gezeigt, die mit Many Hearts Beschreibung übereinstimmt... ich bin zu weit gegangen.»

Ich blickte auf die Karte und wies auf einen Punkt: «Ich will dahin gehen.»

Er sah hin. «Marble? Sieht ziemlich weit abgelegen aus.» Dann meinte er: «Wir wollen uns zuerst in der Gegend von Buena Vista und Leadville umsehen, weil diese am nächsten sind, und anschließend werden wir einen Blick tun in die Umgebung von Roaring Fork Valley und Marble.»

«Ich frage mich, ob es wohl Marmor gibt in Marble.»

«Natürlich gibt es Marmor in Marble, genau wie Blei in Leadville und Silber in Silverton.»

«Und Kaninchen auf dem Rabbit-Ears-Paß, Eidechsen auf dem Lizard-Head-Paß und verkrüppelte Esel im Bach bei Cripple Creek», spaßte ich.

«Es ist schon spät», seufzte er mit einem Lächeln, «du wirst kiebig.»

Es war spät, und morgen würde ich den ersten Oktobertag mit meinem jungen Lehrer verbringen. Aber bevor ich zu Bett ging, warf ich noch einen letzten Blick auf die abgegriffene Karte. Wohl war ich müde, aber doch nicht so erschöpft, daß ich den dicken, roten Strich durch Buena Vista und seine Umgebung nicht mehr zur Kenntnis genommen hätte. Wir hatten diese Gegend schon so oft abgeklappert – durch und durch und ringsherum –, aber in unseren Herzen hatten wir nie einen besonderen Impuls verspürt. Es blieben also noch die Gegenden im Norden und Westen. Ich mußte lächeln, als ich bemerkte, daß wir das Rechteck unserer Anhaltspunkte buchstäblich halbiert hatten; wir hatten also noch eine Hälfte zu erkunden.

Das Haus war kalt, als ich am Samstag in der Früh aufstand. Die Fensterecken waren von feinem Frostgewebe überzogen. So leise, wie ich nur konnte, machte ich ein kleines Feuer im Holzofen der Küche. Das Haus würde angenehm warm sein, bis alle aus ihren Betten krochen, und das Frühstück konnte in einer gemütlichen Küche eingenommen werden.

Als ich mich bereit machte, nahm ich den Holzrauch wahr, der durch die Luft wehte. Der heimelige Duft gab mir ein Gefühl des Wohlbefindens. Vom Badezimmer konnte ich das Krachen und Knistern des Anzündholzes hören, wie es die großen Holzstücke darüber anfraß. Gute Geräusche. Gute Düfte. Gutes Daheim.

Ich verließ die gemütliche Wärme, um dem ersten wirklich kalten Herbsttag des Jahres zu begegnen.

Es dauerte nicht lange, bis die alte Heizung des Pickups das Wageninnere angewärmt hatte. Ein scharfer Kontrast machte sich zwischen der behaglichen Wärme innen und der Frische des Bergmorgens draußen bemerkbar. Bäume und Sträucher waren mit einer Schicht von Vanilleglasur überzogen. Raureif glitzerte mit Kristallstäubchen im frühen Sonnenlicht. Die feinen Kiefernnadeln, silbern und zerbrechlich, sahen aus, als ob sie im leichten Atem des Windes zerspringen würden. Die eisblauen, schneebedeckten Berggipfel hoben sich gegen einen Himmel von leuchtendem Lapislazuliblau ab. Ein gefrorenes Gemälde. Das Portrait der Mutter Erde. Ihre betörende Schönheit, festgehalten auf der ewigen Leinwand des Lebens. Es war ein Meisterwerk von fließender Bewegtheit – sich immer verändernd, denn wenn die Sonne etwas später an Kraft zunahm, würde das Land unter ihr sich aufwärmen, und die zauberhaften Kristalle und die Silberglasur würden verschwinden. Aber dennoch, die Natur würde ihre erhabene Pracht bewahren. Sie war eine elegante Dame.

Als ich den Wagen abstellte, nahm ich mir einen kurzen Moment, um durch die Windschutzscheibe zu meinem Schulhaus hinaufzublicken. Der Wald ringsum war ein Märchenland, vom Frost ganz mit Weiß getüncht, während die Hütte eine Insel der Ruhe war. Das bescheidene Häuschen, das oben am klar sichtbaren Abhang klebte, wirkte zwergenhaft im Licht des gewaltigen Bergpanoramas dahinter. Eine Rauchfahne kräuselte sich gemächlich aus dem brüchigen Kamin. Ein warmer, goldgelber Schein leuchtete im frühen Morgenlicht aus den Fenstern mit den dünnen Vorhängen hervor. Ich konnte die Behaglichkeit drinnen buchstäblich spüren.

Ich stieg aus dem Wagen und rannte durch die kalte Luft. Die Holzstufen hinaufeilend, erreichte ich die Tür. Sie wurde mir zuvorkommend geöffnet, und ich begrüßte den gutaussehenden Portier beim Eintreten in den orange schimmernden Wohnraum.

«Guten Morgen», zirpte ich aufgeregt. «Danke fürs Türöffnen.»
Der Mann lächelte warmherzig. «Guten Morgen. Ich öffnete die
Tür, damit sie nicht zerbricht durch deinen Überschwang. Man
hat mich ermahnt, ‹auf diese Tür aufzupassen›.»
Ich rollte die Augen. «Das hat sie nicht getan!»
«Doch, das hat sie.»
Es war mir gleich, daß die Alte über meine häufige Aufgedreht-
heit geklatscht hatte. Heute barst ich förmlich vor Erregung.
Meine Augen weiteten sich.

«Many Heart», rief ich aus und legte meine Hände auf seine
Arme, «ist es nicht absolut *übernatürlich* da draußen!»
Ich rannte zum Fenster und zog den fadenscheinigen Vorhang
zurück. «Schau, es ist wie ein kristallenes Märchenland! Ich liebe
es, wenn es so funkelt.»
Er stellte sich hinter mich, um hinauszuschauen. Sein Kopf be-
rührte meine Wangen. «Willst du hinausgehen?»
Ich wandte mich um. «Können wir?»
Er war offen für diese Idee. «Wenn du das wirklich möchtest.»
Ich blickte nochmals aus dem Fenster.
Krachen, Knistern. Tanzender Widerschein. Gemütlichkeit,
Wärme. Ein Nicken.
Dann schaute ich zur Feuerstelle. «Nein, es ist schön, es zu betrachten, aber es wird bald dahinschmelzen, und hier drinnen ist
es sehr behaglich.»
Ich ließ sanft den feinen, selbstgewobenen Vorhang wieder fallen und wandte mich dem kleinen Zimmer zu. Ich schaute mich
um im flackernden, goldenen Schein, der über die rauchigen Balkenwände spielte, und vermißte die Gestalt, die eigentlich hierher gehörte. In der Ecke stand bewegungslos der alte Schaukelstuhl. Er wirkte verlassen.
«Sie vermißt dich auch», sagte er sanft.
Ich versuchte ein Lächeln, aber es gelang mir nicht. Schnell
blickte ich weg von dem unbenutzten Stuhl. Ich zog meinen Wollumhang über den Kopf und legte ihn auf das ausgesessene Sofa.
«Wo möchtest du sitzen?» frage ich im Versuch, die Lektion zu
beginnen.
«Wo du willst. Das ist heute nicht wichtig.»
«Was *ist* wichtig heute?» sagte ich und starrte ihn an.
«Dein Verstehen», war seine höchst feierliche Antwort.

Ich beschloß, diese hintergründige Antwort nicht weiter in Frage zu stellen. Statt dessen ergriff ich ein Kissen vom Sofa und lehnte es an die Steine beim Kamin, um meinen Rücken zu stützen. Ich streckte die Beine aus und klopfte mit der flachen Hand auf den geflochtenen Teppich.

«Setz dich hierhin», schlug ich vor, «so kann ich das Licht des Feuers auf deinem Gesicht sehen.»

Mein Lehrer lachte. «Ist das wichtig?»

«Eigentlich nicht, aber es hilft mir, wenn ich im Gesicht der Menschen lesen kann.»

Er kreuzte seine Beine und ließ sich auf dem abgetragenen Gewebe nieder. «So?»

Ich nickte.

«Du hast also», begann er, «das Feuer dem Märchenland vorgezogen. Du hast gesagt, das Märchen schmelze rasch dahin, aber das wird nicht der Fall sein. Es wird recht lange so bleiben, es wird ein sehr grauer, kalter Tag werden.»

«Das ist schon recht, wir sind in letzter Zeit ja viel draußen gewesen.» Ich blickte mich im gemütlich warmen Raum um. «Es ist wirklich hübsch hier.»

«Dicke Wolken ziehen auf», sagte er und sah zum Fenster. «Es wird dunkel werden hier drin. Möchtest du, daß ich die Lampe anzünde?»

Meine Augen wanderten zur düsteren Küchenecke, wo No-Eyes die Petroleumlampe aufbewahrte. «Ich glaube nicht, das Licht vom Feuer genügt.»

Nach einigen schweigsamen Augenblicken sprach Many Heart: «Habt ihr beide es herausgefunden?»

Ich grinste. «Nein. Wir haben uns wirklich große Mühe gegeben. Wir haben unsere zerfetzten Landkarten hervorgeholt und sie gründlich studiert. Etwas aber weiß ich.»

Er lächelte. «Was ist das?»

«Ich weiß, daß wir beinahe oben auf der Wasserscheide sein werden. Wir haben uns auf dieses Gebiet konzentriert.»

Er neigte neugierig seinen Kopf. «Worauf konzentriert?»

«Die Bergkette.»

Er hob seine Brauen. «Aha. Und welche ist es?»

Ich lächelte. «Die Sawatch Range.»

Der Ausdruck des Mannes verriet nichts. «Euer Geist wird es

herausfinden.» Er blieb unverbindlich. «Ihr habt zumindest den richtigen National Forest erraten.»

Ein weiterer handfester Hinweis. Ich blickte ihn unverwandt an. «Many Heart, du hast mir eben gesagt, daß unser Land im White River National Forest liegen wird.»

«Warum nicht? Du hast ja schon die nähere Umgebung in Betracht gezogen.»

Ich versuchte es noch genauer zu bezeichnen. «Welches County?» Der National Forest umfaßte mehrere.

Er zuckte die Schultern. Dann richteten sich seine schwarzen Augen auf meine. Sie waren von angespannter Aufmerksamkeit, als sie tief in meine eigenen Augen blickten.

«Unter deinen Füßen wird ein Kraftpunkt sein. Über deinem Kopf wird eine mächtige, geflügelte Gestalt fliegen. Im Osten wird der große Wassergeist singen, und im Westen fließen drei Flüsse zu einem zusammen.»

Ich starrte ihn an. «Ich habe eine dumme Frage gestellt. Es tut mir leid, daß ich dich gedrängt habe.»

«Es ist dein Recht zu fragen. Ich habe kein Recht, es dir zu sagen... nur dein Geist hat es.»

«Das ist in Ordnung. Noch nie zuvor waren wir so nahe daran; ich denke, daß wir es dabei belassen können.»

Die Kiefernscheite krachten im Feuer. Der Himmel verdunkelte sich. Ein orangefarbener Schein flackerte durch das winzige Zimmer.

Der Dreamwalker zog seine Brauen hoch. «Woran denkst du?» fragte er leise.

«Der orangefarbene Schein des Feuers erinnert mich an den flammenden Sonnenuntergang im Canyonland.» Ich musterte den Raum. «Die bewegten Schatten erinnern mich an die Schatten dort.»

Seine Augen wurden schmal, und er fragte: «Welche Schatten?» Unsere Blicke trafen sich. «Ihre.»

Die Augen auf mich geheftet, sagte er: «Willst du über sie sprechen?»

Ich zuckte die Schultern. «Wir haben das Thema ziemlich ausgeschöpft.»

«Bist du sicher?»

«Stimmt es nicht?»

«Wir sprachen über *bestimmte* verlorene Geister. Manche der zugrundeliegenden allgemeinen Dinge haben wir nicht berührt.»

«Ist das etwas, was ich wissen muß, um auf dem Weg weiterzuschreiten?»

Er starrte ins Feuer. Der Ton seiner Stimme war von eindringlichem Ernst.

«Sagen wir, es ist etwas, was *du* wissen mußt, etwas, was dein ganzes Verständnis erfordert.»

«Dann befassen wir uns besser damit. Wenn es Dinge gibt, die ich verstehen *muß*, müssen wir uns mit ihnen beschäftigen.» Seine Worte trafen mich plötzlich heftig. «Warum muß *ich* diese Dinge gründlich verstehen?»

Er drehte langsam den Kopf und schaute mich an. Seine Augen waren sehr nachdenklich.

«Das überlasse ich No-Eyes. Sie wird deinen Erinnerungen einen Schubs geben. Sie wird dich vorbereiten. Ich werde nur den grundlegenden Sachverhalt erläutern.»

Er sprach in Rätseln und ausweichend. «Was für einen Schubs? Was für Erinnerungen? *Vorbereiten* wofür?»

«Diese Antworten kann ich dir nicht geben.»

Ich seufzte. «Ich dachte, durch mein Lernen auf dem Pfad des Dreamwalker würden mir solche Dinge erhellt werden. Und jetzt sagst du, No-Eyes wird mir das mitteilen.»

«Deine gegenwärtigen Erfahrungen und dein Lernen kommen nicht von mir, Summer. Sie stammen von deiner Erleuchtung innerhalb deiner selbst. Ich kann und will sie auch hervor ans Tageslicht bringen. Ich führe dich zu Einsichten, aber wirkliche Erleuchtung kommt nicht von mir, sondern von dir. Ich begleite dich, und ich bin dazu da, dir zu helfen, dein Verstehen zu erweitern. Aber gewisse Bereiche bleiben immer noch in der Hand deiner ursprünglichen Lehrerin. Und bezüglich dieser besonderen Sache wünscht *sie*, es dir selber nahezubringen.»

Schweigen.

Er blickte mich an. «Summer?»

«Gut, ich verstehe.»

Mein Freund lehnte sich vor mit den Ellbogen auf seinen Knien. «Du wurdest auf die verlassenen, indianischen Geister auf den Mesas aufmerksam gemacht.»

«Ja», flüsterte ich.

«Was hast du gedacht, als deine Erinnerungen erwachten?»

«Sie taten mir leid.»

«Das waren deine *Gefühle*, was waren deine *Gedanken*?»

«Ich dachte, wie verloren sie waren, und wie schade es war, daß sie immer noch in diesen Mesas herumhingen.»

«Du fandest nicht, es sei recht so?»

Ich zögerte. «Nein.»

«Und du hattest keine Angstgefühle?»

Ich horchte in mich hinein. Ich rief mir die Emotionen in Erinnerung im Moment, als ich die ersten Eindrücke der Geister hatte.

«Nein, ich erinnere mich nicht, wirklich erschreckt gewesen zu sein. Ich glaube, ich war viel zu neugierig. Vielleicht zuerst ein wenig, als erste körperliche Zeichen mir sagten, daß irgendein Wesen in der Nähe war. Wenn meine Kopfhaut kribbelt und ich Gänsehaut am Hals bekomme, sind das immer körperliche Warnzeichen, die mir bedeuten, auf der Hut zu sein, und die mich vielleicht auch ein bißchen erschrecken, weil ich ihre Ursache noch nicht kenne. Aber nachdem sie mir bekannt war, erinnere ich mich nicht, mich gefürchtet zu haben.»

«So hatte No-Eyes also recht», sagte er ohne weitere Erklärung.

Ich überging den Kommentar.

«Summer, wir wollen über Geister sprechen. Wir werden über Geistererscheinungen reden.»

Ich lächelte. «Gespenster.»

Er blieb ernst. Offensichtlich war mein laienhafter Ausdruck fehl am Platz.

«Es tut mir leid», entschuldigte ich mich, als ich erkannte, wie ernst das Thema war. «Ich wollte nicht schnippisch sein, wenn es dir so ernst ist.»

Er zuckte die Achseln. «‹Gespenster› sind schon recht, aber dies ist ein Ausdruck, den man gewöhnlich verwendet, wenn man eine Schauergeschichte am Lagerfeuer erzählt.»

Er hatte mich gebührend verbessert.

Aber er war noch nicht zu Ende. «Wenn wir uns auf einen Geist beziehen, dessen physischer Körper gestorben ist, nennen wir ihn immer noch Geist. Aber wenn dieser Geist innerhalb der irdischen Grenzen bleibt, nennen wir ihn einen *verirrten* Geist.»

Ich verstand. «‹Verirrt›, weil der Geist umherirrt – er ist nicht dorthin gegangen, wohin er sollte.»

«Genau.»

Nachdem ich nun die Spur wiedergefunden hatte, wollte ich sicher sein, darauf zu bleiben. Ich hörte aufmerksam zu.

«Ein Geist verirrt sich aus verschiedenen Gründen; alle haben einen direkten Zusammenhang mit seinem früheren körperlichen Leben. Der Grund ist immer ein emotionaler.»

«Etwa wie tiefe Liebe», warf ich ein.

«Erkläre diese Aussage», befahl er.

«Muß ich?»

«Ja.»

Ich blickte weg und betrachtete die alten Möbel, die im warmen Feuerschein leuchteten. Ich musterte den vertrauten Raum, der das Wesen meiner lieben, alten Freundin in sich barg.

«No-Eyes sagte mir, daß ich ihre letzte Schülerin sei. Sie sagte, daß sie nach ihrem letzten Gang in die Wälder immer noch weiterleben würde.» Ich machte eine Pause. «Sie sagte, sie würde immer bei mir sein.»

Seine Stimme verriet sein empfindsames Herz. «Und du glaubst, sie werde wegen ihrer Liebe zu dir hier in der Umgebung bleiben und ein verirrter Geist sein.»

Ich nickte.

«Summer», sagte er zärtlich, «No-Eyes ist viel zu weit fortgeschritten für solche Dummheiten.»

Ich blickte auf in seine sanften Augen. «Du meinst, sie wird *nicht* bei mir sein?»

Ein freundliches Lächeln spielte um seine vollen Lippen. «Das habe ich nicht gesagt. Summer, hast du noch nicht bemerkt, daß sie den Kreislauf der Wiederkehr *beendet* hat? Hast du ihr spirituelles Niveau nicht erraten?»

Mein Herz klopfte heftig.

«Summer, sie hat all das *hinter* sich. Als sie sagte, sie werde immer *bei* dir sein, so meinte sie als *Ratgeber*. Sie wird das *Recht* haben, diese Wahl zu treffen, wenn sie ihre körperliche Hülle abgeworfen hat.»

Ich seufzte erleichtert. «Sie muß das nicht tun.»

Er lächelte verständnisvoll. «Wir alle wissen das. Und niemand weiß es besser als sie, aber das ist es, was sie plant. Sie will das.»

Ich war um sie besorgt. «Aber warum?»

Er zog seine Brauen hoch. «Warum? Weil sie dich liebt, weil du spirituelle Arbeit leistest, bei der sie dir helfen will, weil sie sieht, daß du Hilfe brauchst beim Schreiben deiner Bücher, weil ihr viel daran liegt. Soll ich fortfahren?»

Ein Schleier legte sich über meine Augen. «Nein», flüsterte ich.

Der Weltenwanderer überließ mich voller Mitgefühl meinen eigenen Gedanken, damit ich über alles, was er gesagt hatte, nachdenken konnte. Als ich die Augen schloß, wünschte ich mir, die Alte sei hier bei mir in diesem freundlichen Zimmer beim warmen Feuer. Ich wünschte, daß sie hier sei, damit ich ihre runzelige Hand halten konnte, ihre wettergegerbte Wange berühren und ihre zerbrechliche Gestalt umarmen. Sie fehlte mir so sehr, daß mir das Herz weh tat. Wenn ich sie nur hätte sehen können! Ihre empfindsame Seele fehlte mir ebensosehr wie ihr schlurfender Gang und ihre Art zu sprechen.

«Komm lieber zurück», sagte eine entfernte Stimme.

Mein Kopf zuckte. «Ich vermisse sie so.»

«Es bleiben uns nur noch drei Wochen, und dann sind wir fertig.» Er lächelte. «Ich versuche, die Dinge nicht durch Langeweile hinauszuzögern.»

Bei diesen Worten errötete ich. «O nein, bitte sag das nicht. Du hast mir so *viel* zum *Nachdenken* gegeben. Du bist ein *wunderbarer* Lehrer. Ich bin zu viel tieferem Verständnis gelangt durch dich. Du bist *nie* langweilig. Du bist einfach...»

«Gut! Gut! Ich habe die Botschaft gehört», lachte er.

Ich entspannte mich. «Nun, das ist wahr. Wirklich.» Ich machte eine kurze Pause, bevor ich Mut schöpfte, mein Herz sprechen zu lassen. «Many Heart, auch wenn ich No-Eyes vermisse, ich liebe es, bei dir zu sein.»

Ich hatte ihn gerührt. Seine Augen wurden weich. «Und ich liebe es auch, mit dir zusammenzusein, Summer.»

Ich lächelte. «Danke. Das bedeutet mir viel.»

Er seufzte. «Nun, ich glaube, wir fahren jetzt besser fort mit unserer Diskussion. Du hast gesagt, Liebe sei ein emotionaler Grund für einen Geist, um ein verirrter Geist zu werden, und nun verstehst du, warum ich dich da hineinmanövriert habe. Du hattest eine schwerwiegende, falsche Auffassung von No-Eyes' zukünftigen Absichten.»

«Ja, ich bin froh, daß du mich da aufgeklärt hast. Danke, daß du mir eine schwere Sorge abgenommen hast.»

Er drehte seine Handflächen nach oben. «Dazu bin ich da. Nun», er stürzte sich geradewegs hinein, «Emotionen, starke Gefühle wie Wut, Rache, Haß, Eifersucht und ähnliches können einen Geist an das physische Reich der Wirklichkeit binden. Auch Dinge, die noch nicht vollbracht sind, können das bewirken.»

«Nicht beendete Aufgaben?»

«Ja. Weil der Geist des Menschen Bewußtsein ist, sein Verstand; er behält daher die Erinnerung an den Körper und die Emotionen. Wenn der Geist beim physiologischen Tod befreit wird und nicht sofort dem Licht entgegeneilt, verweilt er oft zu lange, und die starken Emotionen gewinnen die Oberhand; daher schwebt er herum als verirrter Geist, um sich mit nicht beendeten Dingen zu befassen.»

«Das ist sehr traurig», sagte ich schmerzlich berührt.

«Ja, das ist traurig, aber es muß nicht das Ende sein.»

Ich runzelte die Stirn. «Was meinst du damit?»

«Ich meine, daß es keinen einzigen verirrten Geist gibt, dem nicht geholfen werden könnte, den Weg zurück zum Licht zu finden.»

Ich lächelte. «Ihre Begleiter, ihre Ratgeber.»

«Nein.»

Seine negative Antwort verwirrte mich. «Ihre Ratgeber können ihnen nicht zurückhelfen?»

«Oh, versteh mich nicht falsch. Sehr viele können und tun es. Aber es gibt viele Umstände, in denen ein Geist einem Verirrten nicht helfen kann.»

Dies ergab keinen logischen Sinn für mich. «Warum? Was für Umstände?»

«Summer, kann der Blinde einen Blinden führen? Kann ein Betrunkener einem anderen Betrunkenen heraushelfen?»

«Aber du gibst mir nur negative Beispiele. Ein Ratgeber ist weder blind noch betrunken.»

Er schüttelte seinen Kopf. «Das spielt keine Rolle. Ich halte diese Aussage trotzdem aufrecht. Paß auf, manchmal kann einem Menschen nur durch einen *Außenstehenden* geholfen werden, durch jemanden, der *anders* ist.»

«Also gut, ich sehe, worauf du hinauswillst; aber was für eine Art ‹Außenseiter› meinst du bei verirrten Geistern?»

«Körperliche, lebende Menschen.»

«Menschen!»

Die tanzenden Lichter des Feuers spiegelten in seinem schwarzen Haar, als er den Kopf nach vorne beugte. Dann hob er das Gesicht und das Licht spielte in den dunklen Teichen seiner Augen. Seine Stimme war ruhig, als er wieder zu sprechen begann.

«Bewußte Menschen können es, Summer.»

«Aber wie? Many Heart, ich möchte wirklich nicht total blöd erscheinen, aber ich komme da überhaupt nicht mit. Wie kann ein bewußter Mensch mit Geistern in Kontakt treten?»

Er starrte mich nur an. Sein Schweigen dröhnte in meinen Ohren.

Ich erinnerte mich, daß ich auf einer Reise mit No-Eyes mit einem verirrten Geist gesprochen und ihm geholfen hatte, ins Licht zurückzukehren. Ich dachte an dieses denkwürdige Ereignis.

«Das war von *Geist* zu *Geist*, Many Heart.»

Er starrte mich immer noch an. «Es gibt *Wege*, Summer. Es gibt Dreamwalker-Wege.»

Ich schauderte innerlich über seinen ominösen Ton. Wiederum ließ er mich meinen Gedanken nachhängen. Ich sprach sie aus.

«Es gibt also Wege für einen inkarnierten Menschen, um auf *dieser* Wirklichkeitsebene zu einem Geist zu *sprechen*?»

Er nickte vollkommen sicher.

Ich betrachtete sein ernstes Gesicht. «Du wirst mich mit diesem Weg *bekannt machen*?»

«Nein.»

Ich atmete tief aus vor Erleichterung.

«*No-Eyes* wird es tun.»

Schweigen.

Mein Lehrer starrte in die flackernden Flammen. Er sagte nichts mehr zu dem Thema, als sei es abgeschlossen. Aber das war es nicht, bei weitem nicht.

Ich hatte nicht vor, diese Angelegenheit einfach zu übergehen wie andere Dinge früher. Ich wollte nicht länger einen Weg entlanggeführt werden, um dann in einer Sackgasse zu landen. Dieser Weg mußte irgendwohin *führen*.

«Erkläre diese Aussage», sagte ich sanft.

Der Widerschein des Feuers spielte über das feierliche Antlitz meines Lehrers. Er blieb unbewegt.

«Many Heart!»

«Ja?»

«Ich bat dich, es mir zu erklären.»

«Ich habe es gehört.»

«Und?»

«Das ist Sache der Alten, nicht meine.»

Ich setzte mich auf. «O nein, das glaube ich nicht. *Du* bist darauf zu sprechen gekommen, *du* mußt es erklären.»

Er schloß langsam seine Augen und öffnete sie wieder. «Ich habe einfach deine Frage beantwortet, das ist, was ich tun muß. Du hast gefragt, ob ich dich lehren würde, den Weg kennenzulernen, und ich sagte nein.»

«Aber du hast mich *geködert*, du hast deine Aussage erweitert, indem du mir mitteiltest, *No-Eyes* würde mich lehren. Und jetzt frage ich dich, warum ich das lernen muß.»

«No-Eyes wird dir das erklären.» Er war zum Verzweifeln distanziert.

Ich widersprach: «Das kann ich nicht akzeptieren.»

Schweigen.

Ich beugte mich vor. «Du sagtest, daß diese Lektion mit dem Weg zu tun hat für bewußte Menschen, damit sie lernen, verirrten Geistern zu helfen. Du sagtest, es sei ein Dreamwalker-Weg?»

«Ja, ein Dreamwalker-Weg.»

«Nun gut, wer ist der Dreamwalker hier? Wenn dieser fortgeschrittene Lehrgang eine Besonderheit der Dreamwalker ist, dann laß auch den Dreamwalker unterrichten!»

«Sie wird es», war seine Antwort im Flüsterton.

Ich erstarrte. Ich spürte förmlich, wie mir das Blut aus den Wangen wich.

«No-Eyes ist eine *Weltenwanderin*?»

«Ja.»

Ich war ganz durcheinander. «Also... warum denn du?»

«Perspektiven, Summer. Ich sehe die Dinge in einem andern Licht. Ich gebe das männliche Gegengewicht auf dem Weg, den du gegangen bist.»

Ich kniete mich neben ihn. «Many Heart, wie lange bin ich schon auf diesem Weg? Wie lange bin ich schon auf dem Weg des Dreamwalker gewandert?»

Er drehte seinen Kopf langsam zu mir. Wir waren buchstäblich

Gesicht an Gesicht. Beide waren wir angespannt. Seine Augen sahen aus wie riesige, schwarze Kugeln.

«Du hast deinen Fuß auf den Pfad des Weltenwanderers gesetzt an dem Tag, als du zum erstenmal in No-Eyes' Wälder kamst.»

Ich fiel auf meine Fersen zurück. Meine Blicke wandten sich zu den züngelnden Flammen.

«Erstaunt dich das wirklich so sehr?» fragte er.

Ich wußte es nicht. Ich war überrascht und gleichzeitig doch wieder nicht. Ich war in einem geistigen Niemandsland und fühlte mich benommen.

Seine Stimme war fest, aber freundlich. «Dieser Pfad ist lang. Die Fährte des Dreamwalker ist schwierig und komplex. Man kommt auf ihr schrittweise voran, und jede Stufe bringt mehr Erleuchtung als die vorangegangene. Der Novize geht langsam und gewinnt an Erkenntnis mit jedem Schritt. Du hast stetige Fortschritte gemacht.»

Die roten Flammen schossen aus den brennenden Holzscheiten wie Sternschnuppen.

«Und jetzt, wo ich so weit gekommen bin, werden die Dinge komplizierter. Ich muß mich nun mit spirituellen Dingen beschäftigen, die äußerst schwierig sind.»

«Der Schwierigkeitsgrad hängt vom Lernenden ab. Was du jetzt vor dir hast, ist nicht die Schwelle zu größeren *Schwierigkeiten*, sondern jene zum bewahrten, heiligen Wissen, das sehr *komplex* ist. Und No-Eyes wünscht, dich in den Kreis einzuführen, der sich dann hinter dir schließt. *Sie* hat dich auf den Pfad gebracht, *sie* wird diejenige sein, die ihn abschließt.»

Ich drehte meinen Kopf zu ihm. «Warum finde ich ausgerechnet jetzt heraus, daß sie ein Dreamwalker ist? Warum hat sie es früher nie erwähnt?»

«Das ist ihre Art. Es muß so sein bei ihr.»

Das knisternde Feuer unterbrach die tiefe Stille, die zwischen uns herrschte, während ich über die große Bescheidenheit der Alten nachdachte.

«Summer!» sagte er.

«Ja?»

«Dreamwalker tragen keine Zeichen. Sie gehen nicht herum und preisen sich an und sagen, wer sie sind. Aber wenn unsere gemeinsamen Tage zu Ende gehen, wirst du den Dreamwalker erkennen, wenn du einen antriffst auf der Straße, auf dem Marktplatz oder wo immer du hingehst. Das Erkennen wird uns nicht einfach gegeben, das ist so.»

«Many Heart!»

«Mmmm?»

«Sind alle früheren Schüler von No-Eyes Dreamwalker?»

«Ist das wichtig?»

Ich senkte meinen Kopf und zupfte an einem ausgefransten Faden des alten Teppichs herum. «Es ist für mich nicht wichtig, aber ich hätte es gern gewußt, das ist alles.»

«Nur drei sind Dreamwalker.»

Ich schaute ihn an. «Wodurch wird die Entscheidung bestimmt?»

«Was die Alte im Herzen des Schülers und in seinem Geist sieht am ersten Tag, wo sie in seine Seele schaut. Viele hatten den Verstand, aber nur drei auch den Rest.»

Das Licht am Fenster war trüb. Der Himmel blieb bedeckt an diesem Herbsttag. Ich hatte keine Vorstellung davon, wie die Zeit verging; es kümmerte mich auch nicht. Drinnen war ich von der Wärme der gemütlichen Behausung meiner alten Freundin umgeben. Es war tröstlich und friedvoll.

Dunkle Schatten huschten über die Balkenwände auf und ab, wenn der Widerschein des Feuers durch den kleinen Raum tanzte. Das weiche orangefarbene Licht dämpfte den herben Eindruck der schmucklosen Möbel der alten Frau. Der beschädigte Schaukelstuhl schien sich hin und her zu bewegen, wenn der Widerschein des Feuers seinen sich abzeichnenden Schatten belebte. Dies war ein guter Ort für Medizin. Es war ein Ort für das Herz.

«Summer!»

Meine Aufmerksamkeit wurde wieder geweckt. «Ja?»

«Wir müssen zu Ende kommen.»

«Gut.» Ich war der gleichen Meinung; ich schüttelte das abgewetzte Kissen auf und lehnte es wieder an die warmen Steine. «Aber bevor wir fortfahren, möchte ich mich für meinen unwissenden Ausbruch vorher entschuldigen. Ich hatte das von No-Eyes nicht gewußt.»

«Es braucht dir nicht leid zu tun, lerne einfach von deinen Fehlern und bewege dich vorwärts. Das werden wir jetzt tun.»

Der Mann veränderte seine Stellung, die er so lange innegehabt hatte, und streckte sich auf einer Seite aus; den Kopf in der Hand, lehnte er sich auf den Ellbogen. Er lächelte.

«Kannst du mein Gesicht sehen?»

Ich grinste. «Ja.»

«Wenn also ein erleuchteter Mensch lernt, wie er einem verirrten Geist helfen kann, muß er dieses heilige Wissen voll ausschöpfen.»

«Tust du das?»

«Wenn die Gelegenheit sich ergibt, ja. Laß mich dir etwas erklären in diesem Zusammenhang. Spirituelles Wissen kann nicht versteckt werden noch kann es verkümmern bei willentlicher Vernachlässigung. Es gibt viele, viele spirituelle Möglichkeiten und Weisen, mit denen ein erleuchteter Mensch Hilfe leisten kann. Diese Hilfe hat einen weiten Umfang. Sie schließt alle Aspekte der Spiritualität, der Mitmenschlichkeit und des Mitteilens höherer Erkenntnis in sich ein. Im Grunde ist der Weltenwanderer ein spiritueller Hans Dampf in allen Gassen, wenn du so willst. Er hilft, wann immer Hilfe notwendig ist, wo immer er sieht, daß er nützlich sein kann. Den Menschen auf dem Weg helfen, Unterstützung oder Wissen zukommen lassen oder Arbeit mit einem verirrten Geist – dies sind alles Aspekte seines Lebens.»

«Ich verstehe», sagte ich. «Aber gehst du herum und hältst *Ausschau* nach solchen verlorenen Geistern?»

Mein Freund lachte. «Gewöhnlich nicht. Diejenigen, die mich kennen, bringen mir Informationen über gewisse ungewöhnliche Vorkommnisse oder seltsame Erscheinungen. Es ist meine spirituelle Verpflichtung, diese armen Seelen zu befreien und ihnen den Weg zu zeigen, den sie gehen müssen.»

Ich dachte darüber nach. «Wenn ich den Weg vollende, gehört das dann auch zu *meinen* Pflichten?»

«Das muß No-Eyes bestimmen.»

Ich hielt meinen Kopf schief. «Many Heart, werde ich auch dazu verpflichtet, dies zu tun?»

Er seufzte. «Wenn du den Pfad vollendest, ja. Unser indianischer Glaube ist in tiefem, heiligem Grund verankert. Der Geist ist der Aspekt des Menschen, der am wichtigsten ist. Die letztliche Bestimmung dieses Geistes ist am wichtigsten. Ein Geist darf nicht in den irdischen Fesseln herumtrödeln, er muß sich beeilen, in höhere Gefilde zu gelangen. Das Leiten solch verlorener und verwirrter Geister ist häufig denen überlassen, die den komplexen Ablauf dieser Dinge kennen.»

Es klang so natürlich bei ihm. Einem Geist aus seinen irdischen Fesseln herauszuhelfen, ist eine schöne Tat.

«So etwas zu tun, ist schön», sagte ich.

Er zuckte die Schultern. «Am Schluß ist es schön. Es ist oft sehr bewegend und ergreifend mitanzusehen.» Er machte eine Pause. «Aber den verlorenen Geist dorthin zu bekommen, wo er hingehört – ihn zu überzeugen –, ist häufig eine sehr schwere Angelegenheit.»

«Ist es nicht immer schwer?»

Er runzelte die Stirn. «Worauf ich anspiele, ist oft die *gefährliche* Seite. Geister sind reine Energie, Summer. Vergiß das *nie*. Sie verfügen über freien Zugang zu unglaublichen Kräften. Sie besitzen enorme Macht über ihre eigenen Energien und jene der Natur. Sie können unerhört listig und trügerisch sein. Je nach den Umständen, die sie hier festhalten, können sie fügsam oder gewalttätig sein. Vertrau ihnen *nie*. Das ist die Regel Nummer eins. Sei immer auf der Hut. Erwarte immer das Unerwartete in ihrer Gegenwart. Sei immer vorbereitet auf einen heftigen Angriff.»

Er jagte mir Angst ein. «Ich will das nicht tun. Zuerst hat es wie etwas Schönes geklungen, und nun hört es sich wie ein Alptraum an.»

«Es *ist* etwas Schönes. Es ist nur oft auch gefährlich in der Ausführung.»

Ich wiederholte leise: «Ich will das nicht tun, Many Heart.»

Schweigen.

Als ich wieder auf die tanzenden Schatten schaute, sahen sie nicht mehr fröhlich aus, sie schienen auf groteske Weise zu lauern. Mein Blick fiel auf die geschwärzten Zimmerecken. Mein empfindsames Herz hämmerte beim neuen Gedanken an kauernde Gespenster.

«Du hast eine sehr lebhafte Phantasie», sagte er mit leichtem Lachen.

Ich blickte ihn an. «Nein, das nicht. Du hast nur alles so lebhaft geschildert, das ist alles.»

«Habe ich das?» fragte er unschuldig.

«Ja, das hast du. Du hast mir klargemacht, daß ich nichts mit dieser gefährlichen, spirituellen Aufgabe zu tun haben will.»

«Das kannst du dir nicht auswählen», gab er mir sehr nüchtern zu verstehen.

«Oh, wirklich nicht? Ich werde alles andere tun. Ich schreibe die Bücher, werde Briefe beantworten und den Menschen helfen, wo immer ich kann; aber diese gewalttätigen Geistergeschichten sind nichts für mich.»

«Warum nicht?»

Ich machte große Augen. «Weil allein schon der Gedanke daran mich zu Tode erschreckt. Wenn ich nämlich je einem bösen Geist begegnete, würde ich gleich in Ohnmacht fallen!»

Er versuchte seine Heiterkeit zu unterdrücken. «Nein, du würdest nicht.»

«Doch, bestimmt! Ich würde tot umfallen. Und das ist *nicht* lustig!»

Er zwang sich zu einem offenen Gesicht. «Aber Summer, wenn du einmal das Wissen und ein bißchen Erfahrung hast…»

«O nein. Zuerst einmal werde ich mich *weigern*, von No-Eyes das Wissen zu *erhalten*, und was die Erfahrung anbelangt, nun… wenn ich das Wissen nicht *habe*, werde ich auch keine Erfahrung *bekommen*.»

«Aber Summer, du *hast* ja schon Erfahrung.»

«Mit *Geistern*?»

Er nickte vertrauensvoll.

Ungläubig fragte ich: «Wer hat dich auf diese Idee gebracht?»

«Deine Vergangenheit.»

«Die Zeit mit No-Eyes?» lachte ich.

«Nein, das war lange vorher, als du nur so groß warst», sagte er und hielt seine Hand ein wenig über den Boden.

Ich grinste. «O Bruder, *du* hast die falsche Person erwischt. Du tätest besser daran, deine Informationen zu überprüfen.»

«Ist das dein endgültiger Entschluß?»

«Da kannst du wetten!»

«Ernsthaft? Meinst du es ernst?» fragte er ungläubig.

«Nie in meinem Leben ist es mir so ernst gewesen. Auf keinen Fall werde ich gewalttätigen Gespenstern entgegentreten, die nichts anderes wollen als allein gelassen zu sein.»

«Auch wenn No-Eyes dich eines andern überzeugt?»

«Das wird sie nicht.»

«Auch wenn sie deinem Gedächtnis einen Schubs gibt über die Geistererscheinungen in deiner Vergangenheit, deiner Kindheit?»

«Da gibt es nichts hervorzuholen, weil es *keine* Geister gegeben hat in meiner Vergangenheit. Ich habe dir gesagt, du hast deine *Daten* durcheinandergebracht... du hast die falsche Person!»

«Mach, was du willst», schloß er.

Schweigen.

Das Feuer verglimmte und größere Schatten schlichen durch das Zimmer. Ich blickte zu den Fenstern, und der graue Tag wurde noch grauer.

Many Heart erhob sich, um in den Gluten zu stochern und wieder Holz aufzulegen. «Vielleicht wirst du später deine Meinung ändern», beharrte er.

Tiefes Schweigen.

«Vielleicht wird No-Eyes es fertigbringen, dir die Augen zu öffnen, und dir alle deine wahren Aufgaben sichtbar machen – und dich sehen lassen, was in deiner Vergangenheit war.»

Ich starrte in die Schatten vor mir, die wieder zum Leben erwacht waren und herumhüpften, als das Feuer aufflackerte. Sie drehten sich vor mir. Ich flüsterte leise: «Ich ändere meine Meinung nicht.»

Er wandte langsam seinen Kopf, und seine Augen bohrten sich in meine. «Du *weigerst* dich also wirklich, verlorenen Seelen zu helfen?»

Er versuchte, mich dahin zu bringen, daß ich mich schämte. Aber das klappte nicht.

«Es gibt andere, die wissen, wie ihnen zu helfen ist. Überlaß es *ihnen*.»

Er legte den versengten Schürhaken zurück und setzte sich wieder mit gekreuzten Beinen mir gegenüber.

«Es ist nicht *Apathie*, die von Summer Rain ausgeht, oder?»

«Nein, aber der Schwache kann dem Schwachen nicht helfen.»

«Ohhh», summte er vielsagend mit sarkastischem Unterton, «jetzt bist du also schwach, mmh?»

«Many Heart», fuhr ich ihn ärgerlich an. «Es gibt Leute, auf die eine gewisse Arbeit zugeschnitten ist, die nicht zu anderen paßt. Ich bin einfach nicht für diese bestimmte Arbeit gemacht!»

«Und woher weißt du das?»

«Ich weiß es, weil sie mich zu Tode erschreckt, darum.»

Er wurde weicher. «Du wirst darüber hinwegkommen. Es braucht höchstens zwei Begegnungen, um sich davon zu befreien. Nach ein paar wenigen lernst du rasch, die Angst loszulassen. Außerdem wirst du damit beschäftigt sein, den Geist zu überzeugen, fortzugehen, anstatt daran zu denken, was du selber dabei fühlst.»

«So ist das also», knurrte ich.

«Ja, so ist es. Du wirst sehen», fügte er hinzu.

Ich schüttelte meinen Kopf. «Ich fürchte, das werde ich *nicht*. Ich werde es *nie* sehen, weil ich es *nicht* tun werde.»

«Du bist *störrisch*!» warf er mir an den Kopf.

Seine plötzliche Schroffheit war die erste Ungeduldsäußerung, die ich von ihm erlebte. Es tat weh, aber in diesem Augenblick kümmerte es mich nicht.

«Ich glaube, es ist besser, wenn ich gehe. Wir kommen nicht weiter», sagte ich und erhob mich von meinem Platz.

«So, wir rennen also weg, nicht wahr?»

Ich stülpte den gewebten Wollumhang über meinen Kopf und murmelte gleichgültig: «Wir? Ich weiß nicht, wie es mit *dir* ist, aber ich sehe keinen Grund, eine ausweglose Situation zu verlängern.»

Er blieb unbeweglich sitzen und starrte aufmerksam in das helle Feuer vor ihm. Seine Worte waren sanft, aber eiskalt.

«Du hast soeben alles gefährdet.»

Ich knallte absichtlich die Tür hinter mir zu und schritt in den trüben Herbstnachmittag hinaus. Die feuchte Kälte schlug mir ins Gesicht, wie um mir etwas Verstand zuzuwerfen. Ich blieb am Abhang auf halbem Weg stehen und wandte mich um; ich blickte hinauf zum warmen Ort meines Herzens.

Der Weise maßt sich nicht an, Samen zu säen, denn die Samen sind schon da.

Der Weise bemerkt die Samen und versucht nur, sie zu nähren und zur Blüte zu bringen.

Fernes Echo

*Durch den Korridor meines Geistes hallten ferne Stimmen;
sie drangen zu mir, sie riefen, um gehört zu werden. Und ich
horchte auf das Echo, das klare Visionen alter Erinnerungen
weckte, die vergraben waren im goldenen Schatz meines
Geistes.*

Wenn irgend jemand mich an diesem trüben Nachmittag gesehen
hätte, wie ich auf der Bergstraße von der Hütte wegfuhr, der hätte
wohl glauben können, ich habe nicht alle Tassen im Schrank, weil
ich auf der ganzen Fahrt vor mich hin murmelte und mit mir selber redete.

Ich diskutierte und zankte mich mit meinem unsichtbaren Mit-
fahrer. Ich war wütend, verletzt und erschreckt. Ich war zornig
wegen Many Hearts überheblicher Art. Ich war verletzt wegen unseres Streits, und die Angst saß mir in den Knochen, ich habe mir
die Chance verscherzt, den Pfad des Weltenwanderers zu vollen-
den.

Mußte ich denn blindlings alles tun, was man mir sagte? Mußte
ich mich an der Nase herumführen lassen und spirituelle Aufgaben ausführen, für die ich nicht einmal vorbereitet war? Hatte ich
kein Recht zu persönlichem Einsatz? Hatte ich keinen freien Willen, um mir meine Arbeit selber zu wählen? Und *mußte* ein
Dreamwalker verirrten Geistern helfen? Niemand hatte mit mir
darüber gesprochen, als ich zum erstenmal No-Eyes' Wälder an
jenem Tag betrat!

Du lieber Gott, war das eine schwere Sache! Warum konnte ich
nicht einfach Kassiererin in einem Laden sein, die nicht mehr zu
überlegen brauchte als die richtige Taste zu tippen? Wer wollte

sich schon Sorgen machen über die zerstörerischen Kräfte eines zornigen Geistes? Wer wollte sich in eine so schwierige Situation begeben? Ich – ausgerechnet *ich* sollte mir das wünschen – diese hochspirituelle Sache! Nun, ich würde es ihnen schon sagen!

Mein Zorn loderte noch, als ich zur Tür hereinkam, und Bill schob mich sofort wieder rückwärts hinaus.

«Laß uns einen Spaziergang machen», schlug er vor. «Vielleicht kühlst du dich dann ein wenig ab.»

Eine gute Idee.

Meine angestaute Energie war nahe am Explodieren. Ein Spaziergang würde den Druck abbauen helfen. Nachdem ich hastig die Ereignisse des Tages erzählt hatte, fühlte ich mich schon viel leichter.

Bill nahm sich Zeit, um die Geschichte zu verarbeiten. Sein streng analytischer Verstand wog die Gedankengänge und jedes Argument der Gegner ab und verglich sie mit ihren Reaktionen.

«Es ist logisch», urteilte er schließlich.

Ich hatte beinahe Angst zu fragen: «Was ist logisch?»

«Es ist logisch, daß ein Mensch, der so erleuchtet ist und spirituell erfahren wie ein Weltenwanderer, in solche Arbeit einbezogen wird. Es ist logisch, daß diese Arbeit mit verirrten Geistern natürlicherweise in seinen Aufgabenbereich fällt.»

Ich seufzte. «O Gott.»

Er drückte meine Hand. «Nein, hör mir zu, mein Schatz. Es ist eine Tatsache, daß der Geist äußerst wichtig ist, weil er die lebendige Kraft ist, die den körperlichen Tod immer überlebt. Der Geist muß unverzüglich zur Quelle zurückkehren, sonst wandert er in Verwirrung umher. Es ist offensichtlich, daß jemand, der die Fähigkeit dazu hat, ihm helfen sollte.»

«Ich weiß das. Aber warum erwartet man ausgerechnet von mir, daß ich diese Arbeit tun soll? Ich weiß überhaupt nichts davon, wie man mit Geistern von Angesicht zu Angesicht umgeht.»

«Man erwartet das von dir, weil es offenbar zu dem gehört, was ein Dreamwalker tut. Und», mahnte er, «du weißt nichts über das Vorgehen, weil du den Gedanken, daß No-Eyes dich darin in Zukunft unterrichtet, zurückgewiesen hast.»

Schweigen.

Warum hatte er immer recht? Weshalb war er immer der Anker, der meine falschen Argumente wieder auf den Boden der Tatsachen brachte? Wie immer konnte ich der Logik seines stahlharten Verstandes nicht widersprechen.

«Dann hatte ich also unrecht, so wütend zu werden?»

Er zuckte die Schultern. «Das war deine aufrichtige Reaktion in jenem Moment. Du sollst ja frei sein, ehrlich und offen zu reagieren. Ich würde sagen, du warst anfänglich durchaus im Recht.»

«Anfänglich. Das mußtest du einfügen, nicht wahr? Du denkst offensichtlich, daß ich mich nach meiner anfänglichen Reaktion jetzt hätte beruhigen sollen, um ihm besser zuzuhören, daß mir dann vielleicht ein Licht aufgegangen wäre und ich meine Meinung geändert hätte.»

«Vielleicht. Aber da du nicht geblieben bist, werden wir es nie erfahren.»

«So *hatte* ich also unrecht», stellte ich traurig fest.

«Du hättest bleiben sollen.»

Wir gingen die Feldwege hinunter, die kreuz und quer in unserer Nachbarschaft verliefen. Die Feuchtigkeit des Tages hatte den Staub aus der Atmosphäre entfernt, und obwohl der Himmel noch immer trüb war, vibrierten die immergrünen Bäume in neuer Frische. Ich atmete den Kiefernduft, der in der Luft schwebte, tief ein.

«Glaubst du, ich habe es mir verscherzt?» fragte ich und schauderte vor der Antwort.

Mein Lebensgefährte lächelte warmherzig. «Was den Weg anbelangt, glaube ich nicht, daß eine einzige Auseinandersetzung dies zur Folge haben könnte. Der Weg ist nicht irgendeine oberflächliche Schulstunde. Du hast schon fast zwei Jahre damit verbracht. Denk an all die hitzigen Diskussionen, die du mit No-Eyes hattest – eine Weltenwanderin. Hat sie dich nachher etwa weggejagt oder ausgeschlossen?»

«Nein», gab ich widerstrebend zu.

«Es ist klar, daß ein Dreamwalker einen differenzierten Verstand und große Einsicht hat. Er oder sie ist geduldig, tolerant und mitfühlend. Ich kann mir kaum denken, daß Many Heart dich ausschließen wird wegen einer einzigen Auseinandersetzung. Ich glaube sogar», fügte er hinzu mit einem Anflug von Humor, «daß er dich ein wenig bewundert für deine Standfestigkeit.»

Ich runzelte meine Stirn und bekam schmale Augen. «Nee», murmelte ich fast ungläubig.

Er lächelte breit. «Doch, doch. Ich wette, er mußt jetzt über deinen Wutanfall lachen. Ich wette, daß er immer grinsen muß, wenn ihm dein Auftritt in den Sinn kommt.»

«Wirklich?» Meine Stimme kippte fast um in der neu erwachten Hoffnung.

«Deine gelegentlichen Tiraden bei No-Eyes endeten häufig damit, daß sie lachte. Warum sollte Many Heart das nicht tun?»

«Ich weiß nicht», stöhnte ich. «Seine letzten Worte waren ziemlich grimmig. Du hättest die Kälte in seiner Stimme hören sollen.»

Bill billigte diesen Punkt. «Ich glaube, es war ihm bestimmt ernst. Ich glaube, er hat es als ernste Warnung verstanden für dich, daß du dir deiner impulsiven Ausbrüche bewußt wirst – daß du es dir nochmals hättest überlegen sollen, bevor du dann endgültig davongelaufen bist. Ich glaube aber nicht, daß er es so schlimm gemeint hat, wie du vermutest.»

«Ich weiß nicht», seufzte ich bekümmert. «Ich hoffe es wirklich nicht.»

Seine Stimme war sanft, aber streng. «Du mußt deine impulsiven Reaktionen dämpfen lernen, weißt du. Du mußt versuchen, sie besser zu beherrschen.»

«Ich weiß», stimmte ich bei. «Ich habe mich schon sehr gebessert, seit ich bei No-Eyes bin. Aber ich werde mich noch mehr bemühen.»

«Du wirst dich so lange bemühen müssen, bis es dir zur zweiten Natur wird. Du mußt deine explosiven Reaktionen so im Zaum halten, wie die Alte es dir sagt.»

Er hatte recht... wie immer.

Das ganze Erlebnis war mir peinlich. Ich schämte mich über mein Verhalten, und ich war verlegen. «Glaubst du, er wird darauf zurückkommen nächste Woche?»

«Das entspräche wohl nicht seiner Art. Er wird es sehr wahrscheinlich übergehen und so tun, als wäre es nie geschehen.»

«Warum? Warum sollte er wohl nicht darauf zurückkommen?»

«Kannst *du* es denn vergessen?»

Ich zuckte zusammen. «Niemals!»

«Deshalb bin ich sicher, er weiß es auch, daß du dran denkst. Warum sollte er dich dann daran erinnern? Er wird gar nichts sagen, es sei denn, *du* machst selber eine Anspielung.»

Sein Punkt war klar.

237

«Ich werde schrecklich verlegen sein, wenn ich ihn am nächsten Wochenende wiedersehe», gestand ich.

«Ich bin sicher, er wird das spüren, aber ich glaube nicht, daß er es beachten wird. Benimm dich nur so normal, wie du kannst, und konzentriere dich auf die neue Lektion.»

Genau das wollte ich tun. Ich würde meinen Stolz hinunterschlucken und weitermachen, indem ich dem Dreamwalker meine volle Aufmerksamkeit widmete.

Das Wochenende rückte näher, und ich fühlte mich nicht mehr so tief beschämt. Das Gefühl hatte sich in leichtere Gewissensbisse abgeschwächt, welche mich unterschwellig an meinen üblen Verstoß erinnerten.

Als ich den Wagen aus Woodland Park heraussteuerte, wurden im Angesicht der großartigen Landschaft alle negativen Überbleibsel jenes Erlebnisses wie weggewischt aus meinem Bewußtsein. Die Natur heilte voller Mitleid die Wunden meines Herzens.

Sonnengeküßte Erde. Bronze und Gold. Orange und Scharlachrot. Zitternde Münzen. Schimmernde Rubine. Jade und Jaspis. Smaragdgrüne Nadeln. Frisch glitzernde Spinnfäden. Leben und Gedeihen. Feiern.

Mein Herz klopfte heftig im wundersamen Anblick der großartigen Schönheit. Die Woge meines Geistes flutete über und vereinigte sich mit dem Herzschlag der Natur. Wohin ich auch schaute, überall sah und fühlte ich die Verkörperung Gottes leuchten.

Die glänzenden Berge schimmerten in ihrem königlichen Herbstgewand auf dem Höhepunkt ihres Lebens. Sie gaben ein unleugbares Zeugnis ihres wiederkehrenden Geistes. Im Herbst entblößten sie ihre lautere Seele, um das ewige Leben aller Lebewesen glaubhaft darzustellen. Sie legten ihren herrlichen, inneren Kern frei und stimmten in eine großartige Symphonie ein zu Ehren ihres glorreichen Schöpfers.

Mein Herz war federleicht, als ich eilig den Wagen im Schutz des alten Baums abstellte. Hochgemut nahm ich zwei Stufen auf einmal und riß die brüchige Holztür auf.

«Many Heart!» rief ich aufgeregt.

In der Hütte war es dunkel. Sie war leer.

Mein Herz sank.

Lieber Gott, nein. Bitte laß es nicht so geschehen!

Ich suchte rasch das leere Dunkel ab. Mein Lehrer war nirgends. Oh, du mein Gott, ich *hatte* es verscherzt!

Benommen stand ich in der Mitte des winzigen Zimmers und fragte mich, was ich nun tun sollte.

«*Sum-mer! Sum-mer!*»

Mein Kopf summte. Mein Herz hämmerte, und ich rannte auf die Veranda hinaus.

Many Heart war weit unten am Fluß… und er winkte mir zu. «Ich bin hier unten! *Komm doch!*»

Mit einem nervösen Lachen brachte ich den Schleier, der mir in den Augen brannte, zum Verschwinden. «Ich komme!» rief ich zurück.

Er hatte mich also doch nicht verlassen. Vielleicht hatte ich es mir nicht verscherzt.

Ich rannte den Hügel hinunter auf den wartenden Mann zu. Der Bach kicherte hinter ihm. Goldene Pappeln ließen ihr vom Winde verwehtes Gewand herunterflattern. Ich rutschte beinahe die letzten Meter hinunter. Atemlos fing ich mich wieder und kam gerade vor ihm zum Stehen.

«Ich war so erschrocken, als ich die Hütte leer fand. Ich dachte, du seist fortgegangen.»

Er grinste. «Wo sollte ich denn hingehen?»

«Fort! Ich dachte, du seist für immer fortgegangen!»

Er hob fragend seine Arme. «Aber wir haben noch zu tun. Wir sind noch nicht fertig. Es bleiben uns immer noch zwei Wochen.»

Eine Welle der Impulsivität übermannte mich. Ich fiel ihm um den Hals. «Oh, Gott sei Dank, ich hatte solche Angst, ich hätte alles verdorben, als du nicht da warst! Erschrecke mich bitte nie mehr so.»

Seine starken Arme umfingen mich und beruhigten die verängstigte Schülerin. Dann ließ er mich sanft los, stupste mich etwas weg und hielt mich auf Armeslänge. Sein Ausdruck war weich.

«Ich wollte dich nicht ängstigen, Summer. Ich dachte nur, weil es ein so schöner Herbsttag ist, könnten wir ihn hier unter den Wollpappeln verbringen. Ich hörte, wie du die Wagentür zuschlugst, aber bis ich hierher gekommen war, von wo ich dich rufen konnte, warst du schon in der Hütte drin.»

239

Ich seufzte tief vor Erleichterung. «Nun, ich bin so froh, daß alles in Ordnung ist.»

Ich schlenderte hinüber an den Rand des Wassers und blickte in den klaren Himmel hinauf. «Heute ist ein herrlicher Tag.» Zu den breit ausladenden Bäumen gewandt, fügte ich hinzu: «Bald werden sie wieder nackt sein.»

Er schaute ebenfalls hinauf in die goldene Pracht. «Nächste Woche wird es wohl soweit sein, wenn die Blätter so fallen, besonders falls dieser Wind andauert.» Er suchte einen Grasflecken aus, setzte sich und tätschelte den Boden. «Komm, setz dich hierher, wir wollen den Übergang betrachten.»

Ich setzte mich neben ihn. Wir blickten beide auf den rauschenden Fluß.

«Das Leben geht weiter», bemerkte er.

«Ja, wenn diese Bäume ein Beweis dafür sind. Ich glaube, das ist ein allgemeingültiges Naturgesetz. Veränderungen, steter Wandel und Wechsel, aber immer noch das gleiche darunter und darin.»

«Hat No-Eyes das gesagt?» fragte er.

«Nein, das stammt von mir.»

Er zwinkerte mir neckisch zu. «Ich hoffe, du schreibst solche Dinge doch auf.»

Ich grinste. «Ja, ich schreibe immer.»

Ein Blatt fiel vor meine Füße. Ich las es auf und drehte es zwischen meinen Fingern.

«Woran denkst du gerade?» sagte er.

«Oh, ich dachte, wie der Baumgeist die ganze Zeit seine äußere Erscheinung verwandelt. Jedes Jahr verändert er sich. Zuerst ist er zartgrün, dann tief jadegrün, dann leuchtend wie Gold und zum Schluß ist er nackt, bis der Frühling wiederkommt. Und während die äußeren Transformationen stattfinden, lebt die ganze Zeit dieselbe Lebenskraft inwendig – der gleiche unveränderte Geist.»

«Genau wie bei dir», stellte er seltsamerweise fest.

Ich blickte ihn mit einem Lächeln an. «Warum bei mir?»

«Du hast soeben den Begriff der Überträgerseele erklärt.»

Ich überdachte meine Formulierung. «Ich vermute, daß das tatsächlich so ist.»

Ich glaube, dies ist ein gutes Thema für heute», sagte er und brach eine Distel ab.

«Wie du willst, aber No-Eyes hat schon darüber gesprochen.»

«Ich weiß», gab er zu, «aber wir müssen immer wieder darauf zurückkommen, bis du mit dem Gedanken ganz vertraut bist.»

Der Wind raschelte durch die Bäume und schüttelte die letzten Blätter herunter. Diejenigen, die auf das Wasser fielen, wurden rasch von der Strömung fortgetragen.

«Erzähl mir davon», schlug er vor.

«Es war mitten in den Lektionen über die Phönixtage, als sie darauf zu sprechen kam. Sie schien sehr darauf bedacht zu sein, es loszuwerden. Es war, als ob sie beunruhigt wäre, sie würde mich verlassen, bevor sie dazu gekommen war, es mir zu erklären. Jedenfalls sagte sie mir, daß ich eigentlich She-Who-Sees sei.» Ich senkte meinen Kopf. «Ich reagierte sehr heftig und war aufgebracht über sie.»

«Das kann ich mir gut vorstellen.» Er lächelte ohne jede Herablassung oder Anzeichen eines Vorwurfs.

Ich errötete trotzdem. «Nun ja, damals blieb ich bis zum Schluß und söhnte mich dann wieder aus.»

«Ich bin gespannt», sagte er. «Ich hörte von deiner Suche nach der Version – von der Zeit, als du im Geist das Buch der Aufzeichnungen abgesucht hast. Hast du damals nicht all deine früheren Namen darin entdeckt?»

Nun war es an mir zu lächeln. «Ich weiß genau, worauf du hinaus willst. Du wunderst dich, warum ich nicht zwei und zwei zusammenzählte, als ich den Namen She-Who-Sees sah, den Namen, den ich getragen hatte.»

Er nickte interessiert.

Ich blickte über den Fluß hinweg in den Wald am anderen Ufer.

«No-Eyes hat nie davon gesprochen, aber ich habe später daran gedacht. Nachdem ich diesen Teil meiner Suche überdacht hatte, erinnerte ich mich, daß ich glaubte, als ich den Namen zum erstenmal gesehen hatte, er sei Bestandteil einer Ahnenliste. Die Wahrheit darüber dämmerte mir erst, *nachdem* No-Eyes mir gesagt hatte, wer ich gewesen war. Da erst erfaßte ich die wahre Bedeutung.»

Ich blickte ihn an. «Ist damit deine Neugier befriedigt?»

«Ja.» Er beugte sich mit sehr ernsthafter Miene vor. «Dein Geist hat an die Tür deines Bewußtseins geklopft, seit du ein kleines Kind warst. Er versuchte, durch das neue Furnier hindurchzugelangen.»

Ich dachte an die verschiedenen Begebenheiten, während er sprach.

«Obwohl du nicht auf die indianische Art erzogen worden bist, ist dein Herz immer dem gefolgt, wonach es sich sehnte – woran es sich erinnerte. Dein Geist ist rein und wahrhaftig geblieben über alle äußeren Veränderungen hinweg. Er ist stark geblieben und seinem Ziel treu. She-Who-Sees sitzt heute genauso deutlich neben mir wie du, Summer.»

«Es ist unglaublich und doch wieder nicht», überlegte ich. «Es ist nicht zu glauben, aber ich muß es dennoch glauben, weil es mir *widerfährt*. *Ich bin* genau wie diese Wollpappeln», sann ich und schaute in ihren von der Sonne beleuchteten Glanz. «Ich bin *genau* wie sie. Ihre äußere Erscheinung hat sich über die Jahrhunderte und durch die Jahreszeiten gewandelt, aber der lebendige Kern bleibt derselbe, der Geist bleibt der von She-Who-Sees und Sequanu. Ich könnte weiter zurückgehen und mehr Namen nennen, aber diese beiden sind jetzt so stark in mir. Zu diesen beiden reicht heute meine Erinnerung. Es sind *ihre* liebevollen Stimmen, an die ich mich am besten erinnere.»

«Schöne Erinnerungen, Summer.»

«Ja», sagte ich nachdenklich, «aber auch häßliche und erschreckende. Natürlich versuche ich nicht, sie festzuhalten... es ist so lange her, seit sich diese Dinge ereignet haben.»

Die Stimme meines Freundes klang einfühlsam. «Bedauerst du, eine Überträgerseele zu haben? Manchmal hörst du dich so an.»

«Oh, ich bedaure es nicht wirklich; aber angesichts der schönen und friedlichen, indianischen Lebensart, die Sequanu, lange bevor die Weißen kamen, erlebte, und später eingedenk der zutiefst kummervollen und traurigen Erinnerungen von She-Who-Sees, ist es für Summer Rain oft schwierig, gewisse Emotionen zurückzuhalten, die aus diesem lebendigen, durch den Geist vermittelten Andenken aufsteigen. Summer Rain lebt immer noch in einer rückständigen Zeit der Bigotterie und Apartheid gegenüber ihrem Volk. Summer Rain erlebt die hinausgezögerte Ungerechtigkeit.»

Er griff nach meiner Hand; seine Hand ruhte auf meiner.

«Aber Summer Rain wird es erleben, daß der Kreis geschlossen wird. Als Sequanu und She-Who-Sees bewahrt Summer Rain ihre Geschichte. Als Summer Rain werden Sequanu und She-Who-Sees letztlich die Gerechtigkeit erfahren, die wieder im Frieden

«Keine Zufälligkeit...

…irgendwo im Universum, keine Gleichgültigkeit, keine Freiheit. Während wir handeln, wird gleichzeitig an uns gehandelt.» – Der englische Philosoph David Hume geht Mitte des 18. Jahrhunderts noch davon aus, daß die Wissenschaft von der menschlichen Natur genauso exakt sein müsse wie die Naturwissenschaften, alles Metaphysische, weil nicht durch Erfahrung gedeckt, lehnte er ab.

Physik hin, Metaphysik her – es gibt Dinge im Leben, mit denen man nur gute Erfahrungen macht.

Pfandbrief und Kommunalobligation

Meistgekaufte deutsche Wertpapiere - hoher Zinsertrag - bei allen Banken und Sparkassen

Verbriefte Sicherheit

mündet, wenn der Kreis sich schließt. Es ist nur richtig so. Es ist die Gerechtigkeit des Geistes, die in der körperlichen Wirklichkeit wirksam wird.»

Ich verstand die Vorstellung, aber mir war noch immer nicht wohl.

Er spürte meine unruhige Stimmung.

«Es ist schwierig, damit umzugehen, nicht wahr?» fragte er folgerichtig.

Ich ließ nur meinen Kopf hängen und nickte.

«Wenn es ein Trost für dich ist», sagte er sanft, «ich verstehe dich. Du kommst dir vor, als ob du auf einem Zaun lebtest. Du fühlst dich zwischen zwei Welten gefangen. Vergangene Jahrhunderte sind frisch in deinem Geist erhalten, während du körperlich eingeengt bist auf die heutige Realität. Lebhafte Bilder entstehen in dir beim Zurückblenden. Sie sind verbunden mit starken Emotionen – sie vermitteln dir die intensiven Gefühle der Zeiten und Ereignisse. Nun mußt du dich damit befassen.»

«Ja, es ist, als ob ich achthundert Jahre alt wäre. So weit reichen meine Erinnerungen zurück. Meine Träume sind während meines ganzen Lebens angefüllt gewesen mit uralten Erinnerungen, die die Grenze überschritten hatten. Manchmal ist es nur ein bestimmtes Geräusch oder ein Geruch, die irgendein in meinem Gedächtnis längst begrabenes Ereignis hervorbringen – wenn mein Bewußtsein einmal das von Sequanu oder She-Who-Sees war, können diese Tatsachen nicht geleugnet werden. Nachdem No-Eyes mir die Gründe aufgezeigt hatte, hatte ich endlich eine gültige Erklärung dafür. Manchmal bin ich froh darüber, daß Sequanu und She-Who-Sees durch mich erleben werden, daß alles sich zum Guten wendet.»

«Manchmal?»

«Ja, weil ich mich zuweilen so fehl am Platz fühle, ein verwirrendes Rätsel; eine Laune der Natur, fähig zu reden und zu gehen, aber nirgendswohin zugehörig. Ich weiß, wir haben schon früher darüber gesprochen, aber ich wandere immer noch als ewige Außenseiterin am Rande ... für immer allein.»

«Dreamwalker sind immer allein.»

«Das meine ich nicht. Dreamwalker *wählen* sich ihren Zustand des Seins. Ich bin *hineingeboren*. Außerdem», erklärte ich, «bin ich kein Dreamwalker.»

Schweigen.

Das Geräusch des Windes war einschmeichelnd. Er trug mir den vertrauten Wohlgeruch von Zedern, duftenden Gräsern und Salbei zu. Gerüche, die ich liebte, schwebten vorüber, während der Wassergeist sein Lied von der Liebe sang. Ich sah die Geister von Indianerkindern, die im Fluß lachten. Erinnerungen. Achthundert Jahre alte Erinnerungen, so frisch wie von gestern.

«Summer?»

Ich zuckte zusammen bei dem lauten Ton, der meine Träumerei zerriß. Ich blickte zu meinem indianischen Gefährten.

«Riechst du das?» fragte er mit blitzenden Augen.

Ich schnupperte die frische Herbstluft. «Holzrauch.»

«Dein Lieblingsgeruch. Weißt du warum?»

Die goldenen Bäume raschelten über mir. «Der Holzrauch bringt mich in bessere Zeiten zurück, die heitere Zeit, als ich Sequanu war.»

«Ja», flüsterte er. «Jene geruhsamen Zeiten bringen dir Frieden ins Herz. Sie erquicken deinen Geist. Darum ist der Geruch des Holzrauchs dein Lieblingsduft.»

«Ich liebe auch Zedern und Salbei. Ich habe Salbeibüschel an den Holzbalken in meinem Haus aufgehängt. Ich verbrenne Zedernholz nur wegen seines wunderbaren Dufts und seiner kräftigen reinigenden Eigenschaften.

Er fragte noch mehr, weiter zurück. «Und der Weihrauch und die Myrrhe?»

«Die liebe ich auch, aber aus einer weit entfernteren Zeit meines Geistes. Ich verbrenne sie, wenn ich allein bin, denn sie sind für Bill viel zu aufdringlich.»

Er lächelte. «Siehst du, wie die entfernten Echos durch deine Erinnerungen dringen? Du hörst sie, sie regen deinen Geist an, und der Verstand reagiert auf sie. Du hast Glück, daß du weißt warum. Viele Menschen haben keine Ahnung, warum sie dies oder jenes so gerne haben. Ihre Neigungen haben keinen lebensnahen Grund.»

Seine Worte wirkten in mir nach. Ging es ihnen eigentlich nicht besser, wenn sie sich nicht erinnerten?

Der klare Himmel war von einem schimmernden Blau – so charakteristisch für die hohen Coloradoberge, die ich innig liebte, dieselben, in denen ich während so vieler Jahrhunderte gelebt hatte.

«Warum gibt es überhaupt ein solches Erinnerungsvermögen, Many Heart? Ich meine, was ist der Zweck dieses Phänomens?»

«Das Phänomen des Überträgergeistes?»

«Ja. In körperlicher Hinsicht schafft es große Verwirrung, bis man es versteht und mit dem Verstand akzeptiert. Den spirituellen Grund verstehe ich immer noch nicht ganz.»

«Der Überträgergeist tritt in jenen Menschen sehr deutlich hervor, die für eine besondere Aufgabe wiedergekehrt sind. Es sind immer diese Menschen, die Verschönerung und Fortschritt herbeiführen und einen Prozeß des Aufwachens in Gang setzen. Wenn die Erinnerungen der Vergangenheit dieses Ziel *fördern*, so sind sie in die Gegenwart durch das Gedächtnis des jetzigen Geistes übertragen worden.»

«Was verstehst du unter Verschönerung?»

«Kulturelle Förderung, wie beispielsweise durch große Musiker, die viel beizutragen haben. Wunderkinder sind Hauptbeispiele dafür. Ihr fortgeschrittenes Talent wurde in die Erinnerungen ihres jungen Geistes übertragen. Obwohl sie nur kleine Kinder sind, sind ihr Geist und das entsprechende Erinnerungsvermögen von Fähigkeiten die gleichen wie die meisterhaften Begabungen, die sie in früheren Leben entwickelt hatten. Diese jungen Meister findet man in Gebieten der Kunst, Wissenschaft und Philosophie.»

«Junge Genies sind also ein Produkt des Überträgergeistes.»

«Absolut. Deiner ist der einer Rasse. Dein Geist ist übertragen worden wegen seiner Aufgabe in dieser äußerst wichtigen Zeit.»

Ich bat um nähere Erklärung. «Was für eine Aufgabe?»

Schweigen.

«Ist das etwas, was die Alte mir sagen muß?»

«Nein», antwortete er freundlich. «Du hast während deines ganzen Lebens spirituelle Eingebungen gehabt. Du hast Neigungen und Bedürfnisse gehabt, die du nicht verstehen konntest. Du bist in die Rocky Mountains gezogen, weil das die Gegend ist, nach der sich dein Geist sehnte... an die er sich erinnerte... mit der er mitschwang.»

«Weil er dort schon vor Jahrhunderten gelebt hatte – zweimal.»

«Genau. Nachdem du also geduldig entsprechend diesen unerklärlichen Eindrücken und Neigungen gelebt hast, bist du in No-Eyes' Wäldern gelandet und zuletzt bei mir.»

«Was mich hoffentlich zum Ende des Wegs führen wird, damit ich... was?»

«Damit du das tun kannst, wozu du gekommen bist. Damit du vollbringen kannst, was die große Aufgabe deines Geistes ist.»

«Das wäre...»

«Den Weg zur Erleuchtung für alle Menschen grundlegend verändern – *freie* Erleuchtung in der Weise der alten Meister. Hohe innere Achtsamkeit. Vorbereitung der Menschheit auf die Ereignisse der Phönixtage. Hoffnung für unser Volk. Das Schließen des Kreises.»

Ich seufzte über diese schwere Aufgabe. «Das ist ein recht großer Auftrag. Mein Geist hat großartige Ideen, die nicht ganz mit mir selber übereinstimmen.»

«Dein Geist *bist* du, Summer.»

«Ich weiß, aber vielleicht ist mein *bewußter* Verstand ein wenig einfacher als das Unbewußte. Der Geist ist das allumfassende Bewußtsein, und ich bin nur ein kleines Etwas, das sich hier und jetzt abmüht, einen Sinn in dem zu finden, was es zu vollbringen sucht... ich bemühe mich sehr, die beiden zur Übereinstimmung zu bringen.»

Er lachte. «Das war sehr gut. Du hast es ungefähr richtig umschrieben. Wenn dein Bewußtsein in vollkommener Berührung mit dem allumfassenden Bewußtsein ist, dann bist du auf der richtigen Spur – dann tust du das, wozu dein Geist hier berufen ist... du bist eine Weltenwandlerin.»

«Stellen Weltenwanderer je die Aufgaben des Geistes in Frage?»

Er begriff sofort meine etwas plumpe Frage. «Nie.»

Mein Herz sank. «Ich vermute, ich habe noch einen langen Weg zu gehen, hm.»

«Noch zwei Lektionen.»

«Ich befürchte, ich werde nicht rechtzeitig soweit sein, hm.»

«Das liegt nicht an mir, das zu beurteilen.»

«Aber du hast eben gesagt, ich habe nur noch zwei Lektionen mit dir.»

Er schaute mich aus weisen Augen an.

«Das ist wahr. No-Eyes wird die Reise mit dir zu Ende führen. Ob du sie vollendest, liegt an ihr. Ich bringe dich bis *an* den Kreis – sie nimmt dich *hinein*. Wenn du bestehst, wird sie ihn schließen. Wenn nicht, wird sie eine Öffnung lassen.»

Ich zögerte, bevor ich die nächste Frage stellte. «Was glaubst du, daß sie tun wird?»

«Summer», sagte er sanft, «es gibt noch schwere Dinge für dich zu überwinden. Du hast gut mit mir gearbeitet, aber die letzte Woche hat dir weh getan. Du wirst dieses letzte Hindernis noch bewältigen müssen, bevor der Kreis geschlossen wird.»

«Wird No-Eyes versuchen, mich von meinem Irrtum abzubringen?»

«Natürlich.»

«Wird es ihr gelingen?»

Schweigen.

Ich blickte auf in seine Augen. «Many Heart, ich weiß, du kannst es voraussehen. Wird es ihr gelingen?»

«Das darf ich nicht sagen, Summer. Du mußt deinen freien Willen gebrauchen und dann entscheiden, wenn es Zeit ist. Ihre weise Eingebung wird deine Erinnerungen so aufrühren müssen, damit du vollkommen akzeptieren kannst. Ich kann dir nur die Wahrscheinlichkeit sagen, die ich voraussehe, aber dein Wille trifft letzten Endes die bevorstehende Entscheidung.»

«Wie sieht denn zur Zeit die Wahrscheinlichkeit aus?»

Zögern.

«Bitte! Es ist so enorm wichtig für mich.»

Er überlegte lange das Für und Wider, die Enthüllung, um die ich bat, preiszugeben.

Meine Augen waren feucht vor Hoffnung, als ich in die des Mannes blickte.

Endlich seufzte er. «Es ist sehr schwierig, mit dir zu arbeiten, weißt du.»

Er wurde weich.

Ich runzelte die Stirn. «Ich weiß. No-Eyes hat mich immer darauf hingewiesen.» Dann blickte ich bekümmert weg.

Er blickte mich an und lachte. «O ja! Ja, es sieht so aus, als ob du überzeugt werden könntest, deine Verpflichtungen anzunehmen!»

Ich stieß einen Schrei aus vor überschäumender Freude und umarmte ihn. Rasch hob er seine Arme. «Kein Grund zur Rührseligkeit. Denk nur daran, daß das Ergebnis immer von der Wahrscheinlichkeit verändert werden kann. Es ist noch nicht in Stein gemeißelt.»

«Oh, ich weiß, ich weiß.»

Ich dachte an das ernste Thema der letzten Woche. Sie würde noch alle ihre Kräfte zusammennehmen müssen, damit ich meine Meinung änderte, denn mir war im jetzigen Moment noch immer so wie an jenem Tag zumute. Die Alte würde ein Wunder aus ihrer Schürzentasche zaubern müssen, damit ich mich änderte. Aber da ich ihre Klugheit und tiefe Weisheit kannte, glaubte ich, daß sie es konnte und fertigbringen würde.

Vogelgezwitscher erfüllte die Luft, und ich schaute auf in den Himmel.

«Suchst du den Falken?» fragte er.

«Nein», antwortete ich zufrieden, «ich glaube nicht, daß ich heute wegfliegen möchte.»

«Dein Kopf ist voller Holzrauch?»

Ich lachte. «Ja, vielleicht.»

Grinsend sagte er: «Sie hat es nicht gern, wenn du das zuläßt.»

«O ja, ich weiß!»

«Aber sie versteht es sehr gut. Mehr als irgend jemand versteht sie es. Sie *will*, daß du dich erinnerst, aber sie will auch, daß du imstande bist, die verschiedenen Realitäten klar voneinander zu trennen.»

«Das tue ich auch. Ich erinnere mich gerne an die wahrhaft schönen Seiten. Ich vermute aber, ich versenke mich manchmal im falschen Augenblick zu sehr in diese Erinnerungen.»

«Das wird sich schon geben, Summer, mit wachsender geistiger Reife wird das ins richtige Gleis kommen. Solche Dinge ergeben sich im Laufe der Zeit mit der Erfahrung und der Hinnahme – sehr viele zumindest.»

«Ich arbeite daran.»

Der Falke tauchte auf. Er glitt schwerelos durch das blaue Himmelsmeer.

«Oh, schau!» Ich zeigte auf ihn. «Da ist er!»

Der Dreamwalker hob seinen Kopf zum blank polierten Himmel, und zusammen beobachteten wir unsern gefiederten Freund, wie er seine vollkommene Freiheit auskostete und schwerelos auf den Luftströmungen der Berge schwebte, die ihn behende weit forttrugen. Als das anmutige, geflügelte Wesen außer Sicht gesegelt war, seufzte ich: «Wie wundervoll er ist!»

«Ja, aber auch er ist nicht ohne Sorgen.»

Ich legte mich ins stachlige Herbstgras. Der schwere, gewebte Wollumhang diente als Kissen zwischen mir und dem unkrautüberwachsenen Boden. Der Himmel glänzte. Ich zwang meine Augen, in seine magnetischen Tiefen zu blicken.

«Jedes Lebewesen hat Sorgen, Many Heart. Und auch wenn unser Falke da oben seine eigenen haben mag, ist er aufgehoben in der von ihm akzeptierten Ordnung der Natur. Die Natur ist nach einem großartigen Plan geschaffen – eine Ordnung, die von allem Anfang an bestanden hat. Es ist eine Ordnung, der die Natur nie zuwidergehandelt oder an ihr herumgepfuscht hat.»

«Du bist plötzlich so feierlich», stellte er fest.

Ich verschränkte die Hände hinter meinen Nacken. «Warum will der Mensch nicht mehr lernen vom Beispiel der Natur?»

Der Lehrer legte sich auf die Seite. Sein Gesicht war sehr nah an meinem.

«Weil der Mensch annimmt, *er* sei überlegen.»

Ich atmete tief den würzigen Duft der Berge ein und entließ langsam meinen eigenen Atem.

«Muß der Mensch immer die vorgeschriebene Ordnung der Dinge mißachten?»

«Summer», deutete er sanft an, «du verwickelst uns in etwas.»

«Ja, ich glaube auch.»

Ich war melancholisch geworden in der tiefen Freude beim Lauschen auf das friedvolle Wasser und beim Hinaufblicken in den heiteren, klaren Himmel.

Der Weise wollte nicht, daß ich diese Stimmung vorübergehen ließ. «Sprich darüber, Summer.»

Ich wandte meinen Kopf und blickte ihm tief in seine ausdrucksvollen Augen. Erneut schaute ich in den strahlenden Himmel auf und dachte, daß er vielleicht recht hatte, daß ich darüber sprechen sollte – denn es gab da noch immer Dinge, die ungesagt und ungelöst waren.

«Ich habe die Alte einmal angeflucht», begann ich leise, «ich habe es nicht so gemeint, aber sie hackte erbarmungslos auf mir herum, bis ich ein mich zutiefst aufrührendes und schmerzliches Erlebnis eingestand.»

Mein Gefährte sagte nichts. Er wollte, daß ich selber fortfuhr.

«Ich werde den Tag in ihrer Hütte nie vergessen. Ich werde nie vergessen, wie sehr sie mich erzürnt hat.»

Ich schwieg eine Weile.

«Sie hat mich dazu gebracht, zu erzählen, daß ich inmitten einer großen Menschenmenge in Tränen ausgebrochen war. Sie hat das getan, damit sie mir meine tiefen Gefühle erklären und ich sie auch ganz verstehen konnte.»

«Und hast du sie verstanden?»

«Ja.»

«Aber?» setzte er hinzu, als er merkte, daß noch viel mehr hinter meiner Antwort verborgen war.

«Aber obwohl ich verstanden habe, hat der schreckliche Schmerz darüber noch immer nicht nachgelassen – es tut immer noch sehr weh.»

Ich hatte ungewollt den eigentlichen Grund verschleiert, und mein Gefährte sagte: «Der Schmerz darüber, daß du No-Eyes angeflucht hast, oder der Schmerz, der deine Tränen damals hervorgerufen hatte?»

«No-Eyes und ich haben die Auseinandersetzung zwischen uns beigelegt. Ich meine den Schmerz, der mich zum Weinen in der Menge gebracht hatte... er ist immer noch da.»

«Laß ihn uns also näher betrachten, Summer. Wir wollen darüber sprechen.»

Die schimmernden Blätter der schläfrigen Wollpappeln standen in so grellem Kontrast zum türkisblauen Himmel, daß mich meine Augen beinahe schmerzten. Es war so unglaublich schön.

Ich sah zu, wie die Baumwipfel sich leise in der Brise wiegten.

«Als ich inmitten der Menge stand, überkam mich eine große Traurigkeit. Sie spülte über mich hinweg wie eine Flut und bedrückte mein Herz mit einem schrecklichen Gewicht. Ich konnte ihre fein genähten Gewänder und ihr Lächeln sehen, als sie ihre kunstgewerblichen Gegenstände feilboten, aber ich sah auch, was sich alles hinter diesem Äußeren verbarg. Mein Geist näherte sich ihnen und berührte ihre gepeinigten Seelen. Ich sah teilnahmslose Augen und nicht vergossene Tränen. Ich sah Weinen hinter breitem Lächeln. Ich sah leere Herzen.

Many Heart, es waren tapfere Menschen, die verzweifelt versuchten, an den Enden von dem, was geblieben war, festzuhalten. Sie versuchten unerschrocken, ihr reines und schönes Erbe zu erhalten.»

«Und?» flüsterte er.

Die Bäume verschwammen. «Einige Zuschauer lachten. Sie kicherten während des wunderbaren zeremoniellen Tanzes. Ich habe es gesehen, Many Heart, ich habe es wirklich gesehen.»

«Was meinst du, was hätte unser Volk tun sollen?»

«Verstecken.»

«Was verstecken?»

«Ihre Zeremonien. Alles heilig bewahren. Die Tänze unter sich aufführen. Sie dürfen sie nicht öffentlich zeigen. Sie müssen die zeremoniellen Seiten unseres Erbes schützen. Es ist keine Zirkusvorstellung. Es ist nicht komisch.»

«Wer sagt, daß das komisch ist?»

«Die Augen jener wenigen Zuschauer. Sie benahmen sich, als ob ein folkloristischer Zirkus in die Stadt gekommen wäre.»

Schweigen.

«Weißt du was noch?»

«Was?»

«Beim Anbruch der Nacht, als die Menschen trommelten und an ihrem Lagerfeuer sangen, hörte ich nebenbei jemand auf der Straße sagen: ‹Diese Indianerkerle sind wieder besoffen, wir holen besser unsere Gewehre.›» Ich zögerte. «Many Heart!»

«Ja, Summer?»

«Ich habe diese Trommeln *gehört*. Ich hörte dem Singen zu. Und es hat mich so bewegt. Da war so viel Gemüt drin... aber für andere bedeutete es nicht mehr als ein verdammter Karneval, der in die Stadt gekommen war. Many Heart, wir können das nicht zulassen, wir dürfen solche Travestien von etwas uns so Heiligem und Seltenem nicht dulden.»

«Komm zur Sache», mahnte er mich sanft.

Ich wischte den verschwommenen Himmel weg. «Einigen der jüngeren Indianer war es peinlich.»

Tiefes Schweigen.

Meine Stimme war kaum hörbar. «Ihr Erbe hat sie sichtlich beschämt.»

Er sprach sanft: «Das sind verwirrende Zeiten. So etwas ist heutzutage nicht ungewöhnlich. Aber bist du sicher, daß du es *dort* und damals gesehen hast?»

«Kein Zweifel. Es waren nur wenige, die sich schämten, aber aus den wenigen werden bald viele. Das muß sich ändern. Es muß einfach.»

«Was hast *du* empfunden?» fragte er und kam auf den wirklichen Grund.

Ich drehte meinen Kopf und starrte in seine Onyxaugen. «Willst du es wirklich wissen?»

Er nickte. Das Sonnenlicht glänzte auf seinem dichten Ebenholzhaar. «Sag es mir.»

Unsere Blicke waren fest aufeinander geheftet. Meine Stimme war kaum mehr als ein Flüstern.

«Als die zeremoniellen Tänze aufgeführt wurden und ich einige Leute im Publikum bemerkte, die kicherten...»

«Weiter, Summer.»

«Spürte ich... ich spürte Sequanu sehr stark. Ich fühlte mich getrieben, in die Mitte der Arena zu gehen. Ich hatte den unbändigen Drang, einfach langsam in die Mitte zu gehen und eine Ansprache zu halten.»

«Worüber?»

Ein Schauer lief mir über den Rücken bei der wiedererwachten Erinnerung an Sequanus mächtigen Einfluß. «Über unsern edlen Ursprung... den wirklichen Ursprung. Darüber, wer wir *wirklich* sind. Ich wollte mich verzweifelt zu ihnen setzen und sie an ihr kostbares und heiliges Ziel erinnern. Sequanu wünschte von ganzem Herzen, von der wunderbaren Lebensweise, an die sie sich erinnerte, zu erzählen. Sie hatte herzbewegende Dinge zu sagen... und She-Who-Sees hatte den Wunsch, von den Veränderungen und den Prophezeiungen zu sprechen. Sie hatte viele aufrüttelnde Dinge vorzubringen. Und Summer Rain sehnte sich danach, von den Phönixtagen zu berichten. Summer Rain verlangte es in ihrem Herzen, von Hoffnung zu sprechen.»

Schweigen.

«Aber Summer Rain konnte nicht», flüsterte ich. «Da standen viele spöttische Zuschauer herum. Darum... kehrte sie um, ging mit einem blutenden Herzen weg. Sie konnte nichts anderes tun, als ihren Schmerz verstecken.»

«Das wird sich ändern, Summer. Es ändert sich bald.»

«Es hat so weh getan, so entsetzlich weh.»

«Ich weiß», beschwichtigte er, «ich weiß.»

Ich schloß meine Augen. «Ich fühle mich so allein, Many Heart. Ich bin ganz allein.»

«Warum fühlst du dich so?»

Ich stellte mir bildlich vor, wie ich mich fühlte. Ich machte die Empfindung für ihn sichtbar.

«Wenn ich diese besondere Einsamkeit spüre, kommen mir einige Bilder häufig in den Sinn. Ich spaziere durch ein Reservat, aber niemand sieht mich. Einige ältere Leute scheinen meine Anwesenheit wahrzunehmen, aber niemand sieht mich wirklich. Ich halte etwas in der Hand, aber ich sehe nie, was es ist. Ich spaziere durch das Reservat und stehe dann allein oben auf einer roten Sandstein-Mesa. Ich lege mein kostbares Bündel nieder und besinge unter Tränen den flammenden Sonnenuntergang.»

Schweigen. Ich wartete nicht auf eine Erklärung, da ich eigentlich keine erwartet hatte.

«Jedenfalls kommen diese Bilder immer, wenn ich mich besonders allein fühle.»

«Diese Bilder können nicht durch eine außenstehende Person erklärt werden, Summer. Eines Tages wirst du sie selber verstehen.» Er zögerte, bevor er weiterfuhr. «Und vielleicht wirst du sogar dann ihre Bedeutung nicht gänzlich akzeptieren können.»

«Das einzige, was ich weiß, ist, wie ich mich jetzt gerade fühle. Wenn ich diese große Einsamkeit spüre, scheint mir, als ob die Zeit für die Hoffnung schon überschritten wäre. Ich glaube, es ist zu spät für alles, und mir ist, als ob ich auf einer Straße ginge, die keine ist, auf einem Pfad, der keinen sichtbaren Boden hat, auf einem Weg, der in keiner Wirklichkeit existiert. Ich habe den Eindruck, ich sei in einem riesengroßen Außenraum, einer Zwischenwelt, die alle Welten umspannt. Ich komme mir vor wie ein Fisch außerhalb des Wassers, der langsam zugrunde geht.

Many Heart, ich kann dieses bedrückende Gefühl nicht anders umschreiben als mit den Worten, daß ich nicht hierher in diese Zivilisation gehöre... sie ist so grobschlächtig und materialistisch, daß ich es kaum ertragen kann.»

Schweigen.

Ich hatte alles gesagt, was es zu sagen gab.

«Summer, es ist nicht selten für einen Dreamwalker, diese Dinge zu empfinden. Du bist *nicht* allein damit.»

«Du vergißt etwas – ich bin kein Dreamwalker.»

Der Lehrer setzte sich auf und blickte auf mich herunter. Sein gebräuntes Gesicht erschien dunkel gegen den blauen Hintergrund des Himmels.

«Dein Überträgergeist hat viel mit diesen Gefühlen zu tun. Nicht mit *allen*, aber mit den meisten. Dein Geist weiß von Dingen, von denen du vorläufig noch nichts weißt. Dein Verstand braucht mehr Einsicht und dein Herz noch mehr Hinnehmen dieser Dinge, die kommen sollen... die schon seit urdenklichen Zeiten da waren.»

Ich schüttelte langsam den Kopf. «Du sprichst im Kreis herum», seufzte ich. «Ich höre deine Worte, aber sie kommen nicht an.»

«Das ist schon gut», tröstete er mich. «Vielleicht ist die Zeit des Verstehens noch nicht gekommen. Sie wird kommen, wenn du bereit bist anzunehmen. Die Dinge sind nicht immer so, wie sie scheinen. Was trüb ist, wird letztlich hell, und das Neblige wird klar umschrieben.»

Ich antwortete nicht, aber behielt seine Worte im Herzen.

Wir verharrten eine lange Zeit in samtiger Stille, bevor ich leise in den Himmel flüsterte: «Ich gehöre nicht hierher.»

Mein kaum hörbarer Ausspruch verschmolz fast mit den Klängen des Flusses singender Stimme und dem teilnahmsvollen Atem des Windes.

Mein Gefährte wandte sich um. «Warum?» flüsterte er.

Ich schaute ihm in seine feierlichen, so tiefgründigen Augen.

«Es war nicht eigentlich eine Aussage... eher eine innere Überzeugung.»

«Und ich hätte es nicht hören sollen?»

«Eigentlich nicht.»

«Bist du sicher?»

«Nein.»

Der Dreamwalker lehnte sich ins Gras zurück am Ufer. «Ich werde dir etwas sagen, Summer, und du mußt gar nichts äußern, wenn ich fertig bin. Hör nur zu.»

Kein Ton kam von mir.

«Vor langer, langer Zeit bereiteten sich die auserwählten Weisen aller Kulturen auf das kommende Zeitalter des Unwissens vor, das sie voraussahen. Um diese riesige Aufgabe auszuführen, mußten sie alle kostbaren Teile des heiligen Wissens zusammentragen. Sie taten das. Sie sammelten Papyrusblätter, Tafeln, Gegenstände der Kunst und Schriftrollen. Ein reicher Schatz begleitete die Gegenstände der Wahrheit, und auf jedem Kontinent versteckten die Weisen jeder Rasse das heilige Wissen tief in der Mutter Erde.»

Sphinx   *Mesa*
                        Pyramide

Lebhafte Visionen schossen wie Pfeile durch meinen Geist, während er sprach.

«Diese verschiedenen Weisen wurden in ihrer monumentalen Aufgabe von Kulturen weit jenseits unserer Erde unterstützt. Auch sie fügten ihre Artefakte hinzu in die geheimen Verstecke.»

Vogelmenschen   *Intaglios*
                        Kristalle

Die Visionen dauerten ungehindert an.

«Auf unserem Kontinent hier wurde die Aufgabe dem Spirit Clan übertragen. Sie arbeiteten zusammen mit den höheren Zivilisationen. Sie schufen gemeinsam eine komplizierte Katakombe… in einer Pyramide… unterhalb einer hoch aufragenden Mesa.»

Glühender Sand   *Rote-Sandstein-Mesa*
                        Verlassenheit

Und wieder sah ich die Mesa, die so einsam im Land der Vergessenen aufragte.

«Die Weisen des Spirit Clans hielten die heiligen, verborgenen Kammern geheim unter dem sengend heißen Plateau darüber. Durch die Jahrhunderte hindurch widmete sich dieser Clan ganz ihrem Schutz und ihrer Erhaltung.

Heute sind einige dieses heiligen Clans zurückgekehrt, aber sie finden es schier unerträglich, mit den Menschen der rückständigen Gesellschaft hierzulande zusammenzuleben – sie haben den Eindruck, sie gehören nicht hierher… aber sie tun es trotzdem… heute mehr denn je zuvor.»

Es dauerte eine Weile, bis ich meine Stimme wiederfand.

«Du spürst also auch die große Einsamkeit. *Du* bist einer von jenen, nicht wahr, Many Heart.»

Als er seine Augen auf mich richtete, war keine Antwort mehr nötig.

Nachdem seine Geschichte sich sanft in mein empfängliches

Herz gesenkt hatte, stellte ich fest, daß ich viel mehr Zeit benötigte mit ihm als nur diese zwei kommenden Wochen. Ich brauchte noch *Monate* – ich *wollte* noch Monate.

«Können wir noch mehr Zeit miteinander verbringen?» fragte ich.

«Die uns verbleibende Zeit genügt», gab er mir sanft zu verstehen.

Ich war nicht einverstanden, aber wer war ich denn, um widersprechen zu dürfen? «Ich habe es nicht gut gemacht, nicht wahr?»

«Warum meinst du das?»

«Weil ich so lange gebraucht habe, um meine Gefühle auszusöhnen mit dem Eindruck, ich gehöre nicht hierher, und weil ich so viel mehr verstehen lernen muß. Es gibt immer noch so vieles, das ich nicht fassen kann, und zwei Wochen noch sind einfach nicht genug.»

«Ich habe dir gesagt, Summer, es gibt Dinge, die nur mit der Zeit klar werden. Du *brauchst* keine vollkommene Einsicht, damit No-Eyes den Kreis hinter dir schließen kann.»

Das hob meine Stimmung etwas. «Was ist das für ein Kreis, von dem du immer sprichst?»

Er war sehr ernst. «Wenn du an der Schwelle stehst – wenn du bereit bist, wird No-Eyes eine mystische Atmosphäre schaffen, wo du hineingehen kannst.»

«Was passiert dann?»

Seine Augen wurden schmal. «Sie hat große Macht. Du hast einiges davon gesehen, aber sie zeigt nie alles. Sie wird sehr konzentriert arbeiten, und wenn es vollendet ist, wird eine sehr starke medizinische Kraft davon ausgehen. Sie kennt alte, heilige Wege… Wege des Spirit Clans.»

«Welche alten, heiligen Wege?»

Er neigte seinen Kopf etwas und zog eine Braue hoch. Seine Stimme klang leise und sanft.

«Denk zurück, Summer.»

Er beugte sich vor und flüsterte geheimnisvoll: «Sequanu weiß es.»

Der aufgeweckte Geist läßt die Ewigen Gedanken erschauern –
sie zittern und… sie erinnern sich.

Durch den Rauch hindurch

An einem Herbsttag bei Tagesanbruch, als ich ehrfürchtig und allein den geheiligten Segensritus ausführte, hob ich meine Pfeife gegen den östlichen Horizont, gerade als die Sonne ihre ersten langen Strahlen über den fernen Bergkamm schickte.

Die goldenen Strahlen berührten die Pfeife... und dann mein Herz.

Ich schaute über die in die Höhe gehaltene Pfeife hinweg und sah nicht die feurige Sonne, sondern einen strahlenden Lichtvogel, der das leuchtende Gestirn überlagerte.

Der prachtvolle Vogel entfaltete majestätisch seine schillernden Federn – er breitete sie anmutig aus. Er hob sie langsam, königlich streckte er seine mächtigen Flügel und berührte beide Horizonte im Osten und im Westen.

Und das Flügelwesen wisperte leise über die Weite des Landes. Es atmete machtvolle Worte in meinen horchenden Geist – Worte, die sich tief in meine Seele eingruben.

«Ich lebe!» widerhallte es mystisch. «Quetzalcoatl LEBT!»

Ein Himmel von der Farbe eines Wedgwood-Tellers. Espengerippe. Raschelndes Laub hingestreut auf die verlassene Bergstraße. Bitterer Wandel. Eisiger Wind.

Many Heart hatte recht. Der Windgeist hatte die ganze Woche unerbittlich durch das hochgelegene Land geblasen. Er hatte die fröhlichen Espen ihrer goldenen Gewänder beraubt und nur kalkweiße Gerippe übriggelassen. Die großen Pappeln waren nackt und ihre Häupter verwickelt in ein medusenartiges Gewirr von gekrümmten Zweigen. Nur die stattlichen, immergrünen Nadelbäume waren unberührt, aber ihr Geist wappnete sich gegen die Kälte, die bald kommen würde.

Auf meiner Fahrt zu No-Eyes' Hütte dachte ich, wie schnell in diesem Jahr die Herbstfarben verschwunden waren. Ich konnte mich an den Herbst anderer Jahre erinnern, als es schien, das Farbenfest dauere wochenlang an. Ich erinnerte mich daran, weil ich von allen wunderbaren Jahreszeiten den Herbst am liebsten habe und Bill und ich mit Vergnügen lange gemeinsame Wanderungen in den Bergen machten. Wir setzten uns oft nieder in abgelegenen Wäldern und nahmen teil am Fest der Farben. Aber dieses Jahr war es anders. Es war so schnell gekommen und gegangen, wie ein Eichhörnchen über den Weg huscht. Und wären da nicht meine Lektionen mit dem Dreamwalker gewesen, hätte ich mich für betrogen gehalten.

Ich fuhr gemächlich durch die Berge, die die Jahreszeit so rasch erschlossen hatte. Beim Blick in die dichten Wälder entlang der Straße konnte ich nun tiefer in ihr Herz sehen. Die nackten Espen verteidigten tapfer ihren Geist. Sie waren bereit, dem eisigen Atem des Winters zu begegnen.

Weiter vorn knabberten drei Elche mit gesenkten Köpfen, bis sie die Gefahr meines herannahenden Wagens witterten. Ihre Nasen schnellten in die Windrichtung. Sie rannten tiefer in den Wald mit ausweichenden Zickzacksprüngen, die mir Spaß machten. «Es ist besser, ihr übt das», flüsterte ich meinen kleinen Freunden zu. Und der Gedanke an die Jagdsaison betrübte mein Herz. Es schien, daß die Wirklichkeit vieles enthielt, was ich akzeptieren mußte. Das Leben war voll solcher Dinge, die es zu akzeptieren galt und über die wir keine Kontrolle hatten.

Metallfarbene Wolken begannen den Himmel mit einem aschgrauen Baldachin zu bedecken. Die Stimmung über den Wäldern wurde trist. Eindrücke überfluteten mich.

Große Tipis drängten sich aneinander inmitten der kargen Natur dieser Jahreszeit. Rauch stieg aus den Rauchfängen auf und blieb tief in der eisigen Luft hängen. Angekoppelte Pferde, denen der Atem um ihre Mäuler wehte. Geduckte, in Wolltücher gehüllte Gestalten hasteten von einem Zelt zum andern. Violette Berge mit weißen Kappen. Blau vereiste Weiher. Außen kalt. Warm und heiter innen.

Der alte, mächtige Baum begrüßte mich. Das vertraute Wahrzeichen kündete das Ende einer Reise an und den Beginn einer anderen. Ich stieg aus und atmete tief. Prickelnde Luft streichelte meine Sinne. Das frische Duftgemisch von Kiefern und Tannen war so lieblich wie der Geruch der Erde nach dem Regen. Obwohl die lebhaften Farben jetzt verschwunden waren, blieben die köstlichen Wohlgerüche so anregend wie immer.

Holzrauch. Er schlängelte sich aus dem Hüttenschornstein hervor. Ein wärmendes Feuer überstrahlte diesen Ort mit Ruhe. Ich stellte mir das Innere vor, wie vorher jenes der Tipis. Warmer, orangefarbener Schein, zart und lieblich auf zufriedenen Gesichtern der Menschen darin. Ich lächelte über diesen friedvollen Gedanken und stieg den Hang zur Hütte hinauf zu meinem Freund, von dem ich wußte, daß er drinnen auf mich wartete.

Als ich die Tür öffnete, war es genau so, wie ich es mir vorgestellt hatte. Die Flammen des Feuers knisterten und knackten in der Stille. Ein sanfter Friede durchflutete den kleinen Raum. Many Heart war in der winzigen Küche. Er nickte. «Ein recht grauer Tag da draußen. Zu schade, daß alle Bäume schon beinahe kahl sind.»

«Ja», stimmte ich sofort zu und ließ meinen schweren Wollumhang auf das Sofa fallen. «Ihre Kahlheit ist aber eine Feststellung.»

«Ihre Kahlheit ergibt mehr als eine Feststellung. Zielst du auf eine bestimmte ab?» Er hatte heißen Tee gemacht und kam mir mit einer dampfenden Tasse in jeder Hand entgegen.

Ich nahm die, welche er mir anbot und setzte mich auf den geflochtenen Teppich vor dem lodernden Feuer.

«Oh», lächelte ich, «nur darauf, daß *alle* Gesichter der Natur magische Aspekte haben. Sie sind alle mystische Tore für mich. Ich kann durch jedes von ihnen hindurchgehen.»

Ich blickte auf die dunkle Flüssigkeit hinunter. Winzige Blattteilchen begannen sich zu setzen. Ich schaute ihn mißtrauisch an.

«Du hast mir nicht etwa eine von No-Eyes' Spezialmischungen gebraut?»

Er biß die Zähne zusammen bei dieser Unterstellung. «Sie tut so etwas nicht.»

Ich warf ihm einen zweifelnden Blick zu. «Was habe ich denn getrunken, bevor ich Joe Red Sky traf? Es war kein Pepsi.»

Er zuckte die Schultern. «Ich kann es nicht mit Sicherheit sagen, aber es war kein starkes Mittel. Es war höchstwahrscheinlich nur etwas zum Entspannen – sie verwendet keinerlei Drogen bei ihren Schülern. Sie glaubt nicht an ihren Nutzen. Sie lehnt es ab, auf diese Art zu reisen.»

Er nickte in Richtung meiner Tasse. «Nimm es nur, es ist nur eine natürliche Mischung von mir.»

Ich blickte erneut fragend in meine Tasse.

«Möchtest du tauschen?» fragte er und bot mir seine an. «Ich brauche dieses Zeugs auch nicht, aber wenn es dich beruhigt, kannst du meine haben.»

«Nein», erwiderte ich und setzte sie an den Mund. «Ich glaube dir.» Ich nippte am heißen Getränk und lobte sein leichtes Aroma. «Es ist sehr gut.»

Er nickte erfreut über das Kompliment. «Wenn du dir es überlegst», sagte er und spielte auf meine frühere Erfahrung mit No-Eyes an, «wenn sie dir an jenem Tag eine Droge gegeben hätte, so hätte das Getränk danach nicht deine Sinne so rasch wieder wekken können.»

«Du hast recht. Das habe ich nicht bedacht.»

«Es ist jetzt deine Aufgabe, alle Aspekte einer Situation in Betracht zu ziehen.»

«Ist das eine Ermahnung?»

«Nein, nur eine einfache Tatsache.»

Mein Lehrer starrte mich an. Seine intensive Aufmerksamkeit gab mir ein etwas ungemütliches Gefühl.

«Ist etwas los?» fragte ich.

«Warum meinst du?»

«Dann hör auf, mich so anzustarren.»

Sein Ausdruck blieb ernst, aber er drehte sein Gesicht zum Feuer.

«Es tut mir leid, wenn ich dich befangen gemacht habe. Ich war gedankenverloren.»

Ich schaute ihn an. «An was denkst du?»

Er richtete seine dunklen Augen kurz auf mich, bevor er wieder ins Feuer blickte.

«Ich dachte, wie schön es ist, hier mit dir zusammenzusein. Es ist sehr angenehm, dich hier zu haben.»

Ich blickte weg in die Schatten, dann wieder zu ihm zurück. «Many Heart!»

«Mmmm?»

«Darf ich dir eine Frage stellen – eine persönliche?»

Der Mann zögerte. «Also gut.»

«Hast du jemanden? Ich meine einen besonderen Menschen wie zum Beispiel eine Freundin oder vielleicht eine Frau?»

Schweigen.

Ich war für unsere Freundschaft zu weit gegangen. «Es tut mir leid, du brauchst das nicht zu beantworten.»

Er hob seine Hand. «Nein, es ist schon recht. Ich bin nicht beleidigt. Ich hatte einst jemanden, aber es ging nicht. Ich vermute, es ist schwierig, mit einem Dreamwalker zusammenzuleben.»

Er blickte mich an.

«Du bist eine der seltenen Glücklichen, die jemanden hat, der an dich glaubt und der bewußt ist. Du hast einen Gefährten auf dem Weg. Sei gut zu ihm, Summer.»

Ich hatte Mitgefühl mit meinem einsamen Freund. «Ich weiß, was ich habe», versicherte ich. «Ich bin gut zu ihm.»

Die Stimmung meines Freundes war ansteckend. Ich spürte große Traurigkeit um ihn, aber auch meinetwegen.

«Ich weiß nicht, was ich tun würde, wenn ich je ohne ihn sein müßte. Er ist durch dick und dünn mit mir gegangen und stets meine Zuflucht gewesen. Er war immer an meiner Seite, um mir Unterstützung, Schutz und Liebe zu geben. Wir sind wie *ein* Wesen.»

«Aber vergiß nicht, wie hilfreich und liebevoll du gewesen bist, als er dieselben Dinge nötig hatte. Eine aufeinander abgestimmte Partnerschaft bedeutet gleichmäßig teilen.»

Ich wollte das Thema von mir ablenken und auf ihn zurückkommen. «Hast du *irgend jemanden*, der dir nahesteht?»

«Oh, da gab es immer einige hier und dort; jedoch niemand, der mir wirklich nahestand. Ich glaube, ich reise zu viel herum für eine solide, bedeutungsvolle Beziehung.»

«Könntest du dich nicht an einem Ort niederlassen?»

Er lachte darüber. «Was versuchst du da – mein Liebesleben arrangieren?»

Ich wurde rot und blickte in meine Tasse. Dann grinste ich ihn an. «Ich versuche nur zu helfen.»

Mein Freund war dankbar. «Nun, ich schätze deine Fürsorge, aber es geht mir gut auf diesem Gebiet. Wenn das ein echtes Problem wäre», lachte er leicht, «so hätte die Alte oder Red Sky mich schon längstens unter die Haube gebracht – oder sie würden es zumindest immer noch versuchen.»

Er hatte angedeutet, daß No-Eyes Ehestifterin gespielt hatte, und ich fand das komisch. Ich konnte mir gut vorstellen, wie sie passende Mädchen für meinen Freund auftrieb. Ich grinste über das lebhafte Bild.

Many Heart machte große Augen. «Oh! Du findest das also lustig, nicht wahr?»

Ich kicherte hinter vorgehaltener Hand. «Ja. Ich sehe sie vor mir, wie sie alle möglichen Mädchen hier für dich zum Kennenlernen bereithält.»

Er lächelte breit. «Nun», gab er schließlich zu, «du hast nicht mal so unrecht. Sie hat es tatsächlich ein- oder zweimal versucht.»

Ich konnte es kaum glauben. Ich lachte. «O nein! Was geschah dann?»

«Das Mädchen hatte solche Angst vor mir, daß sie die ganze Zeit, in der wir bei No-Eyes zusammensaßen, kein Wort sagte. Das Mädchen murmelte nur und nickte, wenn ich sie etwas fragte oder versuchte, eine Unterhaltung in Gang zu bringen.»

Es war einerseits komisch, aber andererseits auch wieder nicht. Ich hörte ihm zu, als er mir mehr darüber erzählte, wie viele Male die Seherin verschiedene «Damen» hierher gebeten hatte für ihn.

«Hat sie es dann aufgegeben?»

«Ja, weil sie am Ende empört war über mich», sagte er. «Sie sagte schließlich, ich sei zu wählerisch.»

«Ich kann mir förmlich vorstellen, wie sie das sagte.»

«Die Schwierigkeit bestand darin», gestand er, «daß sie der äußeren Erscheinung keinerlei Beachtung schenkte. Ein Mann muß auch den Anblick schätzen, wenigstens ein bißchen, bevor er sich ernsthaft Gedanken macht über eine lebenslängliche Bindung. Aber nein, sie nicht.»

«Armer Many Heart», flötete ich ein wenig zu teilnahmsvoll.

Er straffte seinen Rücken und streckte sein stolzes Kinn heraus. «Many Heart ist nicht arm.»

Ich glaubte, daß ich sein empfindsames, männliches Ego verletzt hatte. «Ich bin sicher, daß du einen ganz besonderen hast irgendwo.»

Er wurde weich und beäugte mich argwöhnisch. «Du glaubst,

du hast mein Ego verletzt, nicht wahr? Nun, meine Freundin, Dreamwalker haben keine Egos. Was irgendein Männlichkeitswahn, ein Machismo betrifft, nun, den habe ich vor urlanger Zeit abgeworfen. Ich habe tatsächlich jemanden, der meine Lage versteht, aber andererseits», er zuckte seine Schultern, «auch ich bin ein Einzelgänger.»

Ich fand keine rechte Antwort auf diese Feststellung, die dämpfend wirkte auf unsere fröhlichen Augenblicke. Unsere Aufmerksamkeit wurde wieder auf das Feuer gelenkt, das in der alten Feuerstelle loderte. Sein Krachen tönte laut in der kleinen Hütte, und die launenhaften Schatten flackerten wild entlang den Balkenwänden.

Der Dreamwalker griff in seine Tasche und warf rasch etwas in die Flammen. Lebhafte Farben schossen den Kamin hinauf. Funken sprühten in der Feuerstelle. Grauer Rauch blähte sich blau.

Wir schauten zu.

Der Rauch kringelte sich wieder in sich selber zurück. Er wand sich schlangenhaft. Er drehte sich mit einem pulsierenden Eigenleben. Das Feuer zischte. Der Rauch wirbelte.

Meine Blicke glitten wieder zum feierlichen Dreamwalker. Sein Antlitz richtete sich konzentriert auf die Bewegungen hinter der Feuerstelle. Seine Obsidianaugen waren gespannt vor Erwartung. Schwarze Augen wie Glas, machtvolle Medizin ausstrahlend. Haare wie Rabenflügel, glänzend im Licht des Feuers. Seine Macht war eine spürbare Präsenz. Ich hielt den Atem an, um zu beobachten. Mein Herz hämmerte, als ich wieder in die hellen Flammen blickte.

Kräuselndes Kobaltblau. Schlängelndes Azur, dehnendes Indigo.

Die Farben änderten sich, sie trennten sich voneinander mit deutlichen Konturen. Der vorherige trübe Nebel ging wogend in einzelne Formen über. Ich schaute mit äußerster Faszination den blässer werdenden Bildern zu. Sie schienen sich nun in die feste Indigofarbe zurückzuziehen.

Ich blickte zu meinem Gefährten hinüber.

Er schaute zu. Er zeigte zum Rauch.

Langsam wandte ich den Kopf und widmete dem Rauch meine volle Aufmerksamkeit.

Aus dem dunklen Indigohintergrund stieg ein tanzender, leuchtender, puderartiger, blauer Rauch auf, der schimmerte und sich kräuselte vor Energie.

Ich sah zu, wie der pulsierende Wirbel zu einer reinen weißen Farbe wurde. Er zog sich in sich selbst zurück und bildete einen enormen weißen Büffel, der rannte und mit gesenktem Haupt durch die windgepeitschte Prärie raste. Er stand plötzlich still, er rutschte, seine Hufe gruben sich in den aufwirbelnden Staub. Er bäumte sich auf, ganz hoch und dehnte sich zu einer großen, schlanken Frau in Weiß. Sie bewegte ihren Mund. Kein Laut ertönte.

Die machtvolle Erscheinung hielt mich gefangen, ich beugte mich vor und strengte mich an, Worte zu hören, die nur die Seele vernehmen konnte.

Ihre sinnlich geschwungenen Lippen bewegten sich. Die großen flehenden Augen schimmerten feucht. Sie hob ihre schlanken Arme, streckte ihre zarten Finger aus und beugte sie anmutig, als sie ihre Arme über der Brust verschränkte. Ihr Haar wogte auf ihre schmalen Hüften hinunter, es bauschte sich über ihrem Gesicht, um ihre Figur. Sie verschwand.

Der Herzschlag des dunklen Indigorauchs setzte kurz aus, bevor er wieder pulsierte. Ich sah zu, wie der helle Schleier sich erneut zusammenzog. Der undeutliche Schein wurde dichter und fester. Mühelos brachte er eine neue Transformation zustande.

Ganz weit nach links und rechts streckten sich verlängerte Schwaden und schwangen sich graziös hinauf zu königlichen Flügeln. Das majestätische, geflügelte Geschöpf bewegte sanft seine mächtigen Flügel. Es verharrte einen Augenblick lang abwartend. Es wartete in angespannter Bereitschaft. Dann flatterte es. Rauch wirbelte vor ihm wie Staub um einen sich niedersenkenden Helikopter. Auch dieses Wesen zog sich zurück in den Hauptkörper der wogenden Hülle.

Andere lebendige Bilder erstanden und breiteten sich aus vor uns. Jedes, der Reihe nach, stellte atmende Symbole der Wahrheit dar. Sie waren spirituelle Boten, die pulsierend die Botschaften der Macht übermittelten. Sie erschienen unheilverkündend und verschwanden wieder in dem indigofarbenen Quell, der unter Many Hearts Zauber wogte. Jedes Symbol war weiß wie das vorangegangene – bekleidet mit dem weißen Mantel der Wahrheit.

Eine glänzende Medizinpfeife dehnte sich aus und verkleinerte sich unter jedem ihrer heiligen Atemzüge. Rauchkringel stiegen sanft aus dem gravierten Pfeifenkopf. Ein kreisender Reif, mit Adlerfedern geschmückt, drehte sich langsam um ein Sternenuniversum. Ein Baum, groß und stark, wuchs vor meinen Augen. Er wuchs, blühte und trug Früchte, bis er die ganze Erde mit seinen Wurzeln umfaßte. Eine Tafel tauchte aus dem Indigoquell hervor. Eine Tafel, die in zwei Hälften zerbrach, als sie sich verflüchtigte... sie schwebte halb, während ihre Kopie in Bruchstücke von Rauch aufging – die fehlenden und lang erwarteten Teile.

Ich konzentrierte mich voll auf das Auftauchen und Verschwinden der Symbole. Meine entzückten Augen schauten zu, und mein Geist lauschte erbaut den spirituellen Stimmen, die so lieblich und klar waren. Die Stimmen waren einzeln erkennbar, jede sprach von der Vergangenheit und der Zukunft. Wandel, Hoffnung und ewiger Friede.

Als das Indigo verblaßte und die orange züngelnden Flammen ihren natürlichen, grauen Rauch wieder hervorbrachten, löste sich der Zauber langsam auf. Die Flammen waren wieder nur Flammen, der Rauch nur Rauch. Aber die Atmosphäre in der kleinen Hütte war elektrisch geladen.

Ich wandte mich zu meinem schweigenden Gefährten.

Seine Augen waren geschlossen, seine Hände zu einer Faust geballt, daß die Knöchel weiß hervortraten. Er war noch immer im Zustand der Macht.

Ich saß ruhig wie eine Statue. Ich getraute mich nicht, einen Muskel zu rühren aus Furcht, ich könnte seinen empfindsamen Zustand erschüttern. Ich zuckte nicht mal mit der Wimper. Mein Atem ging leise, um die gute Medizin des sanften Mannes nicht zu stören. Meine Gedanken kreisten um die wogenden Symbole. Ich wußte, was jedes von ihnen darstellte. Ich verstand ihre einzelnen Botschaften, aber nicht die Überlegungen des Dreamwalker, weshalb er sie sichtbar gemacht hatte. Ich wollte warten, bis er es mir erklärte, wenn er zurückkehrte. Unterdessen betrachtete ich das Innere meines behaglichen «Zweiten Wohnsitzes».

Wohin ich auch blickte, sah ich die liebe Seherin. Ihre abgewetzten Möbel, ihr zerfranster Teppich. Die Wandschränke voll kostbarer pflanzlicher und persönlicher Mixturen. Der mit Holz gefeuerte Kochherd und die Stühle aus Kiefernästen. Der Schaukelstuhl. O Gott, wie sehr sie mir fehlte!

Mein Blick fing eine ganz kleine Bewegung auf. Ich schaute auf die Hände meines Lehrers hinunter – sie waren nun entspannt. Und als ich in sein gelassenes Gesicht aufsah, waren seine Augen sanft und offen. Ein Lächeln spielte um seine Mundwinkel. Das Licht des Feuers tanzte in seinen Augen, welche sich auf meine hefteten.

«Das war wunderbar», flüsterte ich.

Er schaute wieder in die Flammen. «Die mystischen Wesen bringen diese Schönheit. Ihre Aura des Friedens machen die seltene Schönheit aus, die du da gesehen hast.»

«Aber *du* hast sie hierher gebracht», sagte ich.

Der Dreamwalker lächelte seine verwirrte Schülerin an.

«Nein, Summer, ich habe sie nicht hierher gebracht. Sie sind unabhängige Wesen. Sie sind nicht der Macht eines Medizinmannes oder -frau unterworfen, die sie herbefehlen. Die mystischen Wesen erscheinen allein durch ihren eigenen Willen.»

«Aber nachdem du das Zeugs in die Flammen geworfen hattest, sind sie gekommen.»

Er drehte eine Handfläche nach oben, dann die andere. «Ich habe nur die Bedingungen geschaffen – die richtigen. *Sie* bestimmen, ob sie erscheinen wollen oder nicht. *Sie* treffen die erste Wahl und letztlich die Entscheidung.»

Ich blickte auf seine breiten Hände hinunter. «Was hast du ins Feuer geworfen?»

«Hat dir das Zeug gefallen?» fragte er mit einem unterdrückten Grinsen.

«Du sollst mich nicht aufziehen», lächelte ich zurück, «ich wollte nur wissen, was das war.»

Er beugte sich näher zu mir und öffnete weit seine schwarzen Augen. «Magie, Summer, es ist reine Magie.»

Ich lachte und fuchtelte mit meiner Hand gegen ihn. «Nein, nein, komm schon. Das stimmt nicht.» Dann wurde ich nüchtern. «Oder doch?»

Sein Gelächter füllte den Raum, es hallte bis in die dunklen Ecken.

Ich runzelte die Stirn. «Du lachst mich aus.» Ich tat übertrieben so, als ob ich verletzt sei, indem ich meinen Kopf tief hängen ließ.

Das ausgelassene Gelächter verstummte. Mit seiner Hand berührte er sanft mein Kinn und hob es an. Seine Augen waren voll tiefer Besorgnis, dann leuchteten sie hell auf, als er merkte, daß es nur ein gespieltes Schmollen war.

«Du bist schrecklich!» knurrte er zum Spaß. «Du hättest nach Hollywood gehen und Schauspielerin werden sollen.»

Ein schlaues Lächeln huschte über mein Gesicht. «Geschieht dir recht», gab ich ihm scherzhaft zurück, «du hast mich ausgelacht.»

«Nein, das stimmt nicht», beschwichtigte er. «Ich würde das nie tun.»

«Warum hast du dann gesagt, alles sei reine Magie gewesen?»

«Weil es so *ist*! Die Substanzen sind zwar ganz natürlich, aber wenn sie entsprechend kombiniert werden, *schaffen* sie die richtige magische Basis. Sie erzeugen die Grundlage, auf der die mystischen Ereignisse stattfinden können.»

«Ich verstehe. Welches sind denn diese «natürlichen» Substanzen?»

«Oh», wich er aus, «ein wenig gemahlener Stein, Bröckchen verschiedener Mineralien, einige Samenstäubchen, diese und jene Körner.»

Ich warf ihm spöttisch einen Seitenblick zu. «Ich nehme an, daß diese Antwort mir genügen muß.»

Er grinste. «Nein, aber No-Eyes möchte diese Dinge mit dir behandeln. Sie will dir gründlich die verschiedenen Zusammensetzungen erklären.»

«Zusammensetzungen? Heißt das mehr als eine?»

«Ja, verschiedene Mischungen für verschiedene Zwecke», stellte er klar und erhob sich, um neue Scheite auf das verlöschende Feuer zu legen.

«Many Heart!» rief ich in seinem Rücken.

«Ja?»

«Was war der Sinn des Erscheinens dieser Wesen?»

Er zog zwei kleinere Scheite aus dem Stapel und hielt sie wie Trophäen hoch. «Wie kommt das? Apfelbaumholz!»

Ich nickte erfreut. «Mmmm!» Ich liebte den Duft dieses Holzes, wenn es brannte. «Red Sky muß es ihr gebracht haben.» Darauf runzelte ich die Stirn beim Gedanken, daß wir es vielleicht nicht verwenden sollten. «Vieleicht sollten wir es für No-Eyes aufheben.»

«Nein, nein», murmelte er vergnügt, «es bedeutet ihr nichts.»

Ich war überrascht. «Warum bringt er es ihr denn?»

Er legte die Scheite kunstvoll obendrauf und setzte sich wieder auf den Boden. «Sie will seine Gefühle nicht verletzen.»

Ich schüttelte nur meinen Kopf. Das war so typisch für ihr Einfühlungsvermögen.

Die dicken Obstäste fingen rasch Feuer in den wiederbelebten Flammen, und ein neuer Wohlgeruch strömte durch den Raum. Ich wiederholte meine vorherige Frage.

«Was war also der Sinn des Erscheinens der Wesen?»

«Trost.»

Schweigen.

«Summer, sie sind aus mitleidsvoller Sorge für dich und deine häufigen Gefühle der Einsamkeit gekommen. Sie erschienen als Gefährten, die immer da sind, wenn wir auf unserm einsamen Pfad entlangschreiten. Sie sind erschienen, um uns zu versichern, daß wir nie allein sind auf dem Weg zum Ziel, weil *unser* Ziel auch *ihr* Verbindungsweg zum Menschen ist – letztlich ihre Anerkennung.»

Mein Lehrer hatte zwar recht einfach begonnen, aber diese Einfachheit verwandelte sich rasch in eine höchst komplexe Angelegenheit. Ich zog meine Brauen kraus.

«*Unser* Ziel ist *ihr* Verbindungsweg? Verbindungsweg *wohin*? *Woher*?»

«Zu WEM! *Wer*, Summer. Von WEM! Von den Ahnen, durch Hoffnung zum Frieden.»

Ich strich mir mein Haar aus dem Gesicht. «Wir sprechen hier über *mystische* Wesen», erinnerte ich ihn im Versuch, das Durcheinander zu entwirren.

Er nickte nur. «Das ist richtig.»

Ich zögerte nichtsahnend und ungewiß. «Ich kapiere nicht. *Wer* ist ein Ahne?»

Schweigen. Lastende Stille. Er hob eine Braue.

Ich starrte ihn fragend an. «Es tut mir wirklich leid, Many Heart. Ich bin heute wohl völlig benebelt, aber ich kann überhaupt nichts anfangen mit diesen Dingen.»

Er zuckte gleichgültig die Schultern. «Dann ist deine Zeit noch nicht gekommen.»

Ich fand diese Antwort ein wenig zu kurz angebunden. «Warum kannst du es mir denn nicht erklären, damit ich verstehe?»

Er äußerte sichtlich Mitgefühl. «Darum, Summer: wenn du noch nicht die passenden Zusammenhänge hergestellt hast, dann bist du noch nicht an den rechten Punkt der Annahme gelangt – du würdest ablehnen.»

«Was ablehnen?»

«Das, was bestimmt ist *einzutreten*. Was *kommen* muß.»

Ich kümmerte mich nicht um die bedrohliche Endgültigkeit, die sich in seinen Ton schlich. Ich ließ es dabei bewenden.

«Danke für die Schaffung der Bedingung. Ich war von den mystischen Wesen gefesselt. Danke für die Gelegenheit, sie zu sehen. Ich bin dankbar für ihren Trost.»

Er gab sich mit meinem plötzlichen Themawechsel zufrieden und nahm den neuen Faden auf.

«Sehr gerne geschehen, Summer. Du benötigst jedoch meine magische Mischung nicht, um diese herrlichen Wesen zu Gesicht zu bekommen.»

Ich wußte, wovon er sprach. «Ja, ich weiß, aber ich spreche nicht von jenen.»

Seine Stimme war von zärtlicher Einfühlung. «Du meinst, du sprichst nicht über jene mit *anderen*.»

Ich senkte meinen Kopf. Diesmal war die Geste echt.

«Summer, ich bin nicht *irgendwer*.»

«Ich weiß das. Ich weiß, du würdest verstehen.»

Er beugte sich vor, die Ellbogen auf den Knien. Sein Gesicht nahe an meinem.

«Ich höre sie *auch*, ich sehe sie und bin offen für ihre Weisheit. Summer, die Natur ist voll von Geheimnissen, mystischen Begebenheiten und unerklärlichen Rätseln. Wir Weltenwanderer leisten keinen Widerstand gegen Dinge, die so natürlich denen begegnen, die offen sind für solche Kommunikation. Wir sind auch darauf eingestimmt. Wir wissen von ihrer Existenz und akzeptieren ihre unaufdringliche Wirklichkeit.»

Ich hob langsam meinen Kopf und blickte in seine weichen Augen. Dort sah ich den wellenförmigen Widerschein des lebendigen Feuers. Im glänzenden, schwarzen Glas sah ich die Spiegelbilder des Großen Geflügelten Wesens, eine Frau, einen Heiligen Baum. Ich sah sie alle, und sie schauten heraus und sahen mich.

Ich bin nie allein.

In den Tiefen des Waldes, wo die Lanzen der schimmernden Sonnenstrahlen durch jade- und smaragdgrünes Laub hernieder- schießen, vernimmt mein Ohr das stille Rauschen in der Luft, das von glänzenden, winzig kleinen Flügeln rührt, wenn sie sich leise heben und senken.

Ich drehe mich nicht um zu dem zerbrechlichen Wesen, das sich sanft auf meinen empfänglichen Schultern niederläßt, denn der sanfte Atem, der seine zeitlose Weisheit flüstert, bläst mir köstliche Visionen hinter die Augen. Das Schmetterling-Wesen ist seit je ein wahrhaft willkommener und häufiger Gefährte am Wegrand der Wälder.

Ich bin nie allein.

In des Waldes Ebenholzschatten, in tiefer Bergnacht umgibt mich nie mehr Dunkelheit, denn im samtigen Schwarz gibt es lebendige Lichter, die wie tanzende Leuchtkäfer um mich flim- mern. Immer sind Gefährten da.

Ich bin nie allein.

Nacht des Weltenwanderers

Ich habe die stürmische, wilde See befahren.
Ich bin in der lähmenden, glasigen Windstille getrieben.
Ich habe mit geblähten Segeln an beiden Ufern angelegt.
Aber jetzt, jetzt bin ich zufrieden, denn nun segle ich im Stillen Meer – im Uferlosen Meer.

Die Wochentage eilten dahin mit der Geschwindigkeit eines Kometen. Es war nun später Freitagabend, und die Mädchen lagen im Bett. Bill und ich saßen im Wohnzimmer und diskutierten. Er äußerte seine Besorgnis über die Bücher, die ich der Seherin versprochen hatte zu schreiben.

«Du wirst sehr vorsichtig sein müssen», warnte er mich, «die Leute werden vieles falsch auslegen. Sie werden die Dinge aus dem Zusammenhang reißen und sich auf sie stürzen wie Haifische auf Blut.»

Ich hatte mir darüber noch keine Gedanken gemacht, da ich – von meinen Notizen abgesehen – noch nicht wirklich zu schreiben begonnen hatte. Ich dachte über seine Mahnung nach.

«Kann ich es nicht einfach so erzählen?»

Er schaute mich zweifelnd an. «Niemand würde es glauben. Für diejenigen ohne Bewußtheit wäre es zu unglaublich.»

Ich widersprach. «Ach was. Es gibt Tausende von Menschen mit paranormalen Fähigkeiten. Es gibt Tausende, die spirituelle Erfahrungen haben, nicht zu reden von denen, die ganz einfach daran glauben. Es gibt jede Menge von bewußten Menschen.»

Er runzelte die Stirn. «Es gibt auch jede Menge von Verrückten.»

«Was soll das heißen?»

«Ich meine nur, daß eine Menge Leute vielleicht «Hexe» oder

etwas ähnlich Blödes schreien werden. Die Menschen können eine unglaubliche Unkenntnis an den Tag legen, wenn es um grundlegende spirituelle Realitäten geht. Sie denken, unsere Fähigkeiten kommen geradewegs vom Teufel oder sonst etwas Bösem.»

Mir fiel das Kinn herunter. «Das ist das Lächerlichste, was ich je gehört habe! Spirituelle Fähigkeiten sind von *Gott* gegeben – sie sind kostbar und herrlich!»

«Ich weiß das, aber selbstgerechte, religiöse Fanatiker sehen die wirkliche Wahrheit der Dinge nicht ganz. Schau», sagte er eindringlich, «ich meine nur, daß du sehr vorsichtig sein mußt beim Schreiben, das ist alles.»

Ich war schockiert darüber. Bestimmt wußten selbst Fanatiker von den herrlichen, spirituellen Gaben Gottes... oder etwa nicht? Ich konnte nicht einsehen, wie jemand, der an Gott glaubte, nicht auch Seine kostbaren Gaben und Talente verstand, da sie ja natürlich waren und Hand in Hand gingen.

«Ich kann die Wahrheit nicht aufs Spiel setzen», sagte ich. «Ich werde nicht absichtlich Unebenheiten glätten oder Ecken geradebiegen. Ich kann nicht weniger daraus machen, als es ist.»

Er schüttelte den Kopf. «Du forderst es also heraus. Viele Leute verstehen einfach das Paranormale nicht. Und wie ist es mit dem Indianischen Pfad?»

«Was ist damit?» fragte ich abwehrend.

«Du wirst doch nicht die Reisen, die du mit No-Eyes unternommen hast, beschreiben? Und Joe Red Sky, wie wirst du dein Zusammentreffen mit ihm schildern?»

Statt daß der Kragen mir platzte, blieb ich überraschend kühl.

«Doch, ich werde über meine Reisen mit No-Eyes und Many Heart schreiben. Ich schreibe nicht über alle, nur über die wichtigsten. Und ich werde über Joe Red Sky berichten und das Ganze nochmals durchgehen, allerdings diesmal nur auf dem Papier. Der Indianische Pfad ist heilig. Er ist von tiefer Spiritualität und jahrhundertealten Prophezeiungen durchdrungen. Der Indianische Pfad hat die heilige Mystik und natürliche Kräfte bewahrt, lange bevor die unwissenden weißen Europäer auf dem Schauplatz erschienen. Unwissenheit und Engstirnigkeit der Menschen können das nicht negieren, was über die Jahrhunderte immer wieder bewiesen wurde. Ich werde alles aufschreiben, genau wie es war.»

Er konnte mich keines Besseren belehren. «Nun gut, so paß um Himmels willen auf deine Formulierung auf, gib acht auf deine Wortwahl. Ein falscher Ausdruck könnte den Menschen einen völlig abwegigen Eindruck vermitteln.» Sein Einwand hatte Gewicht.

«Ich werde mir Mühe geben mit der Formulierung, aber ich werde nichts an dem verändern, was gesagt wurde», versprach ich mit einem Vorbehalt. «Die Bücher sind überhaupt nichts wert, wenn ich die Dinge verändere, nur um das Gesicht zu wahren. Sie müssen so genau wie möglich sein... sich so eng an die Tatsachen halten, wie ich es nur erinnern kann.»

Er wußte in seinem Herzen, daß ich recht hatte; die Bücher hätten sonst keinen Zweck. Er wußte, daß ich – wegen meines Versprechens der Seherin gegenüber – es nicht wagen würde, die Ereignisse aus Angst vor der Reaktion der Skeptiker zu verändern. Er wußte, daß ich die Wahrheit nie wegen irgend jemandem aufs Spiel setzen würde.

Und ich wußte, daß ich meine Seele vor aller Welt entblößen würde – aber mit hochgehaltenem Kopf.

Wir gingen in jener Nacht mit unterschiedlichen Gefühlen zu Bett. Seine betrafen die Sorge um den Menschen, den er innig liebte. Meine kreisten friedlich um die Aussicht, ein Versprechen gegenüber einer liebevollen, alten Frau einzulösen. Ich war auch von gemischten Gefühlen bezüglich des morgigen Tags erfüllt – des letzten Tags mit dem Dreamwalker, den ich liebgewonnen hatte.

Es war eine rein platonische Art der Liebe, denn seine herzerwärmende Freundschaft und seine unbeschwerte Art waren ein Trost. Seine Weisheit und sein Verständnis waren tiefgründig, und ich hatte eine Menge an Einsicht gewonnen in seiner Gesellschaft.

Dann wiederum sehnte sich mein Herz nach der Alten. Ich wußte wirklich nicht recht, ob ich diesen letzten Tag herbeisehnen oder fürchten sollte. Auf jeden Fall würde ich einen Freund verlieren und eine andere Freundin wiederfinden. Ich schlief ein mit dem innigen Wunsch, beide behalten zu können.

Goldene Strahlen fielen schräg durch die Spalten der Fensterläden des Schlafzimmers. Ich beobachtete die verstreuten Stäubchen, die träge im Morgenlicht schwammen. Heute war der Tag.

Heute war mein letzter Tag mit dem Dreamwalker. Hatte ich bestanden? Ich verweilte nicht lange bei diesem Gedanken, denn wie immer ich auch abgeschnitten hatte, jetzt war es zu spät für eine Änderung. Ich konnte unsere hitzige Auseinandersetzung nicht mehr ungeschehen machen. Ich konnte das Türzuknallen nicht mehr rückgängig machen. Was auch immer ich getan hatte, es war unwiderruflich. Keine Entschuldigungen. Keine Ausflüchte. Ich würde die Entscheidung akzeptieren im Wissen, daß ich mein Bestes getan hatte.

Ich drehte meinen Kopf zu meinem schlummernden Partner. Er war weit fort.

Ich seufzte und dachte an unser Gespräch in der vorigen Nacht. Ja, ich hatte die Verpflichtung, es einfach so zu sagen, wie es war, und ich wußte, daß ich auf meinen schlafenden Ehemann zählen konnte, daß er groß und stark an meiner Seite stand. Ich würde den Weg körperlich nie allein machen müssen. Ich küßte ihn zärtlich.

Das Licht im Zimmer wurde heller. Es war höchste Zeit, mich bereitzumachen. Ich schlüpfte leise aus dem Bett, sammelte meine Kleider ein und verließ den friedlichen Schläfer.

Es geschah, während ich mich ankleidete. Es schlich sich verstohlen in meinen Magen und blieb dort. Meine Nerven flatterten. Mir wurde ganz flau; meine Hände zitterten.

Warum war ich so nervös? Weil ich nach dem heutigen Tag Many Heart nie mehr sehen würde? Weil ich heute vielleicht erfahren würde, wie ich wirklich abgeschnitten hatte? Ich konnte den Grund für meine körperliche Reaktion nicht auf eine psychische Vorahnung zurückführen.

Ich fuhr aus dem Parkplatz hinaus; ich blickte auf das mit Holzplatten gedeckte Haus zurück und fragte mich, wie mir wohl zumute sein würde, wenn ich am späten Nachmittag heimkehrte – ob ich mich wohl anders fühlen würde. Eines aber war mir klar, ich war tief dankbar für den warmen Altweibersommertag.

Die ganze Woche war es bedrückend grau gewesen, was an und für sich etwas Ungewöhnliches war für Colorado. Nun war ich glücklich, daß der Himmel wieder in so klarem, lebhaftem Blau erstrahlte. Als ich zu ihm aufschaute, lächelte ich, denn es war mir, als ob ich meine Augen wieder auf einen lange verlorenen Freund richtete.

Ich steuerte den Wagen auf die Straße hinaus. Heute war ich

nicht eilig, und ich fuhr gemächlich, um die Endgültigkeit hinauszuzögern, die nur ein paar Stunden entfernt war.

Wie würden wir uns verabschieden? Konnte ich ihm überhaupt zu verstehen geben, wie dankbar ich war für seine geduldigen Bemühungen um mich? Vielleicht hätte ich ihm ein kleines Abschiedsgeschenk mitbringen sollen. Hatte er mir nicht ein wunderbares Geschenk gemacht? Der rauhe Kristall ruhte wohlbehütet in meinem Medizinbündel.

Ich stellte mir die verschiedenen Situationen vor, die sich einstellen könnten. Der Magen drehte sich mir. Oh, wie ich solche endgültigen Abschiede haßte! Würden wir uns umarmen oder nur die Hand schütteln? Würden wir einen letzten Ritus vollziehen? Worüber würden wir sprechen im Wissen um unser letztes Zusammensein?

Der große, bekannte Baum ragte vor mir in die Höhe. Mein Herz hämmerte bei seinem Anblick. Wie war ich so schnell hierhergekommen? Ich konnte mich nicht einmal entsinnen, wie ich die ganze Strecke zurückgelegt hatte. Ich schaltete den Ganghebel auf PARK und setzte mich zurecht, um mich zu fassen.

Mein Übelkeitsgefühl dauerte an. Mein Herz flatterte wie wild. Ich legte meine Arme auf das Steuerrad und starrte zur Stelle hinauf auf dem Hügel.

Meine Kopfhaut kribbelte. Verdammt! Was war das? Ich wußte nicht, ob ich den ganzen Tag im Wagen festgenagelt bleiben sollte.

Ich stieg aus und stellte mich davor. Ich musterte die kleine Hütte eine letzte Minute, bevor ich mich langsam an den Aufstieg den Hügel hinan machte.

Gesenkten Kopfs blickte ich auf meine staubigen Mokassins, wie sie einen Schritt nach dem andern machten. Sie kamen nur langsam voran. Einen Schritt. Zwei. Drei und vier. Qualvoll zögerte ich die Trennung hinaus, die jetzt unvermeidlich war. Als mir dies plötzlich klar wurde, blieb ich stehen. Bei einem erneuten Blick zu meinem Ziel hinauf sagte ich mir, daß ich mich eigentlich beeilen sollte, damit wir am Ende mehr kostbare Zeit füreinander hatten. Wir mußten unsere verbleibenden Stunden vergolden.

Ich nahm einen tiefen Atemzug der frischen Bergluft und begann zu laufen. Ich rannte den Hügel hinauf und stürmte durch die Tür.

«Summer wird die Tür zertrümmern!» hörte ich ein unerwartetes Meckern.

Ich erstarrte.

«Mach die *Tür* nicht kaputt!»

«NO-EYES!» Tränenüberströmt stürzte ich auf meine zerbrechliche Freundin zu.

Ihr Zahnfleisch schimmerte rosa unter ihrem breiten, mich willkommen heißenden Lächeln. Ihre blinden Augen schwammen, sie streckte die Arme nach mir aus. Wir umarmten uns, und ich weinte wie ein Baby. Die Übelkeit und das Herzklopfen waren verschwunden; sie wurden abgelöst vom donnernden Pochen meines Herzens. Die Zeit stand still.

Ich erdrückte sie fast. Ich war so glücklich, so aufgeregt, sie wiederzusehen.

«No-Eyes wird noch *zerquetscht*», murmelte sie halb erstickt in meinen Wollumhang.

Ich löste mich von ihr und strich über ihr weißes Haar, das ich zerzaust hatte. Ich glättete es zärtlich mit meinen Fingern. Die Alte wischte sich die Augen mit meinem Cape.

«No-Eyes hat gesagt, sie will nicht mehr so dumm heulen, wenn sie Summer wiedersehe. No-Eyes sagt, sie ist zu alt für so dummes Zeug.»

«Weinen ist nicht dumm, No-Eyes. Es ist eine ehrliche und zärtliche Weise, seine tiefen Gefühle zu zeigen», ich strich ihr sanft über die Wangen. «Es zeigt, wieviel man einander bedeutet.»

«Ich glaube, für No-Eyes sehr viel.» Sie streckte die Hand aus, um meine Augen zu berühren. «Ich glaube, Summer geht es auch so.»

Ich lächelte warm. «Ja, du bedeutest mir sehr viel.»

Das war das Ende unseres Gefühlsausbruchs, sie machte nämlich mit der Hand eine energische Bewegung und zeigte auf zwei volle Tassen auf dem Holztisch.

«Der Tee ist jetzt ganz kalt», knurrte sie.

Sie konnte mich aber nicht zum Narren halten. Sie versuchte nur, sich selber wieder in den Griff zu bekommen, um den so heiklen Augenblick zu überbrücken.

«No-Eyes muß wieder frischen aufbrühen», beklagte sie sich bitterlich.

Es war Musik in meinen Ohren. Das Klagen und Knurren, die

gackernden Vorwürfe wegen der Tür waren in meinen Ohren einfach herrliche Musik.

Ich half ihr, das Wasser wieder heiß zu machen. Wir saßen auf den Kieferholzstühlen in der Küche.

«Übrigens», begann ich, «wo ist Many Heart?»

Sie zog ihre buschigen, weißen Brauen hoch. «Er nicht hier.»

Das konnte ich sehen. «Wo ist er?»

«Gegangen. Er sagt, Summer ist fertig.»

Schweigen.

Sie legte ihren Kopf schief. «Was ist los?»

«Nun… ich dachte, dies sei unser letzter Tag zusammen. Er hat nie angedeutet, daß der Plan plötzlich geändert würde.»

«Bedauert Summer diese plötzliche Änderung?»

Ich sorgte mich mehr, als daß es mir leid tat. «Es tut mir leid, daß wir uns nicht verabschiedet haben. Ich mache mir Sorgen, daß etwas schiefgegangen ist.»

Die Alte schnalzte mit der Zunge. «Tz-tz. Das ist Many Heart, er sagt nie lebewohl – er ist Dreamwalker. Wie kommt Summer darauf, daß etwas nicht in Ordnung ist?»

«Weil wir nicht fertig wurden.»

Sie beugte sich über den Tisch zu mir und blinzelte mich an.

«Wer *sagt*, Summer ist nicht *zu Ende*?»

Ich nahm das doppeldeutige Wort von seiner schlimmsten Seite. «Bin ich ‹am Ende›, No-Eyes?»

Schweigen. Die Visionärin schloß ihre Augen, lehnte sich in ihren Stuhl zurück und trank ihren Tee. Sie verstand, was ich meinte.

Das Schweigen brachte mich um. Ich sagte leise: «No-Eyes!»

«Mmmm?»

«Bin ich am Ende?»

«Ja.»

Mein Herz sank.

«Summer ist ganz am *Ende* mit Many Heart… aber sie hat noch ein Stück weit zu *gehen* mit No-Eyes.»

Mein Herz machte einen Freudensprung. Wenn diese herzstrapazierende Belastung noch länger gedauert hätte, so wäre ich bestimmt mit einem Kammerflimmern auf der Strecke geblieben.

Ich seufzte vor Erleichterung. «Erschrecke mich nicht so, No-Eyes. Mein Herz hält das nicht aus.»

Ein schalkhaftes Lächeln von Mutwilligkeit spielte um ihre Mundwinkel. «Summer verdient das», schalt sie, «Summer verdient es, wenn sie so falsch denkt.»

«Wie hätte ich es wissen sollen?» murrte ich.

Mit einem knochigen Finger klopfte sie auf ihre schmale Brust. «Hier», flüsterte sie, «hier drin weiß es Summer immer.»

«Aber ich wußte es nicht», gestand ich.

«Bla!» spuckte sie. «Das ist, weil Summer die wahren Gefühle mit schlimmen Sorgen im Kopf durcheinander bringt. Summer muß die richtigen Dinge nicht verdecken.»

Sie hatte mich zu Recht getadelt. Ich hatte mir viel zu viele Sorgen gemacht. «Du hast recht», seufzte ich. «Das ist genau, was ich getan habe.»

Die Alte zitterte plötzlich.

«Ist dir kalt?»

«Wir wollen uns in die Sonne setzen.»

Sie erhob sich und nahm ihren Umhang vom Schaukelstuhl. Wir führten unsere Unterhaltung draußen weiter in der wärmenden Sonne, die die verwitterte Veranda überflutete.

Sie hob ihr koboldhaftes Gesicht zur Sonne und seufzte tief.

«Das tut so gut. Es ist spät für solche Wärme.»

«Ja», stimmte ich bei, «wir haben noch einige Tage Altweibersommer, bevor die richtige Kälte einsetzt.»

Die Frau war tief in Gedanken versunken. Ich fragte mich, ob sie die Winter zählte, die ihr wohl noch verblieben.

Der Aufschub der kalten Jahreszeit brachte uns einen Geruch von Wärme in der Luft. Es war ein angenehmer Wohlgeruch, der den Körper inwendig wärmte, besonders nach einer Woche Kälte und fahlem Himmel. Mein Umhang lag schwer auf meinen Schultern; aber er war gerade recht für die vorgerückte Jahreszeit.

Ich schaute hinaus in die umliegenden Wälder und erhaschte die Bewegung einer eben vorbeifliegenden Blaustelze. Sie verschwand rasch in den Tiefen des Waldes, gerade als meine alte Freundin zu sprechen begann.

Die Alte sprach an diesem Spätsommertag zärtlich von vielerlei Dingen. Sie tauchte tief in die Erfahrungen eines früheren Lebens, aus denen ich schöpfen würde, um Glaube an die Gegenwart zu erhalten. Wir besprachen etliche meiner letzten Träume, und ich hörte aufmerksam zu, während sie mir weise ihre feinere Bedeutung erklärte. Wir redeten über die gegenwärtige Mutlosigkeit und den apathischen Zustand unseres Volkes, und ich war fasziniert, als sie die mystische Seite der Ereignisse enthüllte, welche zu den dramatischen Veränderungen und zur Wiedergeburt eines starken Volkes führen würden. Auch die vereinfachende Unwissenheit der Skeptiker wurde abgehandelt. Wir prüften genau die spirituelle Kraft des Pfades – des heiligen Pfades. Magie – die wahre Magie der Naturgesetze wurde eingehend besprochen. Wir diskutierten ausgiebig über Naturerscheinungen und die paranormale Begabung, die vom Großen Geist kommt.

Wir hatten ein weites Feld bedeutungsvollen Stoffes an diesem beschaulichen Spätsommernachmittag abgehandelt. Als wir mit dem Thema zu einem Schluß kamen, ging die Sonne hinter dem westlichen Bergkamm nieder. Die Dämmerung brach herein.

«Wir machen jetzt heißen Tee», teilte die Alte mir mit, während sie sich von der verwitterten Veranda erhob und ihren steifen Rücken streckte.

Ich sah zu, wie das Alpenglühen sich über die Berge ausdehnte.

«Es wird spät, No-Eyes.»

Es geschah nicht oft, daß ich mich bis in die Abendstunden aufhielt. Noch seltener begab es sich, daß ich bis spät in die Nacht blieb. Und ich hatte meiner Familie nicht Bescheid gegeben, daß ich dies heute beabsichtigte.

Als No-Eyes das hörte, wischte sie meine Besorgnis ungerührt weg.

Er weiß, Summer geht es gut. Er macht sich heute abend keine Sorgen wegen Summer.»

Ich kannte sie lange genug, um ihr zu glauben. Ich lächelte.

«Laß uns also den Tee kochen.»

Innen in der Hütte wurde es unglaublich schnell dunkel. Ich zündete die Öllampe auf dem Küchentisch an. Der sanfte Schein vertrieb die Dunkelheit in die Ecken. Er spiegelte sich auf dem vom Alter zerfurchten Gesicht No-Eyes wider und ebnete mitleidvoll die schmerzerfüllten Falten. Sie sah jünger aus.

Liebevolles Schweigen herschte zwischen uns. Ich fühlte mich gut und geborgen, mit ihr so dazusitzen. Ich liebte es, wie der Docht der Flamme in ihren Ebenholzaugen flackerte. Tafelaugen... voller Weisheit, die darin geschrieben stand – sie starrten mich über den Tisch hinweg an.

In den zwei Jahren, die ich mit ihr verbracht hatte, hatte ich nicht einmal begonnen, den tiefen Quell ihrer Weisheit anzuzapfen. Ich war noch immer der kaum flügge, sich sträubende junge Vogel, der eben erst die verblüffende Erfahrung gemacht hatte, daß er fliegen kann. Ich war noch immer das Küken mit dem Flaum an den Flügeln.

«Summer fliegt eines Tages davon», flüsterte sie leise. «Summer verläßt dann No-Eyes' Nest und fliegt hoch hinauf. Sie tut das ganz allein. Niemand kann je Summers Flügel stutzen.»

Ich blickte sie intensiv an. Ich hatte Lust, auf ihre Worte einzugehen, sie um Erklärungen und genauere Angaben zu bitten, aber ich besann mich eines Besseren. Ich blieb still.

Die Alte schob ihren Stuhl über den Holzboden.

«Wir gehen jetzt nach draußen», kündigte sie an.

Ich stand auf und stellte die Tassen auf die Anrichte. «Wohin gehen wir?»

«Dort hinaus», murmelte sie und neigte ihren Kopf gegen die schwarze Nacht vor den Fenstern.

Obwohl der Tag herrlich warm und angenehm gewesen war, hatte der Altweibersommer Verspätung für die Jahreszeit. Der November stand nur um wenige Stunden bevor, und die Bergnacht würde winterliche Kälte atmen. Mit diesem Gedanken suchte ich in der Hütte nach ihrem schweren Wollumhang. Ich fand ihn in dem spartanischen Badezimmer.

«Es ist besser, du ziehst das an», sagte ich und reichte ihr das ponchoähnliche Tuch.

Sie hob es über die Schultern, streckte den Kopf durch die Öffnung und ließ das Tuch fallen.

«So», gackerte sie, «ist Summer nun zufrieden?»

«Nein, nicht ganz», lächelte ich bei der Feststellung, daß sie den Umhang verkehrt anhatte. «Er muß noch ein wenig gerichtet werden.» Dann rückte ich ihr ihn zurecht.

«Wer sieht No-Eyes außer Eulen und Wiesel?» beschwerte sich die Alte. «Merken *sie*, daß die alte Frau das Tuch verkehrt anhat?»

«Vielleicht», spaßte ich, «das sind ziemlich schlaue kleine Kerle», fügte ich hinzu und strich den Stoff glatt. «So, du siehst wirklich hübsch und warm aus darin.»

«Hm», ertönte ihr Grummeln, als sie ihren Spazierstock hinter der Tür ergriff und in die kalte Nachtluft hinausschritt.

Als ich sie an mir vorbeiließ, kam mir plötzlich in den Sinn, daß ich wahrscheinlich nicht mehr mit ihr in die Hütte zurückkehren würde, und so ging ich in die Küche, um die Lampe auszublasen – sie würde sie nicht benötigen.

«Was *machst* du da drinnen?» rief sie aus der Dunkelheit der Nacht.

«Ich komme, ich komme», sagte ich und schloß leise die Tür, um sie nicht kaputtzumachen.

Als ich sie einholte, streckte sie die Nase in die Nachtbrise. «Es gibt morgen Regen.»

Ich blickte auf in den Sternenhimmel. Keine Wolke war zu sehen. Die Luft war trocken.

«Bist du sicher?» fragte ich sie, während wir uns auf den Weg machten.

«Ja, No-Eyes ist sicher.»

«Der Mond hat keinen Hof», deutete ich an. «Der Himmel ist klar.»

Die Seherin wandte ihre Blicke nicht ab vom mondbeschienenen Boden.

«Das ist mir gleich, morgen gibt es Regen, sogar stark!»

Wir stiegen vorsichtig den unkrautbewachsenen Hügel hinab, der von den abgestorbenen Pflanzen dieser Jahreszeit bedeckt war. An gewissen Stellen war er felsig und wir mußten aufpassen, wo wir unsere Füße hinsetzten. Scharfe Steinkanten und Mokassins waren eine schlechte Kombination. Als wir endlich die weiche Erde des Waldbodens erreichten, waren wir in den silbernen Wäldern angelangt. Wir wanderten eine Weile, bis ich merkte, daß No-Eyes die Abzweigung zu ihrem Fußweg verpaßt hatte.

«Wir haben den Weg verfehlt», teilte ich ihr mit und blieb stehen, um in den vom Mond erhellten Schatten zurückzuschauen.

Die Frau trottete weiter.

«No-Eyes?»

Trott. Trott. Tap-tap tönte der Stock. Die Alte war tief in Gedanken versunken.

Ich hüpfte an ihre Seite und schaute ihr ins Gesicht. Sie hatte die Augen geschlossen. Dann öffnete sie sie, nur um sie gleich wieder zu schließen. Sie trottete weiter.

Sollte ich es ihr nochmals sagen?

«Summer», flüsterte sie rauh.

«Ich bin hier.»

«Wird Summer die Bücher schreiben?»

«Natürlich», versicherte ich ihr, immer noch beunruhigt über den verfehlten Weg.

Die Frau erwiderte nichts und bog ab durch ein Gehölz von gespenstischen Espen. Dichtes Gestrüpp riß an meinen Beinen. Ich war früher noch nie da gewesen, und ich frage mich, ob die Seherin es kannte. Wanderte sie einfach durch den Wald?

«Du mußt die Dinge annehmen», bemerkte sie.

«Welche Dinge, No-Eyes?» fragte ich und entfernte einen Zweig aus meinem Gesicht.

«Es gibt Leute, die seltsam auf die Bücher reagieren werden, Summer. Die Leute denken allerlei, mit dem Summer nicht einverstanden ist.» Sie bog behende einen tiefhängenden Zweig weg, den ich nicht gesehen hatte. «Einige werden komische Ideen haben.»

Bruchstücke von Bills früher geäußerten Bedenken gingen mir durch den Kopf.

«Welche zum Beispiel?»

Wir stiegen im Wald einen Hang hinauf. Unsere Schritte wurden rascher.

«Zum Beispiel Dinge, die die Leute erwarten, daß Summer tun sie muß. Sie denken, Summer muß viel, sehr viel reden. Sie erwarten, daß Summer hierhin und dorthin geht.»

Wir hatten die Kuppe erklommen.

«Summer, denk daran, deine Arbeit sind die Bücher und die Briefe. Das ist alles, was Summer tun muß. Später ist noch andere Arbeit nötig, aber das hat nichts mit den Menschen zu tun. Es ist sogar noch wichtiger als die Menschen selber... es ist für die verlorenen Geister.»

Ich schnupperte die Luft. Ich wollte etwas über den neuen Geruch darin sagen, aber sie hatte noch nicht ausgeredet. Wir wanderten weiter in den tiefen nächtlichen Wald.

«Menschen werden sagen, Summer ist so allein. Sie wollen Summer weit herausheben und versuchen, etwas aus dir zu machen, was du nicht bist. Sie werden viel sagen. Einige werden sagen, Summer ist ein großer Mensch, auf den sie gewartet haben.» Sie machte eine Pause. «Einige werden recht haben... andere unrecht.»

«Nun? Was denn?»

«Das spielt keine Rolle. Das Richtige und Falsche, das die Leute sagen, berührt Summer nicht. Es ist nicht wichtig, weil du viel zu beschäftigt bist mit den spirituellen Aufgaben.»

Da war es wieder. Ich blieb unter einer schützenden Kiefer stehen, um die Luft zu prüfen.

Meine Gefährtin blieb ebenfalls stehen, sie wandte sich um und sah feierlich zu mir auf.

Ich blickte ihr in die Augen.

Der aufgehende Mond kroch hinter den aufragenden Baumwipfeln hervor. Silbernes Licht flutete herab.

«Wir schweifen nicht nur müßig umher, oder?» sagte ich mit klopfendem Herzen.

Sie antwortete nicht. Sie drehte sich einfach um und trottete weiter.

In der Stille des hohen Bergwaldes hörte ich ein leises Plätschern. Ich roch das Wasser des Weihers, der im kleinen Tal ihres ureigenen, heiligen Grundes lag. Und mein Herz klopfte wie wild vor Freude.

Die Weise hielt weiter vorne an. Als ich sie einholte, konnte ich sehen, wohin sie schaute. Der Weiher schimmerte im magischen Licht des silbernen Mondes. Er schien wie eine mystische Schale quirlenden Quecksilbers. Die beschützenden, immergrünen Bäume umgaben ihn wie Wachtposten, die den hohen, heiligen Ort und seine mystische Aura hüteten.

Ich starrte voll ehrfürchtigen Staunens auf diesen Ort, den das Wesen der Nacht in einen sichtbaren Kraftpunkt verwandelt hatte. Seine vibrierende Kraft wogte durch meine empfänglichen Sinne.

No-Eyes schaute mir tief in die Augen.

«Summers eigenes Land wird so zu spüren sein», flüsterte sie.

Ich starrte in ihre schwarzen Obsidianaugen, in die sich ein einzelner Mondstrahl verirrt hatte. Sie warfen Lichtpunkte von durchscheinendem Glanz zurück... ihre Augen glühten förmlich. Und nur während eines magischen Augenblicks war sie eine der mystischen Gestalten, die in Many Hearts machtvollem Rauch erschienen waren.

Der Strahl wanderte weiter. No-Eyes kam zu sich selber zurück. Sie trat an das Quecksilberwasser.

Ich folgte ihr.

Magie lag in der Luft.

Die Seherin stand am Teich, der im Mondlicht schimmerte. Sie hob langsam und feierlich ihre Arme zum Himmelszelt empor und schob stolz ihr Kinn vor. Sie flüsterte zum Himmel. Silbernes Licht schoß wie ein Pfeil herunter und salbte ihre langen, offen fließenden Zöpfe.

Dann ließ sie ihre Arme sinken und streckte sie aus auf der Ebene der glänzenden Wasseroberfläche. Sie ließ ihren Blick über das geschliffene Glas schweifen. Erneut flüsterte sie ein Gebet, bevor sie ihre Augen senkte und angespannt in die Tiefe blickte. Ihre Stimme klang leise fast wie ein Gesang.

«Hört mich, ihr Alten. Hört auf die Worte von No-Eyes. Hier steht Summer Rain… eine von euerm Blut… die letzte aus dem Spirit Clan. Heißt sie als eure Schwester willkommen. Sie ist eine Spirit-Frau.»

Die Augen der alten Seherin richteten sich auf meine. Sie waren klar, ihre Stimme sanft und liebevoll… aber zutiefst feierlich.

«Komm an meine Seite, Summer. Komm, schau in das heilige Wasser. Komm und sieh dein neues Spiegelbild. «Da», wisperte sie geheimnisvoll und wies über die schimmernde Fläche, in der sich der Mond spiegelte. «Schau mit einem neuen und klaren Sehvermögen. Sieh, was aus Summer Rain *geworden* ist. Erblicke dein *wahres* Erbe.»

Mit wild klopfendem Herzen blickte ich zögernd in die eingesunkenen Augen der alten Seherin. Die großen Augäpfel reflektierten das Licht uralter Weisheit. Sie funkelten und flackerten, aber sie drückten deutlich unwiderrufliche Entschiedenheit aus – in tiefem Ernst, eindringlicher, als ich je gesehen hatte.

Ich trat leise neben ihre eindrucksvolle Gestalt und spürte sofort die vibrierende Aura, die mit ungehemmter Kraft pulsierte. Sie hatte die mystische Atmosphäre geschaffen, von der Many Heart gesprochen hatte.

Langsam drehte ich meinen Kopf und senkte den Blick, um in das wirbelnde, phosphoreszierende Wasser zu sehen, das durch die silbernen Mondstrahlen und ihre vollzogene Magie zu Quecksilber wurde.

Andächtig betrachtete ich die wellenhaften Symbole und erkannte ihre außerordentliche Bedeutung.

Langsam schloß sich die mystische Aura hinter mir und formte einen immerwährenden Kreis um mich, mich ewig mahnend, wer ich sei... und was sein würde.

Ich schaue in die stillen Wasser des Weihers hoch in den Bergen; ich blicke hinunter in den klaren Spiegel, der auf seiner mondbeschienenen Oberfläche erscheint.

Ich sehe dort ein pulsierendes Universum, weit und unermeßlich. Ich sehe viele solcher Universen, denn einengende Grenzen gibt es nicht. Ein Medizinrad dreht sich langsam mit seinen erlesenen Symbolen, dreht sich in mystischen Kreisen... sein Inneres ist eine vibrierende, blaugrüne, lebendige Erde.

Ein königlicher Donnervogel. Flammende Mesas. Kristallklare Flüsse, die durch grüne Wälder strömen. Vielfarbige Prismen schneebedeckter Berggipfel.

Ich sehe im Mitternachtsweiher eine alte Frau, deren gefurchte Linien sich aus klaren Augen bahnen, die Äonen von Zeitaltern geschaut haben.

Ein glänzender, blauer Stein. Flüsternde Kiefern. Uralte Tafeln. Ich sehe wunderbare Geheimnisse, Magie und Macht, die immer noch unausgesprochen bleiben müssen – zärtlich im Herzen gehegt. Und ich erblicke bittere Sorgen der Zukunft, die tapfer getragen werden müssen.

Ein galoppierender Büffel. Eine rauchende Pfeife. Eine nickende Frau.

Verschlossene Gegenstände alter Weisheit. Eine versteckte Pyramide.

Ich schaue in die stillen Wasser des Weihers hoch in den Bergen; ich blicke in den klaren Spiegel, der auf seiner mondbeschienenen Obsidianoberfläche erscheint. Und verwoben in den vielfältig schimmernden Bildern, die sichtbar werden... sehe ich mich selbst.

Der Kreis ist vollendet. Für mich ist der Ring geschlossen.

Denn ich habe die vier Himmelsrichtungen geschaut und berührt, und ich habe viel gelitten durch ungezählte Winter an jedem wundersamen Punkt.

Die vier Himmelsrichtungen sind in mir, denn wenn ich in

mich hinein und hinaus blicke, erkenne ich die strahlende Schönheit des großen, lebendigen Medizinrads.

Manche sagen, ich sei allein. Sie glauben, ich sei eine Insel – einsam und fest verankert inmitten des wilden Ozeans der Menschheit. Sie sagen, ich sei der helle Leuchtturm, der die graue Trübnis durchdringt, die ihr Leben umnebelt.

Aber ich weiß nicht, was sie alles sagen, denn ich habe solche Ansprüche nicht.

Ich wandere nur in der Schönheit, die im Überfluß auf der herrlichen Mutter Erde zu finden ist. Ich lausche nur dem, was der sanfte Wind trägt, was die Natur an Weisheit flüstert. Ich bete meine einfachen Gebete und nehme alles, was ist, ganz an.

Ich bete, daß ich sachte durch dieses Leben schreiten darf. Ich bete, daß meine abgetragenen und zerlöcherten Mokassins ein paar leichte Fußspuren hinterlassen auf den Wegen vieler. Und ich bete, daß meine Reisegefährten nicht danach trachten, meinen dahinziehenden Abdrücken zu folgen, sondern daß sie auf dem Weg eher ab und zu einen Blick zum Boden werfen und einfach feststellen, daß ich hier durchgegangen bin.

Ich weiß nicht, was sie alles sagen, aber ich sage, daß ich einfach ich selber bin … nur einfach ich selbst.